JN065720

食堂車は復活できるのか？

堀内重人 著

αβ BOOKS アルファベータブックス

はじめに

昨今、鉄道の世界でも「食」に対する関心が高まっている。昭和の時代であれば、鉄道旅行の「食」と言えば、食堂車であった。昭和40年代は、特急列車には食堂車が備わることは常識であり、街の食堂よりも少し割高ではあったが、車内で暖かい食事が提供されるため、人気を博した。

ところが昭和50年代に入ると、新幹線の延伸や空港および高速道路の整備などにより、鉄道の旅客シェアーの凋落が始まる。それと並行する形で、マクドナルドなどのファーストフード店や、ほか弁屋の普及もあり、食堂車の利用者が減少し始めた。その結果、食堂車が連結されていても、営業しない列車が増えた。そして食堂車も、1985年頃になると在来線では、東京〜九州間の寝台夜行列車を除けば、殆どが廃止されてしまっていた。

幸い、新幹線の食堂車は、打ち合わせをするビジネスマンなどが利用していたため、営業は継続されていたが、民営化後は食堂車を廃止して、カフェテリアが設けられるようになった。当時は、バブル期であったことから、JR東海やJR西日本はグリーン車の座席を増やしたいという意図もあった。そして階下には、カフェテリアが導入された。

カフェテリアは、豊富なメニューが提供されていたが、決して人気が高かった訳ではない。結果的に食堂車は衰退の方向に進み、2000年3月のダイヤ改正で、新幹線から食堂車の営業は廃止された。

近年では、ローカル鉄道を活性化させるため、車内にテーブルを配置して、本格的な食事が提供されている地方鉄道もあれば、西武鉄道の「52席の至福」のように、本格的な厨房を備え、そこで調理された料理を、乗客に提供している事業者もある。

ただ本著では、原則として「シ」の記号が付いた車両の食堂車を取り扱う。明知鉄道の「寒天列車」やJR四国の「伊予灘ものがたり」、えちごトキめき鉄道の「雪月花」などは、乗客から大変好評を得ているが、車内に厨房がある訳でもなく、外で調理された料理を積み込んで提供しているため、本著では除外することにした。特に国鉄末期からの食堂車の推移とサービスの変遷を見ると共に、今後の食堂車の目指すべき方向を模索することを目的とする。

第1章では、食堂車の衰退が始まっていた国鉄末期の食堂車事情について述べる。第2章では、新幹線の食堂車について述べた後、東京～九州間の寝台特急の食堂車と、JR九州の試みについて述べる。

第3章では、食堂車の衰退期に入っていたが、新たな活路を求めて、青函トンネルの開業と同時に運転を開始した寝台特急「北斗星」の食堂車“グランシャリオ”について述べる。そして「北斗星」が好調であったことから、大阪～札幌間で運転を開始した寝台特急「トワイライトエクスプレス」や、「北斗星」の後継列車と考えられた寝台特急「カシオペア」について述べる。

第4章では視点を変え、2020年3月のダイヤ改正から「サフィール踊り子」の運転が開始したが、この列車には食堂車が導入され、運転開始した当初は、ヌードルバーという形で作り立てのラーメンなどが提供されていた。現在は、パスタ類に変わったが、スマホで事前予約や決済を実施するなど、その現状と今後の展望について述べたい。

第5章では、主に民鉄の観光特急について述べる。近鉄「しまかぜ」「青のシンフォニー」では、1両丸ごとビュッフェになっており、東武鉄道の「スペーシア」には、ビュッフェ兼売店が備わっていて、つい最近まで温かい食事が提供されていた。その現状と今後について言及したい。

最終章である第6章では、今後の食堂車のあるべきサービスだけでなく、復活させるべき列車や領域、そして条件について述べる。そして従来の鉄道の食堂車だけでなく、航空機の機内食やクルーズトレイン、さらには諸外国の事例も含めて言及し、本著をまとめると同時に、食堂車の復活に向けた提言を行うことにする。

目次

第6章　今後の食堂車のあり方

国鉄末期の食堂車事情

1 食堂車の衰退

(1) 昭和50年代の食文化の変化

日本では、1970年(昭和45年)に大阪で万国博覧会が開催されたが、このイベントは日本の食文化にも、大きな変化をもたらすことになる。この時に、「ケンタッキーフライドチキン」が試験的に万国博覧会の会場で出店する。

今日では、「ファーストフード＝ハンバーガー」というイメージが強いが、日本初のハンバーガーチェーン店は、マクドナルドではなく、「ドムドムハンバーガー」であった。「ドムドムハンバーガー」も、同年に東京都町田市に、店舗を開業させる。

翌年の1971年(昭和46年)になると、「マクドナルド」の1号店が東京・銀座の三越銀座店に開店する。そして「ミスタードーナツ」の1号店は、東京都内ではなく、大阪府の箕面市に1号店が開店した。これにより日本でも、「ファーストフード」という食文化が根付くようになった。それと同時に、「外食産業」という言葉が生まれ、外食が日常化するようになる。

ファーストフードの始まりであるが、1921年(大正10年)にアメリカで「ホワイト・キャッスル」というハンバーガー店がオープンしたことに端を発する。

当時のアメリカの食肉加工業社は、衛生状態が劣悪であったことから、ひき肉に対するイメージは良いとは言えない状況にあった。その悪いイメージを払拭させるため、「ホワイト・キャッスル」は、新鮮な肉を仕入れただけでなく、厨房をガラス張りのオープンキッチンとした。厨房を客に見せることで、衛生状態が良い状況を理解してもらうようにしただけでなく、綺麗な制服をスタッフに着用させ、清潔感もアピールした。仕事も分担化して、マニュアルにより業務効率を改善し、今日のファーストフードチェーン店の基礎を確立した。

昭和50年代に入ると、マクドナルド**(写真1.1)**、吉野家などのファーストフード店が、一般化し始める。[(注1)]

(写真1.1)
現在、外食産業の売上高トップは、マクドナルドである。

日本フードサービス協会のHPによれば、2018年度(平成30年度)の日本の外食産業の売上高が25兆7,692億円で、1975年度(昭和50年度)の売上高は、8兆5,773億円であった。40年少々で、売上高が約3倍に伸びたことになる。

食堂車との競合関係にあるのは、飲食店部門になるが、1975年度は外食産業全体の売上高8兆5,773億円の内、飲食店部門が3兆3,102億円であった。その内の「食堂・レストラン」の売上高は、2兆1,838億円であった。

これが2018年度になれば、外食産業全体の売上高が25兆7,692億円であり、飲食店部門が14兆3,335億円であった。その内の「食堂・レストラン」の売上高が10兆1,509億円であるから、飲食店全体で約4倍に増加し、「食堂・レストラン」の売上高では約5倍に増加している。

日本食の代表であるすし業界と比較すると、1975年度は5,074億円であったが、2018年度は1兆5,497億円と、約3倍にしか伸びていない。すし業界も、回転ずしの出現などにより、比較的低廉な価格ですしが食べられるようになったが、「食堂・レストラン」の売上高の伸び率と比較すれば、緩やかである。

「食堂・レストラン」部門も、1975年以降になると、ファーストフード店だけでなく、ファミリーレストランなども発達してくる。ファミリーレストランは、メニューなども食堂車と似ていたりするが、主に幹線道路沿いに立地しているから、自動車で出掛けて家族や友人と食事をする場所であるため、マクドナルドなどのファーストフード店とは、性格が異なる面はある。

ファーストフード店は、各地にチェーン店を持つことから、食材などを大量に仕入れ、低価格で提供するだけでなく、「早い」「安い」「美味い」をモットーにしている。

そうなると日本人の食習慣だけでなく、価値観も変化してしまった。街のファーストフード店で、ハンバーガーセットを購入して、列車に乗車する人も現れるようになった。そしてほか弁屋も出現するなど、揺れる車内を歩いて食堂車まで行く必要性から解放された。それも食堂車の利用率が低下した要因の1つである。

食堂車の代金は、ファーストフード店だけでなく、街の食堂よりも価格面で割高であった。車内で調理して提供するためには、地上である程度の下ごしらえが必要であり、そのための設備なども必要になることが要因でもある。その反面、狭い厨房で調理を行うことから、メニューの品数だけでなく、味などに関しても制約があった。在来線の食堂車では、ご飯を炊くための炊飯器などが設置しづらく、真空パックされたご飯を、電子レンジで加熱して、提供せざるを得ない面もあった。

更に1980年代以降になると、コンビニエンスストア(以下、コンビニ)が台頭するようになってきた(**写真1.2**)。コンビニの多くは、フランチャイズ契約を結ぶ形で、店舗を拡張するようになったため、従来の酒屋や米屋から業態を変える形で、参入する事例も見られる。コンビニでは、日常生活に必要な物品が販売されており、当然

(写真1.2)
現在、コンビニは私達の暮らしになくてはならない存在である。

のことながら弁当も販売されている。コンビニの弁当は、大量生産されることから、食堂車だけでなく、駅弁の価格と比較しても安い上、店舗に備え付けの電子レンジで、加熱して提供するサービスが実施されている。

そうなると食堂車の売り上げだけでなく、駅弁の売り上げにも、影響を与えるようになった。駅弁に関しても、売り上げが落ちたり、事業者が廃業するなどの影響を与えている。

(写真1.3)
現在の駅は、衣食住の機能を満たすようになっている。

国鉄が分割民営化されてJRになると、「駅なか」事業を積極的に進めるようになった(**写真1.3**)。駅構内にコンビニだけでなく、各種お惣菜屋などが出店するようになると、今後は駅弁事業者の衰退だけでなく、駅構内のコンビニで乗車前に弁当やビールなどを購入して乗車するようになり、車内販売までもが衰退するようになってしまった。

(2) 昭和50年代の食堂車事情

コンビニやファーストフード店が台頭する以前から、1970年代になると在来線の食堂車に関しては、営業休止もしくは連結しないケースが多くなった。これには車両火災など、食堂車の売り上げ以外の理由がある。

当時は、幹線系の急行列車であっても、1,000㎞を超える長距離を走行する列車もあり、当然のことながら食堂車も連結されていたが、それはマシ29形やマシ38形などの戦前製の食堂車であった。急行「安芸」には、マシ38形が連結されていたが、1967年(昭和42年)11月15日に火災が発生し、食堂車が全焼する事故となった。

戦前製の食堂車であるから、内装に木材が使用されていた。現在のように、セラミックを木材に流し込んで不燃化や難燃化するなどの対策が、実施されていなかった。その上、現在のように電気コンロではなく、石炭コンロであったことから、火を起こすことも大変であったが、火を消すことも大変であった。消火が不十分であったりすれば、火災を起こす危険性があり、一度、火災が発生すると車両が全焼してしまう危険性があった。

そうなると戦前製の食堂車では、安全性という面では問題となり、内装が近代化された戦後に製造されたマシ35形、軽量の10系客車の系列であるオシ17形とオシ16形、寝台特急用の20系客車の系列であるナシ20形(**写真1.4**)の4形式だけが、存続することになった。

廃車になった戦前製の食堂車の代替車両は、国鉄の財政事情が苦しくなっていたこともあり、誕生することはなかった。

そして1972年(昭和47年)に北陸トンネル内で、列車火災事故が発生する。火災発生の原因は、石炭コンロであったオシ17形の食堂車の電気配線の漏電が原因であったが、この火災事故により、石炭コンロの食堂車は、使用禁止となってしまった。

昭和40年代の半ば以降になれば、急行列車を格上げして特急列

(写真1.4)
ナシ20形は、完全電化の近代化食堂車第一号であった。

車を増発するようになった。1972年(昭和47年)7月には、房総半島にある内房線・外房線などが電化され、183系電車という新しい特急電車がデビューした。

この特急形電車は、運転距離が短いこともあるが、車販準備室は備わっていたが食堂車は製造されず、かつ片側二扉であった。183系電車は、後に上越線の特急「とき」にも使用されるようになるが、食堂車は製造されることはなかった。国鉄は、やがては上越新幹線が開業すれば、他の線区へ転用させる必要が生じるため、車内販売の充実で対応しようとしたと考える。それゆえ181系電車などの従来型の特急形電車と比較すれば、特急列車の「特別」の意味が薄らいだ印象を与えるような車両になった。

増発された特急列車には、自由席が連結されるだけでなく、各時間帯に等間隔で運転されることから、「L特急」と呼ばれ、特急列車の大衆化が進むようになった。これは国鉄の経営状況の悪化により、少しでも増収を図りたい国鉄側の思惑もあった。

当時の国鉄では、特急列車には食堂車が連結され、長距離の客車急行の中にも食堂車を連結している列車があったが、オシ16形を最後に急行列車には、全室の食堂車は誕生していない。

一方、電車急行には“ビュッフェ”という半室が食堂車で、残りが普通車という軽食堂が、導入されていた。153系電車の急行「せっつ」「なにわ」のビュッフェでは、寿司屋も営業していたが、寿司職人の確保が難しくなり、後に東日本地区ではそば屋となり、西日本地区では、うどん屋となった。

だが**表1.1**で示すように、ビュッフェには電子レンジや電熱器が備わっていたため、カレーライスやチキンライス、かつ丼や天丼などの一品料理も提供されており、意外と豊富なメニューが提供されていた。

宇都宮照信著『食堂車乗務員物語』によれば、ビュッフェの半分でうどんなどを作り、残りの半分でチキンライスなどを作っていたという。カレーなどは人気があるため、地上の厨房で製造したソースを車内に持ち込み、電熱器で温めて提供していたという。チキンライスは、電子レンジで調理を行い、天丼やカツ丼などは、ビュッフェで調理して提供していたとある。

表1.1

1968年（昭和43年）頃の電車急行のビュッフェのメニュー

定食類	洋朝食	200円	麺　類	もり・かけ	60円
	ランチ	250円		ざる・たぬき	80円
	うなぎご飯 （吸い物付き）	300円		月見・きつね	100円
				天ぷら	150円
お好み料理	カレーライス	180円	飲み物	ビール（大）	170円
	チキンライス	180円		ビール（小）	100円
	かつ丼	180円		黒ビール	110円
	天丼	180円		ギネススタウト	110円
	ハンバーグステーキ	240円		清酒（特級180ml）	170円
	ハムサラダ	200円		清酒（1級180ml）	140円

お好み料理	コンビネーションサラダ	200円	飲み物	清酒(2級180ml)	100円
	ミックスサンドイッチ	220円		ウイスキー(特級30ml)	130円
	ハムサンドイッチ	150円		ウイスキー(輸入30ml)	300円
	スパゲティ	200円		牛乳	40円
	ご飯	50円		コーヒー・紅茶	70円
	パン・トースト	50円		オレンジジュース	60円
	チーズクラッカー	70円		トマトジュース・コーラ	70円
	ポテトチップス	50円		サイダー・シトロン	50円
				炭酸水	40円

出典：原口隆行『時刻表でたどる特急・急行史』JTB出版、2001年5月、復刻版食堂車のメニュー　http://www6.plala.or.jp/orchidplace/dinner.htmlなどを基に作成

1968年(昭和43年)当時の物価であるが、白米10kgが1,520円、そばが70円、山手線の初乗運賃が20円、大工の手間賃2,000円、教員の初任給が24,100円であったから、現在の物価は5～10倍になっている。

特急列車を増発するとなれば、急行列車の食堂車やビュッフェまで営業していたのでは、要員が不足してしまう。電車急行のビュッフェは、コックが1名に会計係や車販担当の女性3名が加わった4名で担当していたが、電車急行のビュッフェを廃止して特急列車の食堂車のみ、営業を継続することになった。

その結果として、ビュッフェ車連結の電車急行も、1976年(昭和51年)11月に中央東線の「アルプス」、信越本線の「信州」「妙高」を最後に廃止された。

更に1975年(昭和50)3月10日に、山陽新幹線が博多まで開業する

ことになり、当時は東京〜博多間で運転される「ひかり」では、片道6時間半以上も要していた。当時は未だ航空機は高嶺の華の部分もあったため、東京〜博多間を新幹線で移動する人も多かった。そこで食事の時間帯に掛かることもあり、新幹線では初めて本格的な36形式の食堂車が導入されることになった。

そうなると新幹線の食堂車の要員を確保しなければならず、1974年(昭和49年)の始め頃からは、近畿地方以西の西日本地区の在来線では、583系電車を使用した寝台特急の食堂車を中心に、営業休止が出るようになった。

東北・上越新幹線は、1982年(昭和57年)に開業することとなったが、両新幹線は営業キロ数が短いこともあり、食事の時間帯には掛からないが、それでも両新幹線には半室のビュッフェが導入されることになった。

そうなると新幹線のビュッフェの要員を確保する必要性が生じるようになり、1981年(昭和56年)10月から1982年(昭和57年)7月に掛けて、「ひばり」の一部列車と「つばさ」「やまばと」の全列車が、食堂車の営業を休止した。

新幹線が開業するのであれば、「新規に食堂車の従業員を雇用すれば良いではないか」というご指摘もあろうが、1975年頃になれば、食堂車の人員の中でも、特に女子従業員の確保が難しくなっていた。

女子従業員は、食堂車のフロアだけでなく、車内販売も担当していたが、食堂車の従業員の給料の水準は、他の職種と比較すれば、決して高くはなかった。その割には、揺れる車内での長時間の立ち仕事であるなど、労働条件が厳しかった。

これに関しては、えちごトキめき鉄道社長の鳥塚亮は、Yahoo News「国鉄(JR)から食堂車が消えた本当の理由」の中で、第一の理由として「特急列車に自由席が設けられたため、繁忙期は食堂車が自由席替わりに使用され、混雑しても売り上げが上がらなくなった」としながらも、かつては集団就職列車で上京した地方出身者で、列車食堂や車内販売に勤務する人もいたが、地方にも就職先が充実してきたため、重労働であるにも拘わらず、給料が安い食堂車などへの勤務を敬遠するようになった旨も、述べられている。

コックの場合、揺れる車内の狭い厨房で包丁を持って調理する上、油などは急停車により零れると、列車火災の原因になるなど、危険とも向かい合わせだった。それでもこの頃になれば、石炭コンロの食堂車は、全て廃止されていたため、車内の換気のための煙突掃除などの重労働からは解放されており、以前と比較すれば労働環境は改善されていた。

特に寝台夜行列車では、1972年頃に登場したオシ14形・オシ24形**(写真1.5)**の食堂車は、労働条件の改善という見地から、喫煙室が従業員用の寝台として使用できる構造になっていた。

その後は、食堂車の従業員の労働条件を改善するため、B寝台車で睡眠を取るようになった。これにより食堂事業者側は、労働条件が改善されることで、従業員の定着を促すことが可能となった。一方の国鉄も、B寝台車が安定して利用してもらえるため、確実で安定した収入が得られるようになるなど、お互いにWin-Winとなった。

(写真1.5)
オシ14形・オシ24形は、利用者からは不評であったが、食堂車のコックなどからは好評であった。

ただ、日本人の所得向

上や、国鉄運賃・料金の大幅な値上げ、高速道路と空港の整備の進展などに伴い、航空機の大衆化や高速バスの車両改善などが実施された。そうなると寝台夜行列車の需要が右肩下がりとなり、運行区間の短縮や効率化を図るため、合理化が実施された。

具体例を挙げると、東京～九州・山陰間の寝台特急では、1978年(昭和53年)2月に「あさかぜ1・2号」が、20系客車の老朽化もあり、新造された24系25型へ置き換えられた**(写真1.6)**。

(写真1.6)
24系25型客車は、合理化最優先で設計された車両である。

20系客車の三段式で幅の狭い52cmの寝台から、二段式で70cm幅の寝台に置き換わることから、「サービスが向上した」と思う人も多いが、24系25型客車は「コスト削減」を最優先に設計された車両であるから、乗り心地や防音性という基本設計では、20系客車よりも完全に劣っていた。詳細は、拙著『ブルートレイン誕生50年』(クラッセ刊、2012年)を参照されたい。

24系25型客車に置き換えることで、それまで「はやぶさ」「富士」の基本編成が3本、付属編成が2本で運用されていたが、「車両の共通運用」という形で、合理化も図られた。そして「はやぶさ」「富士」「出雲」の食堂車は、基本編成から付属編成に変更され、新規に食堂車を新造しなくても、「あさかぜ」用に2両を捻出することが可能となった。

それ以外に、寝台特急「はやぶさ」「富士」が九州に入ると、九州内でのヒルネ区間の利用者が減少していたことも、食堂車が付属

編成になった要因である。

(3) 国鉄特急の短編成化の推進

昭和50年代に入れば、新幹線が博多まで延伸開業しただけでなく、昼行の特急列車も、急行列車を格上げする形で増発された。そして特急列車にも自由席が普及したことから、特急列車の大衆化が進むと同時に、他の輸送モードとの競争力を強化するため、スピードアップが実施され、乗車時間が短縮された。そうなると食事の時間帯に掛からない列車も多くなり、食堂車で食事を摂る必要性が減少した。

さらに1976年(昭和51年)11月には、国鉄が運賃・料金の50%の値上げを実施すると、グリーン車やA寝台車を利用していた長距離客が、航空機へ移転してしまった。そのような客層は、食堂車の顧客であり、それも食堂車の需要減少の一因であった。

食堂車の性格上の問題点も挙げられる。通常の食堂などとは異なり、列車の乗客しか、食堂車を利用できない。閑散期は、列車の乗客自体が少ないため、当然のことながら食堂車の利用者も少なくなる。

それでは多客期は、儲かるのかと言えば、特急列車に自由席が設けられ、大衆化したこともあり、混雑時には食堂車が自由席の代わりに利用されるようになった。コーヒー1杯で、長時間居座る悪質な利用が常態化したことから、客の回転が悪くなって、利益が出なくなった。新幹線の食堂車では、金曜日の夕方から夜に掛けて、東京駅を発車する新幹線の食堂車は、自由席に座れない人が食堂車を自由席替わりに使用するため、名古屋まで食堂車は満席であったが、単価の安いコーヒーやデザートなどを注文して、粘る乗客が多かった。

鳥塚亮が、食堂車が衰退した最大の要因として「特急列車に自由席を設けたこと」を最大の要因としたが、こんなことをされては、食堂車を運営する事業者は、堪ったものではない。

食堂車で長く居座るという行為は、1952年(昭和27年)に問題が顕在化していた。当時、食堂車の営業を担当していた日本食堂は、この現象に困惑していた。そこで特急「つばめ」「はと」の食堂車では、エチケットに関する案内イラストを発行している。そのイラストでは、食堂車が混雑して、待ち客がいるにも拘わらず、食事を終えた客らが長居している様子が描かれている。

この当時の特急「つばめ」「はと」は、日本を代表する名士列車であった。全車座席指定であるだけでなく、一等展望車まで備えた格式の高い列車であり、庶民には高嶺の華の列車であった。全車座席指定車であるから、確実に座れるにも拘わらず、食堂車内で長時間居座る事例が、見られたのである。

この時代は、現在のように外食産業も発達しておらず、自宅以外で食事をするとなれば、食堂車を利用するか、駅弁を購入するか、弁当持参しか、方法が無かった時代である。

食堂車の長居は、困った行為ではあるが、利用者が多く、経営的に黒字であった列車も多かったはずなので、食堂車の衰退には、当時の国鉄による合理化や、列車のスピードアップなど、別の要因も無視できない。

在来線特急「とき」は、食堂車の無い183系と食堂車が連結された181系で運転されていたが、1978年(昭和53年)7月には、全列車を183系化することで編成の統一を行い、車両のメンテナンスコストの削減と、普通車のサービス向上を図ることになり、「とき」から食堂車が廃止されている。

1985年(昭和60年)3月14日のダイヤ改正では、北陸本線系統の特急「雷鳥」「白山」の120km/h運転の実施により、スピードアップを図るため、食堂車を廃止している。「雷鳥」「白山」は、食堂車の利用率も高かったが、高速道路の延伸などもあり、高速バスとの競争が激化していた。そうなると食堂車は、モーターの無い付随車であるため、スピードアップに支障を来すことになった。

余談ではあるが、電車特急や気動車特急の食堂車は、モーターやエンジンなどの動力源が無い車両が多かった。食堂車は、貯水タンクだけでなく、排水タンクも必要である。これらのタンクは、床下に搭載しなければならず、モーターや制御器、エンジン・燃料タンクなどの動力源を搭載するスペースに制約があることが理由である。

在来線の昼行列車の食堂車は、1986年(昭和61年)11月の特急「おおとり」「オホーツク」を最後に廃止された。これは食堂車の利用率が低かったのではなく、使用されていた80系気動車が老朽化しており、最新の183系500番台などの気動車に置き換えたためである。その80系気動車のキシ80も、末期の頃は車内の壁の亀裂を、ガムテープで補強するなど、相当痛んでいたことは確かである。また80系気動車は、本州内での使用を前提に設計された車両であったこともあり、冬の北海道で使用するには無理もあった。

北海道の特急列車の食堂車は、「北海定食」「イカのぽっぽ焼き」などの北海道らしいメニューが提供されるなど、居ながらにして北海道の味覚が堪能できるため、人気はあった。

国鉄では、1981年(昭和56年)に、80系気動車の置き換えとして、183系気動車(**写真1.7**)の量産車を登場させたが、183系気動車には食堂車は、製造されなかった。国鉄としては、「同じ軽油で走る車両を製造するのであれば、食堂車を製造するよりも、普通車を製造して1人でも多くの人に座席を提供した方が良い」という考えが

(写真1.7)
183系気動車は、接客設備の改善やエンジン出力や寒冷地対策の向上などが実施されたが、食堂車は製造されなかった。

あったが、食堂車が無くなることに対する不満が出ることに対しては、配慮する必要があった。

そこでグリーン車のキロ182形には、車内に売店を設置して、そこでは弁当の調製も行い、車内で温かい食事を提供するようにしたが、あまり評判が良いとは言えなかった。そのような理由もあり、JR北海道になってから、この部分は普通車に改造されてしまった。

余剰となった電車特急用の食堂車であるが、車両によれば経年が15年程度と比較的車齢が若い車両もあった。だが食堂車は、付随車であるから、モーターが無い車両である。昭和50年代の半ば以降になれば、国鉄も列車の短編成を行って、運行頻度の向上とスピードアップを行うことで、高速道路の延伸に伴って台頭してきていた高速バスなど、他の輸送モードに対する競争力の強化を図るようになった。そうなるとモーターの無い食堂車では、スピードアップの支障になるだけでなく、特殊な車体構造もあって、他の車両への改造も難しい面はあった。

サシ481は、1985年(昭和60年)のダイヤ改正からは、北陸本線の特急「雷鳥」に和風車“だんらん”という、1区画の定員が4名の

(写真1.8)
サシ481の一部は、和風車“だんらん”に改造された。
撮影: 高木英二(RGG)

グリーン車サロ481形500番台に改造され、編成に組み込まれた**(写真1.8)**。

この改造では、旧調理室の部分はビュッフェに改造し、軽食類の提供と売店の機能を担っていた。そして旧客室の部分を、畳を敷いたお座敷風のグリーン車とした。4名で利用すると、従来のリクライニングシートのグリーン車よりも割安になるという、新たなサービス形態が導入された。

たが食堂車から改造された車両であるから、防音性が芳しくない上、車両の一部にビュッフェ・売店機能も備わっており、ここと客室との間に仕切り扉が無く、客室内にはコーヒーなどの臭いも籠る構造であった。また客室内の区画も、衝立だけで仕切っていたこともあり、中途半端な印象は拭えず、利用者からの評判は、決して良いとは言えなかった。

もし2人用・3人用の料金が設定されていたならば、もう少し状況は異なっていたかもしれないが、当時の運輸省は4人で利用した時の料金しか、認可しなかった。

その後、1989年(平成元年)に、「スーパー雷鳥」が登場する際、和風車“だんらん”が廃止され、一部の車両は1-2の横3列のサロ481形2000番台に改造された。この時代はバブル期であり、グリーン車の需要が高く、「スーパー雷鳥」には、展望型のグリーン車だけでなく、和風車“だんらん”を改造したグリーン車も組み込まないと、グリーン車に対する需要が賄えなかった。その際、ビュッフェがあった部分には、グリーン車の客用のラウンジを設置した**(写真1.9)**。

(写真1.9)
和風車“だんらん”のビュッフェ部分は、「スーパー雷鳥」のラウンジに改造された。

この485系電車のラウンジは小規模ではあったが、次世代の特急車両である681系「サンダーバード」が登場した後も継続され、1995年(平成7年)11月までビュッフェと売店として営業する。その後は、車両が引退するまで、車販基地として使用された。

1989年(平成元年)には、上野～金沢間を長野経由で運転していた特急「白山」にも、モハ489形「ラウンジ＆コンビニエンスカー」が連結された**(写真1.10)**。ここではカレーライスや弁当類などを、電子レンジで温めて販売するスタイルは承継されたが、食堂車というよりはロビーカーのような雰囲気であった。

(写真1.10)
特急「白山」にも、「ラウンジ＆コンビニエンスカー」が導入された。

この車両は、後に夜行急行

「能登」にも使用されるようになった。

ダイヤ改正などで食堂車の連結が中止され、大量の余剰車が発生することになった。

一部は、特急「雷鳥」に和風車“だんらん”を組み込むため、改造された車両もあるが、大部分の食堂車は、他の車両へ改造されたり、転用されることはなく、その大半が廃車となった。食堂車自体が、付随車であるため、普通車に改造したとしても、短編成の特急列車に組み込むと、スピードダウンするデメリットがある。また窓割などを大幅に修正しなければならず、車体の強度計算からやり直さなければならない。それゆえ改造コストが嵩んでしまうことも、大きな要因である。

その一方で、廃車となった食堂車を譲り受け、街中で食堂に転用された事例も多数ある。

だが厨房などが狭いため、他の街中の食堂と比較すれば、メニューなどで制約が生じてしまうため、閉店する事例も多い。また車体の老朽化も進んでおり、開店から10年ほどで解体された事例も多くある。

そのため廃車になった食堂車の活用は、色々な意味で難しいと言える。

2 新幹線の食堂車

(1) 35形式・37形式(237形式も含む)

1964年(昭和39年)に東海道新幹線が開業したが、東京〜新大阪までの所要時間が、開業当初は路盤が安定していない箇所があったことから、その区間では減速していたにも拘わらず、在来線特急「こだま」の所要時間であった6時間半が、「ひかり」で4時間に短縮された。

(写真1.11)
新幹線が開業した時には、35形式のビュッフェ車が導入された。

そうなると、食事の時間に掛かりにくいこともあり、本格的な食堂車は製造されず、ビュッフェというスタイルの半室構造の軽食堂車である35形(**写真1.11**)が製造された。

35形式は、普通席(当時は二等席)とビュッフェの合造車であり、0系新幹線は全車がモーターの付いた電動車であったことから、この車両も電動車であり、1972年(昭和47年)3月の岡山開業後に製造された14次車まで、合計で150両が製造された。[注2]

東海道新幹線が開業した当初は、本格的な食堂車が製造されなかったことから、軽食堂としての機能が求められた。そこでビュッフェの側窓向きのテーブルには、プラスチック製の回転椅子が備わっている。それ以外に、少しでも楽しい旅ができるように、スピードメーターも備わっていた。このスピードメーター(**写真1.12**)は、世界初の200km/h以上の高速で営業運転する列車でもあったことから、子供から大変な人気があった。

(写真1.12)
ビュッフェには、スピードメーターも備わっていた。

(写真1.13)
新幹線の普通車(当時は二等車)は、2–3の横5列の座席配置となった。

東海道新幹線として開業した時は、全列車が12両編成であり、新幹線車両は在来線車両よりも、1両当たりの車両長も5m程度長く、かつ車体幅が広がったことから、普通車は通路を挟んで2–3の横5列の座席配置となったこともあり**(写真1.13)**、1両当たりの定員が多くなった。そこで全編成とも、ビュッフェ車が2両組み込まれていた。

だが新幹線が開業すると、その速達性が評価され、伊豆急下田だけでなく、熱海方面へ出掛ける人も、従来のように準急を利用するのではなく、新幹線を利用するようになり、新幹線の利用者は、増加傾向となった。

そんな中、1970年(昭和45年)に大阪府吹田市の千里丘陵で万国博覧会が開催されることになった。この万国博覧会は、「国際博」という位置づけでもあったことから、新幹線の利用者の増加が見込まれた。

そこで1969年(昭和44年)夏頃より、輸送力増強を目的として「こだま」用編成の5号車のビュッフェを売店車(25形400番台)に差し換えた。「ひかり」に関しては、16両編成に増強したこともあり、ビュッフェの組み込みは2両のままであったが、「こだま」用の編成に関しては、以降はビュッフェ1両の組み込みが普通となった。

但し「こだま」用の全編成の組み換えまでには至らなかったという。1973年(昭和48年)8月から1980年(昭和55年)9月までは、「こだま」で使用する0系電車のK編成は、47本あった。

だがその内の17本は、ビュッフェ車両を2両組み込みのまま残ったが、1両は「売店」という扱いだった。そして17本残ったビュッフェ車両を2両組み込んだ編成の内、1975年(昭和50年)〜1976年(昭和51年)に掛けては、10本は2両あるビュッフェ車両の内の1両が、新製の売店車と置き換えられた。そうなると0系電車で、ビュッフェ車両を2両連結している「こだま」用のK編成は、7本だけになっていた。「こだま」から抜き取られたビュッフェ車は、増備された「ひかり」用の編成に転用されている。

(写真1.14)
博多開業前に、全室食堂車である36形式が登場した。

だが山陽新幹線が博多まで開業する前年の1974年(昭和49年)4月には、本格的な全室食堂車である36形が**(写真1.14)**登場すると、ビュッフェは従来の軽食堂というよりも、売店・車内販売基地としての機能が主体となった。

東海道・山陽新幹線に、本格的な食堂車が登場したのは、国鉄が1971年(昭和46年)に新幹線の利用者に対して、アンケート調査を実施したところ、ビュッフェでは不評であったことが影響している。

やはり紙製の食器にプラスチックのスプーンなど、使い捨ての食器で食事を提供されたのでは、お客様は嬉しくない。そこで当時の最新技術と厨房機器類を盛り込んだ、全室食堂車となる36形を製造した。

筆者自身、東京対九州間の寝台特急などで調理を経験したコックに聞いた話では、0系電車の36形の食堂車は、換気が悪い上に、流しなどの幅が狭くて、仕事がしづらい食堂車であったという。但し厨房には、当時の最新式の機器**(写真1.15)**が導入されていたのだが……。

(写真1.15)
36形式の食堂車には、当時の最新の機器が備わっていた。

1976年(昭和51年)には、東海道新幹線が開業した当初の車両が、老朽化が進んでいたこともあり、取り換えられることになった。そこで第22次車以降の増備車両からは、窓ガラスが破損した際に交換しやすくするため、1000番台という小窓車が登場するが、この時には側窓側に椅子の無いセルフサービスの立食式の37形式のビュッフェ車が増備された**(写真1.16)**。この車両も、普通車と合造車であり、モーターが付いた電動車でもある。

(写真1.16)
37形式のビュッフェにも、スピードメーターが備わっていた。

37形式になると、側窓側にあった椅子が廃止されただけでなく、ビュッフェ自体の面積も縮小された。それゆえ35形式は、製造が打ち切られたことから、0番台のみしか存在せず、1000番台以降の車両は存在しない。

35形式のビュッフェ車の製造を打ち切り、37形式が導入された背景として、以下のような理由がある。

① 車内販売の基地としての機能が重視されるようになった
② バリアフリーの観点から、車いす対応の車両が必要になった

①に関しては、本格的な食堂車である36形式が投入されると、食事に関しては食堂車がメインとなるため、ビュッフェに軽食堂としての機能が求められなくなった。そうなると車内販売の基地としての機能の方が重要となる。ビュッフェでも、飲食は可能ではあったが、使い捨ての食器などを使用していたため、売店というイメージが強かった。

1976年(昭和51年)頃は、現在のように未だバリアフリー法なども無い時代ではあったが、車いすのお客様に対する配慮も考慮する必要が生じていた。このスタイルは、1982年(昭和57年)に開業した東北・上越新幹線の237形式のビュッフェにも、継承されている。

東北・上越新幹線では、運転時間が短いため237形ビュッフェ車のみとした。食堂車が無かったこともあり、陶器の食器に金属製の什器類が使用されるなど、東海道・山陽新幹線の37形式のビュッフェが、車販基地や売店のような感じであったのに対し、237形式のビュッフェでは、軽食堂車という雰囲気が維持されていたが、2003年(平成15年)に営業を終了した。また100系電車と同様に、二階建車両も製造されたが、200系電車では食堂車は製造されず、二階席は全て開放型のグリーン車であった。そして248形では、階下にカフェテリア車が設けられた。

東海道・山陽新幹線では、ビュッフェが車内販売の基地や売店としての機能が増したことから、それに対応するため、途中から座席を1列分減らし、ビュッフェ部分を拡大した1500番台が登場する。0系電車は、東海道新幹線の開業から、国鉄末期までの長期に渡って製造されたため、時代により車内などがマイナーチェンジされて増備された。30次車以降も、1500番台と同様の座席数を維持した2500番台が増備された。

民営化後の1988年(昭和63年)には、JR西日本では航空機との競争が激しい新大阪〜博多間で、「ウエストひかり」を運転することになった。「ウエストひかり」用の0系電車は、普通車であっても、2-2の横4列の座席配置となり、グリーン車並みの居住性を有するようになった**(写真1.17)**。

(写真1.17)
「ウエストひかり」の普通車は、グリーン車並みの居住性があった。

それだけでは不十分と感じたJR西日本は、「ウエストひかり」の編成にビュッフェも組み込んだ。その際、37形式のビュッフェでは、椅子も無くてサービス上、問題があったことから、カウンター横のスペースを拡大して、テーブルと椅子を設けて**(写真1.18)**、全室食堂車である36形式並みとした。これにより椅子に座った状態で食事が可能となり、ちょっとした気分転換が図れる場所が確保された。

(写真1.18)
「ウエストひかり」のビュッフェには、テーブルと椅子が設置された。

「ウエストひかり」のビュッフェでは、カレーライスなどの軽食が提供されたが、東海道新幹線のビュッフェである37形式では、紙製の皿やコップにプラスチック製のスプーンという使い捨ての什器類が中心であったのに対し、陶器製の皿やカップに金属製のフォークやスプーンで食事が提供されるなど、サービスのグレード

(写真1.19)
「ひかりレールスター」の普通車も、グリーン車並みの居住性がある。

アップも図られた。

「ウエストひかり」は、横幅がゆったりとした大型の座席が提供されるなど、非常に好評ではあったが、0系電車ではスピードアップの限界もあった。そんな中、700系「ひかりレールスター」がデビューすると、徐々に運転本数を減らした。

(写真1.20)
「ひかりレールスター」には、4人用の普通車個室も存在する。

この「ひかりレールスター」も、普通車の座席指定車には2-2の横4列の座席が継承されただけでなく**(写真1.19)**、4人用の普通車個室**(写真1.20)**も設けられるなど、ビュッフェこそなかったが、「ウエストひかり」から継承されたサービスもある。

そして2000年(平成12年)には、「ひかりレールスター」へ発展的解消を遂げ、「ウエストひかり」の運転およびビュッフェの営業を終了した。「ウエストひかり」用として登場したビュッフェ車両であるが、最後までビュッフェ車両が連結されていたのは、R62編成の3号車(37-7302)であった。(注3)

「ひかりレールスター」は、最高速度が285km/hで運転が可能であるから、それが充実すると「ウエストひかり」は運行本数を減らしただけでなく、末期の頃はビュッフェの営業は実施しておらず、フリースペースとして供用された。

(2) 36形式

山陽新幹線が、博多までの全線開通を控えた1974年(昭和49年)に、本格的な食堂車となる36形式が登場した。36形式は食堂車ではあるが、珍しくモーターが付いた電動車であった。食堂車は、厨房で調理するために、大量の水を使用するため、給水用の水タンクだけでなく、食器を洗浄した際の排水用の水タンクも積載する必要がある。電気コンロや電子レンジなどの調理器具を使用するため、大量の電気も消費することから、MG発電機などが必要になる。

厨房で調理をする際に使用する水タンクや排水用の水タンクは、屋根裏や床下に設置していたが、ブレーキを掛ける際には空気を使用するため、空気圧縮機が必要となる。また厨房内の電気機器類を動かすMG発電機などは、自車の床下にはスペースの関係で、搭載することは困難である。そうなると27形式の普通車の電動車と、ペアを組まざるを得ない。空気圧縮機やMG発電機などは、27形式の車両に振り分けて搭載していることもあり、36形式の食堂車は27形式の奇数車以外とは、ペアを組めないようになっている。

36形式の食堂車は、「ひかり」用として使われた0系電車のH・NH・N編成に、組み込んで営業されていたため、ペアを組む27形式と同じ総数の99両しか製造されなかった。それゆえ2000番台車は存在しない。

新大阪開業や岡山までの開業時には、食事の時間帯に掛からない可能性が高かったこともあり、軽食堂を備えた35形式のビュッフェで対応していたが、博多まで開業するとなれば、当時は東京から6時間半以上も要することになった。

そうなれば食事の時間帯にも掛かるようになり、新幹線にも本格的な食堂車の導入が望まれた。先ほども述べたが、35形式のビュッフェ車では、国鉄が1971年(昭和46年)に実施したアンケート調査では、不評であったことも36形食堂車の誕生に、大きな影響を与えた。

新幹線では初となる食堂車であるが、新幹線は在来線とは異なり、車体幅が広い。そうなると食堂車は、海を見ながら落ち着いた雰囲気で食事をしてもらいたいこともあり、山側に独立した通路を設け、通り抜ける乗客と食堂車の利用者を分離するように設計された。食堂内の車内は、山側には4人掛けテーブルが設けられ、海側には2人掛けのテーブルが設けられた(**写真1.21**)。

(写真1.21)
36形式の食堂車は、海側には2人掛けテーブルが備わり、山側には4人掛けテーブルが備わっていた。

当初は、食堂と通路を隔てる壁には、窓が無かった。これは通り抜ける客に、車内で食事をしているところを見られないようにするための配慮からであったが、利用客から「富士山が見えないではないか」というクレームが多かった。

そこで1979年(昭和54年)以降、通路側の壁面に窓を設置して、富士山を見ながら食事することが可能となった。

在来線の食堂車が、ほぼ日本食堂の独占であったのに対し、東海道・山陽新幹線の食堂車に関しては、日本食堂、帝国ホテル、ビュッフェ東京、都ホテルの4つの事業者が、それぞれの味を競い合っていた。

我が国の食堂車は、山陽鉄道で誕生したのが最初であり、最初は鉄道事業者が直営で営業していたが、その後は民間事業者の請負となり、複数の事業者が担う体制となっていたが、1938年(昭和13年)

には、国家的要請から全国の6事業者は、「日本食堂」という統一組織に、以下のような理由から生まれ変わった経緯がある。

① 各事業者が利益の追求ばかりを求め、サービスの改善がなかった
② 同一地区に、各業者の営業所が重複して設置されており、無駄でもあった
③ 国鉄(当時は鉄道省)の指導・監督が容易になる
④ 一括購入することで、販売価格の引き下げが可能になる
⑤ 益金の増加が見込まれ、この一部を食堂車の製造費にまわせる

36形の食堂車が誕生したのは、1974年(昭和49年)であるから、日本食堂1社だけでは、食堂車を担わせるだけの人材が確保できなかったという一因はある。また日本食堂だけに担わせるよりも、様々な業者にも参入させて食堂車の業務を担わせた方が、ヤードスティック的な競争が生じるため、味の向上などのサービス向上に繋がることも期待できる。

事実、それぞれの業者には、得意な分野と不得意な分野があり、それぞれの業者の持ち味を出しながら、食堂車のサービスが展開されていた。

但し食器や什器類に関しては、どの業者が担当する食堂車であっても、共通していた。これらの食器や什器類は、国鉄やJRが提供しており、各業者が食堂の営業を担当してもらうという考え方であった。

そのようにしないと、食器や什器類の管理が大変であるだけでなく、重くて嵩張る食器や什器類まで積み込んでいたならば、各業者にも負担となるだろう。

(3) 二階建て168形式

100系電車は、1985年(昭和60年)に試作車がデビューした。100系電車がデビューした頃は、国鉄の経営状況は火の車であり、分割民営化が議論されていたところであった。

100系電車は、東海道・山陽新幹線が開業して以来の0系電車のフルモデルチェンジ車であるため、大きくイメージチェンジすることから、試作車は1編成が16両であったが、中ほどの8号車・9号車には、二階建て車両を組み込んだ。

食堂車は、山陽新幹線が博多へ開業する前年の1974年(昭和49年)にデビューしたが、編成の真ん中に設ければ、前の方の車両や後ろの方の車両に乗車している人も、行きやすくなる上、名古屋駅・岡山駅などの排水溝が8号車付近にあったことなども影響して、100系電車でも8号車が、食堂車となった**(写真1.22)**。

(写真1.22)
100系電車も、食堂車は中ほどの8号車であった。

1985年(昭和60年)にデビューした試作車は、翌年から量産車が増備されるX編成であり、168形の二階建ての食堂車を組み込んでいる。168形の食堂車の二階は客席であり**(写真1.23)**、階下には厨房と売店が設けられ、そして通路を設けて通り抜ける乗客に対応していた。食堂車の客室が二階の部分で、厨房が階下に設けられたことから、厨房で調理された料理は、リフトで二階へ運ばれる構造となっていた**(写真1.24)**。そして100系の食堂車で勤務した経験のあるコックさんに聞いた話では、100系電車の食堂車の厨房は換気が悪く、かつ流しなどの幅が狭く、仕事はしづらかったらしい。またリフトが故障すると、コックや係員が料理を二階の客席まで運ばなければならず、苦労が多かったという。

(写真1.23)
100系電車の食堂車は二階建てとなった。

(写真1.24)
100系電車の食堂車は、完成した料理をリフトで上に運んでいた。

利用者として乗車するには、100系電車の168形の食堂車は、大きな窓からの眺望が良く、非常に魅力的な食堂車であったが、食堂車を担当する業者のシェフには、不評ではあった。

X編成は、1986年(昭和61年)から量産車が登場し、1987年(昭和62年)までに、試作車1編成と合わせて、7編成112両が製造された。

100系電車では、編成の中間に二階建て車両を組み込むことから、それらの車両だけでなく、先頭車もモーターの無い付随車となった。4両もモーターの無い車両が誕生したことから、0系電車と比較してモーターの出力が3割程度アップされ、230kwのモーターを搭載している。

9号車の二階建て車両は、グリーン車となった。二階席の部分には、従来のような開放型のグリーン席となった**(写真1.25)**。そして階下には、グリーン個室と通り抜ける人のための通路が設けられた。グリーン個室に関しては、1人用が5室、2人用が3室、3人用が1室であったが、JR東海が発足してから誕生したG編成には、4人用の個室も誕生している。

(写真1.25)
9号車の二階部分は、グリーン車である。

このG編成は、1988年(昭和63年)のダイヤ改正からデビューした編成であり、JR東海としては、国鉄最後のダイヤ改正となった1986年(昭和61年)11月のダイヤ改正により、東海道・山陽新幹線の最高運転速度が220km/hに引き上げられ、スピードアップしたことにより、東京〜新大阪間や東京〜岡山間の「ひかり」では、食事の時間帯に掛からなくなった。そこでこれらの区間で使用される0系電車を置き換えるとなれば、食堂車である必要性が無く、かつ当時はバブル期であったこともあり、グリーン車から座席が埋まる傾向にあったことから、8号車の二階部分は開放型のグリーン車とし、階下にはカフェテリアと、通り抜け用の通路を設けた148形車両を備えた編成が、以後のJR東海では増備されることになった。

但し100系電車が増備されたとは言っても、それらの車両は全車がJR東海の所有であり、JR西日本は100系電車の所有は皆無であった。また東京〜博多間で運転される「ひかり」には、100系電車が投入されているとは言え、それらは朝に東京を出発し、午後に博多から東京へ折り返す編成であった。

そこでJR西日本は、1989年(平成元年)3月のダイヤ改正から、朝に博多を出発して東京へ向かい、東京を午後に出発して博多へ折り返す「ひかり」に、100系電車を導入することになる。

JR西日本が製造した100系電車は、真ん中に二階建て車両を4両も組み込んだV編成であり、貫禄があることから、“グランドひかり”の名称で呼ばれた。“グランドひかり”用のV編成では、東京～博多間の運転が主体となるため、再び168形の食堂車を編成に組み込んだが、内装などはJR東海のX編成とは大きく異なった**(写真1.26)**。

(写真1.26)
「グランドひかり」の食堂車の内装は、JR東海の車両とは大きく異なっていた。

バブル期でもあったことから、帝国ホテル列車食堂部が担当する「ひかり」では、ディナーだけでなく、ランチタイムのメニューも大幅にグレードアップされ、フルコースが誕生したりするようになった。

それに合わせて、食器類のグレードアップも図られ、それまでの100系電車などでは、国際線のエコノミークラスの機内食を提供する際に使用されていたトレー形式の食器から、グレードアップされた陶器の皿に、変更されるようになった。

新幹線の食堂車に関しては、昭和50年代から国鉄が分割民営化される前後の頃が、全盛期であった。当時は、定期列車の「ひかり」では、全列車で食堂車の営業が行われていた。東京～新大阪間の比較的短距離の列車であっても、食堂車の営業が行われており、金曜日の夜に東京駅を出発する「ひかり」では、単身赴任のサラリーマンが帰宅することもあり、自由席が満席になると、東京〜名古屋まで食堂車が満席となった。単身赴任のサラリーマンは、食事をするだけでなく、酒を飲んだり、デザートを食べるなどして、食堂車が自由席の代わりに使われた。それゆえ名古屋へ着くまで、食堂車は利用することができなかった。

そして100系電車がデビューすると、グリーン車の座席には、背面テーブルとひじ掛け内蔵のテーブルが備わったこともあり(**写真1.27**)、一部の料理のシートサービスも実施されるなど、食堂車が混雑していたとしても、グリーン車のお客様は自分の座席などで、温かい食事を摂ることが可能となった。そのため「食堂車の今後に期待が持てる」と予感したが、カフェテリア車の登場により、食堂車の営業は縮小に転じた。

(写真1.27)
100系電車のグリーン車は、背面テーブルとひじ掛け内蔵のテーブルの両方が備わる。

さらに1992年(平成4年)3月のダイヤ改正では、「ひかり」よりも速達性がある格上の列車である「のぞみ」が、300系電車を用いて運転を開始したが、300系電車では食堂車だけでなく、カフェテリアも製造されず、売店だけとなった。

0系電車による「ひかり」では、食堂車の営業は継続していたが、車両の老朽化から300系電車を増備して、「ひかり」を置き換えることになった。300系電車からは、食堂車が製造されなくなり、供食設備は売店だけになった。そして1995年(平成7年)には、0系

「ひかり」食堂車は営業休止となり、2000年(平成12年)3月のダイヤ改正からは、100系電車の食堂車も営業を終了したため、東海道・山陽新幹線における食堂車の歴史に幕を閉じた。

3 在来線の食堂車

(1) 東京〜九州間の寝台特急

1958年(昭和33年)に、全車冷暖房完備であるだけでなく、全車に空気ばね台車と複層ガラスによる固定窓が採用された20系客車(**写真1.28**)が誕生した。この20系客車は、10年程度時代を先取りした車内設備を誇っており、「走るホテル」と呼ばれ、非常に高い人気を得た。20系客車の食堂車はナシ20(**写真1.29**)であり、厨房の完全電化が実現している。

(写真1.28)
20系客車は、10年程度時代を先取りした車内設備を備えていた。

(写真1.29)
ナシ20は、窓が大きいことが特徴である。

ナシ20は、1958年(昭和33年)から1970年(昭和45年)にかけて36両が製造された。車両の内外の基本構造は、オシ17形に準じているが、厨房は従来の石炭コンロなどから、完全に電化された点が、大きく異なる。厨房には、冷蔵庫や電気コンロが設置されるなど、近代化されたため、食堂車で勤務するコックさんにとっては、労働条件が大きく改善した。

それまでは古い木製のビールケースなどを砕いて、火を起こすことから始める必要があった。そして火が起きると、そこへ石炭を投下して調理ができるような状態にする必要があった。石炭を燃やすことから、煤が出るだけでなく、換気が悪いと一酸化炭素(CO)中毒になる危険性もあった。そして営業が終了すると、消火を行う必要があった。不完全な消火では、列車火災を起こす危険性があったため、食堂車の従業員にとっては、気が休まらなかった。

列車が営業を終え、車両基地に入ると、屋根へ登って煙突の清掃を行わなければならなかった。この作業は、下手をすると架線に触れて感電死する危険性がある重労働であった。事実、煙突掃除に行った人が戻って来ないので、先輩に言われて見に行くと、感電死して下に転落していたという、危険と隣合わせの仕事だった。

それゆえ食堂車内の完全電化は、コックさんにとっては、スイッチ1つで点火と消火が可能となり、かつ命がけの煙突掃除からも解放されたため、仕事が非常に楽になった。

食堂部分は、通路を挟んで4人掛けのテーブルが10セット設置されたため、定員は40名である。20系客車は、日本車両と日立という車両メーカーが内装などのデザインを担当したが、食堂車に限らずナロネ20という1人用と2人用の一等個室(後のA個室)の内装も、日本車両と日立とでは、大きく異なっていた。**表1.2**にナシ20の内装の違いをまとめた。

現在は、京都鉄道博物館にナシ20が静態保存されているが、日本車両が製造した車両である。日本車両が製造した車両であろうが、日立が製造した車両であろうが、ナシ20は窓が大きく、後に誕生するオシ14・オシ24よりも、明るく開放的な雰囲気であった。

表1.2　ナシ20の内装の概要

メーカー	日本車両	日立
照明	中央・窓側にカバー付蛍光灯	ダウンライトを用いた間接照明
冷房吹出口	連続タイプ	円形タイプ
食堂・厨房仕切	四角形タイプ	弧を描いた円形
デザイン担当者	高島屋の装飾部所属のインテリアデザイナー	フリーの工業デザイナー

出典：各種鉄道雑誌やインターネットを基に作成

20系客車が誕生した頃の東京対九州間の寝台特急は、食堂車は常に満席になることが多く、その場合は出入り口付近に待合室となる座席が設けられた(**写真1.30**)。当時は喫煙する人が多く、ここには灰皿も設置されていた。そして深夜の営業が終了した後は、開放型のA寝台車のように、座布団と背ズリを引き出し、食堂車の従業員用の寝台としても使用されたりした。晩年は、食堂車の従業員も寝台車で就寝するようになったが、20系客車が誕生するまでは、床に新聞紙を敷いて就寝していたため、仮に従業員用の寝台であったとしても、大幅に労働環境が改善されたことになる。

(写真1.30)
食堂車には、満席時に対応した待ち客用の座席が用意されていた。

当時の食堂車では、夕食

時の人気メニューとして、「ビーフステーキ定食」や「ビーフシチュー定食」が挙げられる。この時代は、寝台特急の食堂車は、街中の食堂やレストランなどよりも、1ランク上だと考えられていた。食事と一緒に酒を飲む時のおつまみとして、「牛肉のたたき」、「おでん」、「チーズの盛り合わせ」、「ソーセージの盛り合わせ」などは、人気があった。

これらのおつまみ系のメニューは、東京対九州間の寝台特急の食堂車の末期の頃であっても、提供されていた。それゆえ末期の頃は、食堂車は食事をする場所というよりは、酒を飲んで歓談をする場所という感じであり、「パブタイム」という表現が妥当かもしれない。

1970年代に入ると、「走るホテル」と言われた20系客車も、陳腐化が始まり出していた。そこで寝台幅を70cmに拡大し、寝台のセット・解体を自動化しただけでなく、電源も分散式として、分割併合運転に対応した14系客車が、1972年(昭和47年)に誕生した。その際、オシ14という食堂車も誕生しているが、ナシ20と比較して窓も小型化されただけでなく、ベネシャンブラインドが採用されるなど、実用本位な内装の食堂車となった**(写真1.31)**。

(写真1.31)
オシ14・オシ24は、実用本位な内装であったため、ナシ20ほどの魅力はなかった。

ところが同年11月6日の未明に、北陸トンネルで列車火災事故が発生した。火災の原因は、オシ17という食堂車の喫煙室(待合室)にある長椅子の電気暖房装置のショートである。石炭コンロを使用していたオシ17の火の不始末ではなかったが、この事故により石炭コンロの食堂車は全廃となる。

乗務員や食堂車の従業員は、消火器で消火活動を行ったが、消火することができず、オシ17は猛烈な炎に包まれ、煙と有毒ガス(主にCO)が排煙装置のないトンネル内に充満するなどの悪条件が重なった。結果として30人が死亡し、714人の負傷者を出す大惨事となった。死者は30人だが、29人がCO中毒で死亡している。

事態を重く見た国鉄は、14系客車は20系客車よりも難燃性が向上していたが、更に難燃性を向上させ、電源も集中式に変更した24系客車を製造することにした。食堂車のオシ24も、基本的な構造はオシ14に準ずるが、車内の飾り棚や食堂への入口の開き扉は、アルミ製に変更するなど、更なる難燃化対策が実施された。

1970年代の終わりの「ブルトレブーム」の頃には、九州には各地の郷土料理や地酒などの名物が多いこともあり、列車別の名物メニューも登場していた。

その代表例が、日本食堂長崎営業所(注4)が担当していた寝台特急「さくら」(東京〜長崎・佐世保間で運転だが、食堂車は基本編成の東京〜長崎間の編成に連結されていた)で提供されていた「皿うどん」や「チャンポン」が挙げられる。それらが提供されることも「さくら」に乗車する楽しみでもあった。

また東京〜西鹿児島間の寝台特急「はやぶさ」では、熊本県・鹿児島県が焼酎の産地であることから、麦が原料の球磨焼酎が提供されていた。鹿児島県となれば、芋焼酎となるが、芋焼酎は独特の臭みがあり、それを嫌う人もいるため、麦の方が無難かもしれない。そこで各テーブルには、お湯割り用のお湯が入ったポットが置かれていた。

また幕の内風の和風膳として欠かせなかったのが、西村京太郎の小説にも度々登場している「関門定食」である。この定食は、御飯と吸物に煮付や焼魚などを盛り合わせた和定食だが、東京対九州間の寝台特急の名物になっていた。これが東京〜浜田間[注5]の寝台特急「出雲1、4号」では、大山おこわや出雲そばが加わった「大山おこわ定食」が、名物となっていた。

この「大山おこわ定食」は、国鉄が分割民営化された後も、継続して提供されており、居ながらにして、出雲地方の郷土料理が味わえることが魅力であった。

国鉄の分割民営化が決まった1986年(昭和61年)11月のダイヤ改正では、東京〜博多間の寝台特急「あさかぜ1、4号」を、グレードアップさせることになった。

そこで食堂車は、1986年(昭和61年)のダイヤ改正からは、「星空のバー風」に変更された**(写真1.32)**。この食堂車は、車内の内装を夜の星空風のデザインとし、照明を変更しただけでなく、テーブルや椅子も更新され、床は絨毯敷きとなるなど、従来のオシ24のイメージを大きく変えた。厨房の反対側の出入り口付近には、サロン風のソファー席が設けられるなど、試行錯誤的な要素も多かった。

(写真1.32)
1986年(昭和61年)11月のダイヤ改正からは、「あさかぜ」の食堂車として、“星空のバー風”が登場した。

この「星空のバー風」の食堂車であるが、オリジナルのオシ24と比較すれば、内装は格段に良くなっていたが、食堂車で朝食を食べる際は、少々違和感があったことは確かである。

当時の国鉄に対して、そのような意見があったこともあり、国鉄が分割民営化される直前の1987年(昭和62年)3月には、「オリエント急行風」**(写真1.33)**の食堂車が誕生した。

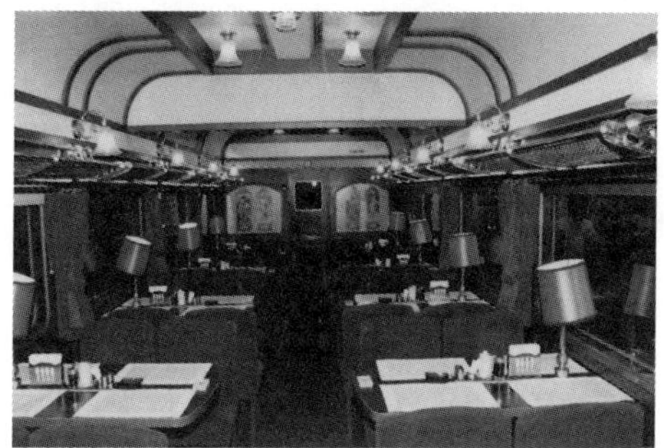

(写真1.33)
1987年(昭和62年)3月からは、"オリエント急行風"の食堂車が登場した。

(2) 北陸本線特急「雷鳥」

特急「雷鳥」は、1964年(昭和39年)12月25日から大阪～富山間で運転を開始した特急電車である。

同年の10月1日には、東海道新幹線が開業しただけでなく、北陸本線の金沢～富山間が、交流20KV・60Hzで電化されたことに伴い、全国的なダイヤ改正が実施された。

本来ならば、このダイヤ改正に合わせて特急「雷鳥」の運転が開始されるべきであるが、481系電車の完成が遅れてしまった。試運転や乗務員の訓練も実施しなければならず、実際の運転開始は同年12月25日からとなった。

北陸本線を代表する特急電車でもあることから、グリーン車が2両、食堂車が1両を含めた威風堂々の11両編成での運転であり、今日の特急列車とは雲泥の差がある。

1978年(昭和53年)10月2日のダイヤ改正からは、「しらさぎ」から移管される形で583系12両編成(グリーン車1両、食堂車1両含む)が、向日町運転所(現:吹田総合車両所京都支所)に配属となる。そのような理由から、583系電車も「雷鳥」の4往復を担当するようになる。

ところが583系電車の座席は、485系電車は回転式のリクライニングシートなどのロマンスシートであったのに対し、ゆったりはしていたが固定式のボックスシートであったことから、「特急らしくない」という理由で、利用者からの評判は良くなかった。

但し食堂車の車内に関しては、サシ581は天井が高く、遮光がベネシャンブラインドである以外は、サシ481と大差は無かった。

そこで1982年(昭和57年)11月15日のダイヤ改正では、583系電車を使用した「雷鳥」は2往復に削減されたが、食堂車の営業は継続された。そして1985年(昭和60年)3月14日のダイヤ改正では、583系電車を使用した特急「雷鳥」の定期列車としての運用が終了した。

1982年(昭和57年)11月15日ダイヤ改正では、特急「雷鳥」への489系電車の使用が復活している。これは特急「白山」に食堂車が復活したことから、車両の共通運用を組むためである。この編成は、食堂車は組み込まれたが、グリーン車は1両に削減されていた。

この時代になれば、特急列車であっても食堂車が廃止される潮流が強まっていたが、幸いなことに「雷鳥」「しらさぎ」は、全列車で食堂車の営業が継続されていた。また当時は、新潟〜金沢間で運転されていた特急「北越」でも、食堂車は営業を行っていた。

在来線の特急列車の食堂車の営業は、東京対九州間の寝台特急を除けば、北陸地区と北海道地区以外は、大阪〜博多間を結ぶ特急「まつかぜ」だけとなり、ほぼ壊滅状態になっていた。

北陸本線の場合、食堂車の需要よりも車両の運用や他車への給電の関係で存続している面もあったが、北陸地方独特の「小鯛の笹付け」を使用したおつまみが提供されるなど、地域性を活かしたメニューを用意して、営業していたことは確かである。

ところで1980年代に入ると、高速道路の整備が進んでおり、このことは国鉄だけでなく、食堂車の営業継続に関しても、大きな影響を与えるようになる。

1980年(昭和55年)に、北陸自動車道の敦賀IC～米原JCT間が開業したことで、名神高速と繋がり、これにより北陸圏は関西圏や中京圏と高速道路で結ばれるようになった。そうなると関西圏・中京圏から北陸への旅行には、自家用車を利用する人が増えただけでなく、高速バスの運行も開始されるようになる。

そうなればドル箱であった北陸本線の特急「雷鳥」「しらさぎ」などは、利用者が減少するようになることが予想される。

それにより国鉄としては、自家用車や高速バスとの競争に打ち勝つには、北陸本線の特急列車のスピードアップと増発が不可欠であると考えるようになり、付随車である食堂車が編成に組み込まれたのでは、スピードアップに支障を来すと考えた。

そこで1984年(昭和59年)の秋頃から、「雷鳥」「しらさぎ」「北越」に関しては、利用者の少ない列車の食堂車は、順次編成から外したり、牛丼、シュウマイ、たこ焼きなど、メニューを簡素化して営業を継続する処置が採られるようになった。

同年の11月には、大阪～青森間を運転する特急「白鳥2・3号」から食堂車が外され、さらに翌年1月には上野～金沢間の結ぶ特急「白山」からも、食堂車が外されている。

そして東北・上越新幹線の上野開業に際して実施された1985年(昭和60年)3月のダイヤ改正では、在来線特急列車の食堂車に関しては、東京対九州間の寝台特急や、北海道内の特急「おおとり」などを除いて、廃止されてしまった。

このダイヤ改正では、大阪～博多間を山陰本線経由で結んでいた特急「まつかぜ」が、車両が老朽化していたため、181系気動車に置き換えられると同時に、利用者の少ない米子〜博多間は、181系気動車を使用した特急「いそかぜ」に置き換えられ、「まつかぜ」は大阪〜米子間の運転に短縮されると同時に、食堂車の連結も廃止されている。

さらに北陸本線の特急列車は、従来のグリーン車2両に食堂車を組み込み込んだ12連という威風堂々とした長大編成から、全列車の食堂車が廃止され、かつグリーン車も1両に削減された10両編成以下の短い編成となる。そして1972年(昭和47年)以来、13年間も北陸本線で活躍していた583系電車が、定期列車としての運転が終了する(注6)という、寂しい話題があった。

(写真1.34)
和風車「だんらん」の内装。
撮影:高木英二(RGG)

そんな中でも、一部の特急「雷鳥」には、和風車“だんらん”が組み込まれた**(写真1.34)**。この車両は、特急「雷鳥」の編成から外された食堂車の中でも、車齢の若い状態が良い車両を改造して誕生した。

食堂であったスペースは、車内に畳を敷いて衝立で仕切ることで、4人区画の準個室が7つ誕生した。かつて厨房があった場所は、車内販売の基地や簡単な飲食物を提供するカウンターとして活用した。

和風車“だんらん”を利用するには、乗車券・特急券の他に、1区画で販売されるグリーン券が必要であった。4名で利用すれば、リクライニングシートのグリーン車を利用するよりも、「お買い得」を売り物にしていた。

このような車両が導入されたのは、余剰となった食堂車の有効活用という側面もあったが、北陸本線の沿線には芦原温泉や山中温泉、山代温泉、粟津温泉、片山津温泉などの多くの温泉があり、グリーン車の需要が高かったことも挙げられる。

当時の国鉄とすれば、温泉旅行をする人達に対し、従来の列車とは一線を画した「乗る楽しみ」を提供したいという思いもあった。

その背景として、北陸自動車道が名神高速道路と繋がったことによる、特急列車を利用していた人達の自家用車や高速バスへのシフトだけが要因ではない。この時代は、「ジョイフルトレイン」と言われるお座敷列車やサロンカーなどが、日本各地で雨後の筍のように誕生していて、団体旅行で高い人気を誇っていたことも、要因として挙げられる。これらのジョイフルトレインは、列車に乗車することを目的としていた。

お座敷列車などは、団体旅行でなければ利用できないため、ある面では価格面以外のハードルが高かったが、和風車“だんらん”であれば4名単位で販売してもらえるため、家族やグループでも利用が可能となり、敷居は低くなる。

和風車“だんらん”の外観は、食堂車時代と殆ど変わらなかったが、窓の下に金色の帯が入ったことで、それが注目された。

(1) 特急「おおとり」

特急「おおとり」は、1964年(昭和39年)10月に函館～網走・釧路間の特急列車として、キハ82系により運転を開始する。網走へ向かう列車と釧路へ向かう列車とは、途中の滝川で分割併合を実施していた。

当時は、未だ石勝線が開通していなかっただけでなく、本州から北海道へ渡る人の大半は、列車と青函連絡船を乗り継いで旅行することが、一般的であった。そのため特急「おおとり」は、青函連絡船への連絡機能と、北海道内の速達性の提供という任務を担っていた。

特急「おおとり」で使用されたのは、1961年(昭和36年)から製造されたキハ82系である。この気動車は、前年に特急「はつかり」で投入されたキハ81系の改良型である。キハ82系の登場から、従来のキハ81系と合わせ、「80系気動車」と呼ばれる。

キハ81系気動車は**(写真1.35)**、運転開始からトラブル続きで不評を買い、マスコミを賑わせたこともあり、特急気動車の将来性が危ぶまれた。

(写真1.35)
キハ81系気動車は、“ブルドッグ”の愛称で親しまれた。

原因の1つが、横型のエンジンを採用したことが挙げられる。従来の気動車のエンジンは、ピストンが縦方向に動く縦型であった。

このエンジンを採用すれば、車内に点検蓋が生じてしまい、防音性という面で問題が生じる。

国鉄では、1958年(昭和33年)に151系特急電車**(写真1.36)**や20系客車をデビューさせており、これらの車両には、防音性を良くするため、浮き床構造が採用された。それにより従来型車両を凌駕する防音性が実現しており、後に開発された14系・24系客車などよりも、20系客車の防音性は、優れていたのである(注7)。

(写真1.36)
151系電車は、従来の電車のイメージを大きく変えたボンネット型となった。写真は、151系の改良型である181系電車。

特急用の気動車を導入するのであれば、床下にディーゼルエンジンを搭載するとはいえ、151系電車や20系客車に近い防音性が要求される。そうなると車内に、点検蓋が生じるような縦型のエンジンでは、具合が悪い。

そこで水平方向にピストンが動くDMH17Hというエンジンを開発した。このエンジンの「H」はアルファベットの8番目であるから、8気筒のエンジンであり、最後の「H」は横型を意味する。だが新開発の横型のエンジンでは、以下のような弱点が露呈した。

①従来の垂直に動くピストンに比べ、水平に動くピストンでは、潤滑の不均一などが多かった
②車重が増加したにも拘わらず、歯車比を下げて最高運転速度を100km/hとしたこともあり、東京〜青森間の約750kmの長距離の高負荷運転に耐えられなかった

①に関しては、縦型エンジンを横型に変えたために生じたトラブルであった。

②に関しては、当時の特急列車には食堂車は不可欠であり、水タンクや発電エンジンなど搭載したキサシ80には、走行用のエンジンが搭載できなかった。

キサシ80は、日本で最初に製造された気動車の食堂車であるが、「サ」が示すように、この車両には、走行用のエンジンを搭載していない。構造や外観は、151系電車のサシ151に準拠していた。食堂の定員は40名であり、厨房は完全電化されており、車内には空調が備わっていた。

食堂車であるから、床下には給水だけでなく、排水用も含めた大型の水タンクが3個搭載された以外に、厨房機器類を動かすための発電用のエンジンを搭載しなければならない。そうなると床下にスペースが無いため、走行用のエンジンが搭載できなかった。

81系気動車のエンジンは、戦前製のエンジンを横型にしたエンジンであるから、今日のエンジンのように過給機やインタークーラーが備わっていないため、8気筒という大型のエンジンであったにも拘わらず出力が180PSと小さい。そのようなエンジンを、先頭車や食堂車以外の車両は、2基搭載することで性能をカバーしようとしていた。

国鉄では、81系気動車を導入する以前の1956年(昭和31年)に、東

京〜日光間にキハ55系気動車を使用した準急「日光」をデビューさせていた。この気動車は、縦型のエンジンを2基搭載していたため、日光線に介在する25‰の急勾配も、従来のSLよりは高速で登坂することが可能になったが、その急勾配区間の距離は短かった。

東北本線には、25‰の連続勾配が続く十三本木峠があり、その距離は日光線の25‰の急勾配区間よりも長く続く。夏場にエンジンがオーバーヒートしたりすれば、エンジンカットで走行せざるを得なくなり、その分だけ負荷が掛かることになる。

この峠を走行する時は、出力不足となって勾配が登り切れず、立ち往生したりした。または、排気集合管(エキゾーストマニホールド)が過熱され、破損による発火事故が発生した。

そこで1961年(昭和36年)6月からは、十三本木峠の前後にある御堂と小鳥谷の両駅に停車させ、排気集合管に異常が発生していないか、確認することになった。

準急「日光」の走行距離は、片道100km強であるが、特急「はつかり」は片道750km強も走行する。急勾配区間は高トルク運転を実施するだけでなく、特急列車であるから、平坦地ではエンジンを高速回転させて走行する必要もあり、これはこれでエンジンに負荷が掛かる。

エンジンに高負荷を掛けていると、燃焼室から火炎が発生してマニホールドが過熱されてしまう。それ以外に、潤滑油量や油隙間(クリアランス)の管理が悪いと、排気に含まれた多くの潤滑油がマニホールドや排気管内に溜まり、温度が上がった時点で発火する場合があった。縦型エンジンを横型に設計変更したため、潤滑油の管理などが難しくなった点は否めない。これはキハ58系気動車でも見られ、JR東日本が所有していたジョイフルトレインの「サロンエクスプレスアルカディア」(**写真1.37**)も、同様な要因で火災を起こ

(写真1.37)
JR東日本のジョイフルトレイン「kenji」は、前身の「サロンエクスプレスアルカディア」がキハ58系気動車を改造したため、火災事故を起こしたことから、エンジンの交換が行われた。

している。

そこでJR東日本は、DMH17Hというエンジンを、「気動車の安全対策の強化」という名目で、最新の直噴式のエンジンに交換を行った。

キハ81系気動車は、エンジンから火を噴くなどのトラブルが多発していたが、その間も旅客需要が増大していた。日本全国で輸送力増強が急務となっており、国鉄は1961年(昭和36年)10月に、白紙のダイヤの大改正を実施する計画を立てる。

このダイヤ改正では、全国に特急列車を大増発することが計画された。新規に特急列車が新設される路線の多くは、地方の亜幹線であるから、当然ながら非電化である。このダイヤ改正では、従来のSLが牽引する客車列車ではなく、気動車で特急列車を新設する考えであった。キハ81系気動車は、幹線で使用することを前提としていたため、先頭車が非貫通であるから亜幹線で使用するには、適さない面もあった。

国鉄は、1960年(昭和35年)末から、改良型となるキハ82系気動車の開発に着手したが**(写真1.38)**、同様の症状は、キハ82系気動車の試運転でも発生した。そこで国鉄は、急遽、マニホールドの設計変更を行い、キハ82系気動車だけでなく、キハ81系気動車の改善工事も施工した。

(写真1.38)
キハ82系気動車は、分割併合運転も加味して、先頭車が貫通式となった。

キハ81系気動車の開発を急ぎ過ぎたため、新規に採用された水平にシリンダーが動く横型エンジンだけでなく、長距離の高速運転を実施する際の問題点を洗い出す作業が不十分であった。

そこで気動車の運転に関しては、エンジンに負荷を掛け過ぎないようにするため、フルノッチでの運転は5分以内とするようになった。

キハ82系気動車では、1961年(昭和36年)～1967年(昭和42年)までに、110両が製造された。排気集合管(エキゾーストマニホールド)などの信頼性向上を実施した上で、先頭車を貫通式の運転台とし、そして冷房や食堂車で使用するサービス電源を備えるキハ82系気動車となった。食堂車は、走行用エンジンを2基搭載したキシ80形に車種を変更した。これで中間車は、全車が走行用のエンジンを2基搭載し、サービス電源の容量が不足する場合は、運転台とサービス電源を備えたキハ82系気動車の先頭車を増結で対処することで、編成の出力を確保することにした。

キサシ80では、走行用のエンジンを搭載しないことから、床下に搭載されるエンジンを、発電用1基から、走行用を2基へ改造したキシ80とする。そして調理用の電源給電は、キハ82形やキハ81形からの供給のみとした。

キシ80では、水タンクは厨房側の車端の床上へ搭載したため、食堂の定員が左右1卓ずつ減り、8テーブルで定員が32人に減少した。

食堂車の中でも、1967年(昭和42年)に製造された最終増備車であるキシ80 37は、さらに食堂部分の窓を大窓化した。そして遮光には、ベネシャンブラインドを装備していた。このベネシャンブラインドは、583系電車やキハ80系気動車の後継車であるキハ181系気動車のキサシ180にも受け継がれている。

ところで1970年(昭和45年)10月からは、釧路発着の編成を特急「おおぞら」に分離したことから、函館～網走間の単独の運行となる。その後も、食堂車を組み込んだ編成で運転が継続される。

「おおとり」の食堂車では、「北海定食」「イカのぽっぽ焼き」「イカそうめん」などの北海道らしいメニューが用意され、居ながらにして、北海道の味覚に舌鼓を打つことができた。

だが北海道で使用するキハ82系気動車は、元々が本州での使用を前提に設計されていたこともあり、老朽化に寒さが加わって、本州で使用されるキハ82系気動車よりも、老朽化が進行していた。

キシ80も末期の頃は、壁の亀裂をガムテープで補強するなどの応急処置が見られたり、冬場の車両故障が発生するなど、早期の置き換えが急務であった。

そこで1986年(昭和61年)11月のダイヤ改正では、キハ82系気動車が老朽化していたため、後継車のキハ183系気動車に置き換えられ、それにより食堂車の連結も廃止された。この改正までキハ82系気動車は、「おおとり」だけでなく、石北本線の「オホーツク」にも使用されていたが、このダイヤ改正で定期列車としての運行を終了した。

国鉄の分割民営化後の1988年(昭和63年)3月のダイヤ改正では、札幌〜網走間が「オホーツク」、函館〜札幌間が「北斗」に分割されて、1日1往復の運行体制を継続してきた「おおとり」は、列車名が消滅した。

「おおとり」が札幌を境に、「オホーツク」と「北斗」に分割された理由は、車両の運行効率を上げる目的からである。「おおとり」が運転を開始した1964年(昭和39年)頃は、本州から北海道へ渡る人の大半は、青函連絡船を乗り継いでいた。青函連絡船のダイヤが決まると、北海道内の列車のダイヤが決まったのである。

ところが1980年頃になれば、本州から北海道へ渡る人の多くが、航空機へシフトしていた。そこで国鉄は、1980年(昭和55年)10月のダイヤ改正からは、従来の函館中心のダイヤから、札幌中心のダイヤへシフトさせるようになった。

ただ「おおとり」には、青函連絡船とのアクセス機能も担っていたため、函館〜網走間を札幌経由で運転されていたが、1988年(昭和63年)3月13日に、青函トンネルが開通したことによる、全国規模のダイヤ改正が実施された。

その頃になれば、函館〜網走間を通して乗車する人は殆どいない上、当時の「オホーツク」は6両編成で運転されており、「北斗」は9両編成であった。

直通の列車を設定するとなれば、混雑する方の9両編成にしなければならず、その編成で石北本線を運行すれば、非効率であった。

JR北海道に承継されたキシ80の内、36・37はジョイフルトレインの種車になることもなければ、寝台特急「北斗星」などの食堂車へ転用されることもなく、そのまま廃車となった。

だがキシ80の 29は、1988年(昭和63年)3月に、キハ82系気動車を種車にジョイフルトレインの第三弾として、「トマムサホロエクスプレス」に改造された。そして「トマムサホロエクスプレス」**(写真1.39)**には、他の「アルファコンチネンタルエクスプレス」や「フラノエクスプレス」**(写真1.40)**とは異なり、食堂車を組み込むことになり、キシ80 29は改造されてキシ80 501**(写真1.41)**へと生まれ変わり、内装も豪華になった。

「トマムサホロエクスプレス」では、食堂車は組み込まれたが、「おおとり」時代のように定食類や食事系の「かにそば」「お茶漬け」などは提供されず、主におつまみ類とビールなどのアルコール飲料が提供された。

(写真 1.39)
「トマムサホロエクスプレス」は、キハ82系気動車を改造して誕生した。

そして外観は、キシ80の面影が無いぐらい改造され、天井が高くなっただけでなく、車内の通路を挟んで4テーブルと2テーブルになり、ゆったりした感じになった。

その後のJR北海道のジョイフルトレインは、新造車を製造して対応することになったこともあり、車体の老朽化や性能の陳腐化などもあり、キシ80 501は2007年(平成19年)6月6日付で廃車となり、「キシ80」という形式が消滅した。

(写真1.40)
「フラノエクスプレス」も、キハ82系気動車を改造して誕生した。

(写真1.41)
「トマムサホロエクスプレス」の食堂車は、キシ80を改造して誕生した。

(注1) ファーストフード業界は、破竹の勢いで右肩上がりの成長を続けるが、2000年以降になると、その成長に陰りが見え始める。BSE、O－157、食品偽装、残留農薬などの問題から、食の安全性を重視する声が広がった。特にBSE問題により、ハンバーガーや牛丼のチェーン店が影響を受けた。またハンバーガーなどは、脂肪分や添加物が多いこともあり、肥満が大きな社会問題となった。それによりファーストフードなどが批判されるようになり、人気が低迷するようになる。ファーストフードなどは、中高生などが多く食べていたことから、少子化の影響も受けてはいる。ファーストフード業界も、需要が低迷すると困ることから、近年では価格は少々割高になるが、「食材にこだわる」、「野菜を多く使用する」など、「ヘルシーで安全」という商品が開発されるようになった。

(注2) 1992年(平成4年)までには、全廃となって形式が消滅する。

(注3) この車両は、2008年(平成20年)3月14日まで運行され、同年の3月28日付で廃車になる。

(注4) 食堂車が連結され、営業を行っていたのは、東京～出雲市間である。

(注5) その後も、臨時の特急「雷鳥」としては使用された。

(注6) 堀内重人『ブルートレイン誕生50年――20系客車の誕生から、今後の夜行列車へ』(クラッセ刊、2012年)を参照されたい。

(注7) キハ82系気動車は、スーパー保全工事を受け、座席もリクライニングシートに交換されるなどして、JR北海道が発足した後も、臨時特急として使用された。そして食堂車に関しては、キシ80の中で、29・36・37の3両は、今後、JR北海道がイベント列車などを導入する際の種車用として、保留車のままJR北海道に承継された。

食堂車を活性化させる試み

1 100系新幹線の導入

(1) 新幹線初のフルモデルチェンジ

1964年(昭和39年)に東海道新幹線が開業した時から、0系電車が運用されていたが、1970年代の半ば近くになると、経年劣化が生じ始めた。当時は、現在ほど金属の加工技術が良くなかったとは言え、在来線の車両であれば20年程度は使用することができたが、新幹線では在来線とは異なり、運行速度が約2倍速いため、劣化も早かった。

0系電車は、新幹線用として最初に設計された営業用車両であることや、新幹線自体が200km/h以上の高速で、東京〜博多間を往復する運用を組むなどの最初の事例でもあった。国鉄も、0系電車を設計するときには、気密構造などは在来線の車両よりは、強化して設計するなどは行っていたが、200km/hを超える速度での長時間運転などは、未だ経験していない事例であったことから、当時の国鉄も分からない点があったことは確かである。

列車同士のすれ違いだけでなく、200km/hを超える高速でトンネルへの出入りで気圧の変化を繰り返すことになる。新幹線がトンネルに入れば、車体が少し膨らんでしまい、トンネルを出ると車体が萎んでしまう。これを繰り返せば、車体は金属疲労を起こしてしまい、結果として車体の気密性が保てなくなる。

実際に営業運転を始めると、このようなことが分かってきた。そこで国鉄は、0系電車を廃車にする基準として、製造後13年と設定した。「13年」という年数は、車両の減価償却を行う法定年数と同じである。

つまり車両の減価償却を終えると、廃車にするとした。その際、古い0系車両の置き換えは、新形式の車両ではなく、新造した0系車両によって置き換えることになる。

本来ならば新形式車両が投入されても良いのだが、当時の国鉄は経営状況が悪化しただけでなく、労使問題などが良くなかった時代であったため、新技術の導入などを労働組合が嫌がった。

それに加え、当時0系電車は、経年数が異なる車両を用いて、編成を組まざるを得ない面があった。そうなると既存の車両と、新たに新造した車両の互換性に対して配慮する必要もあった。

1980年頃になれば、国鉄も新幹線車両に起こる特有の現象が、0系電車の運用経験から把握できるようになっていたが、0系電車の基本となるデザイン・内装は、1964年(昭和39年)に東海道新幹線が開業した当初のままであった。

0系電車は、長期にわたって製造されたため、普通車の座席は開業当初の転換クロスシートが、簡易リクライニングシートに代わり**(写真2.1)**、シートピッチも幾分、拡張された。またグリーン車の座席も、背面テーブルを備えた重厚な座席に代わるなど、何度かマイナーチェンジは実施されていた。

だが車両性能や内装に関しては、陳腐化した印象は否めなかった。こうした背景に加え、1975年(昭和50年)3月10日の山陽新幹線として博多開業時には、編成単位で大量に0系電車が増備されており、これらの車両を置き換える時期になりつつあった。

(写真2.1)
0系電車の座席は、昭和50年代の半ばからは、簡易リクライニングシートになった。

そのような背景もあり、0系電車のモデルチェンジの機運が、1980年頃から高まっていた。そして1981年(昭和56年)には、東北・上越新幹線用として、0系電車のモーター出力を約30%アップし、耐寒耐雪構造を強化した200系電車が導入された。

海外に目を向けると、1981年(昭和56年)にフランスでは、TGV(**写真2.2**)という高速列車が開業し、最高運転速度は260km/hに向上していた。但し260km/hで走行が可能な区間は、高速新線の中であっても僅かな区間ではあったが、フランスを含めた欧州では、高速鉄道と在来線のゲージが同一であることから、在来線への乗り入れが行われる。この考え方は、JR化後の日本では、「ミニ新幹線」として、山形新幹線・秋田新幹線(**写真2.3**)という形で実現する。

(写真2.2)
フランスの高速鉄道であるTGVは、1981年に開業した。

(写真2.3)
秋田新幹線では、現在はE6系電車が使用される。

TGVの起点から終点までの表定速度で見れば、日本の新幹線の方が勝ってはいたが、最高運転速度では後塵を拝することになった。フランスは、TGV南東線の起点であるパリ・リヨン駅(**写真2.4**)を出発して10分も走行すると、完全にぶどう畑になるため、日本のように騒音に対する対策を実施しなくても良いという面があり、最高運転速度を向上させやすいことは事実である。

(写真2.4)
パリのリヨン駅はTGV南東線の起点駅である。

車内設備に関しては、TGVの1等車(**写真2.5**)・2等車(**写真2.6**)ともに、日本の新幹線と比較すれば、シートピッチが狭く、かつ座席が回転させられないこともあり、居住性では日本の新幹線よりも格段に劣っていた。

(写真2.5)
TGVの1等車の座席は、新幹線の普通車レベルである(初期の南東線)。

(写真2.6)
TGVの2等車の座席は、座席間隔が狭く、新快速レベルである。

だが車内デザインについては、「斬新さ」という面では、TGVと比較すれば見劣りしていた。特にTGVでは、ダウンライトによる照明が採用されるなど、近未来的な雰囲気がした。

100系電車**(写真2.7)**を導入するに際し、0系電車**(写真2.8)**・200系電車で培った技術を踏襲しつつ、主に内装・外装を中心にデザインが一新されることになった。

(写真2.7)
100系電車は、0系電車のフルモデルチェンジ車である。

(写真2.8)
新幹線最初の車両である0系電車。

そこで国鉄車両設計事務所内に車両デザイン専門委員会が設けられ、外部のデザイナーも招聘された。そのメンバーには、手銭正道、松本哲夫、木村一男がいた。その中でも木村一男は、その後もJR西日本の「サンライズ瀬戸・出雲」で使用する285系電車(**写真2.9**)だけでなく、フラッグシップトレインである「トワイライトエクスプレス瑞風」(**写真2.10**)のデザインも担当していることから、実力のある優秀なデザイナーである。木村デザイナーは、「現在版の星晃」である。

(写真2.9)
「サンライズ瀬戸・出雲」は、現在も高い人気を誇っている。

(写真2.10)
「トワイライトエクスプレス瑞風」は、JR西日本のフラッグシップトレインである。

星晃は、国鉄の副技師長にまで上り詰めた優秀な車両技術者であり、0系電車だけでなく、151系電車・583系電車、20系客車など、優れた電車・客車の設計を行ってきた。20系客車の流線型の優美なデザインは**(写真2.11)**、星晃がデザインしたものである。現在では木村一男のデザインには、落ち着きのある高級感が漂う。

(写真2.11)
20系客車の外観は、星晃がデザインを行った。

国鉄が、このような優秀な外部のデザイナーを採用したことから、100系電車に掛ける情熱が凄かったと言える。

100系電車を製造するにあたり、デザイン提案は各車両メーカーが行い、それを車両デザイン専門委員会が検討して、採用することになった。また新幹線のフルモデルチェンジを実施することから、二階建て車両を組み込むことにした。

本来ならば、二階建て車両は定員を増やす手段であるから、「贅沢」「高級感」とは、全く無縁の概念ではあるが、グリーン車や食堂車で採用したことから、「眺望が良い」「通り抜けが無い」というプラスの要素が、強調されることになった。新幹線は高速走行することから、沿線で騒音問題が顕在化しており、その対策として防音壁を設けたため、眺望が悪くなっていた。その点では、二階建て車両は目線が防音壁よりも上にあるため、眺望が良くなった。特に冬場は、富士山がくっきりと見えたため、二階建てのグリーン車や食堂車を利用することが、楽しみであった。

近鉄では、「ビスタカー」**(写真2.12)**という二階建て車両が代名詞になっていたが、北米大陸では雄大な大自然を眺望する目的で、二階建て車両を導入している。

(写真2.12)
「ビスタカー」は、近鉄の代名詞でもあった。

国鉄が新幹線で二階建て車両を導入したことは、新幹線の宣伝になっただけでなく、イメージアップにも繋がった。

100系電車で採用された設備や技術は、これ以降に生産される新幹線車両に継承されたりしている。設備面では、3人掛けの座席も回転が可能となった**(写真2.13)**。0系の後期の車両では、座席が簡易リクライニングシートになっていたが、三人掛けの座席は集団離反型が採用され、座席を回転させることができず、片側は逆を向いて旅行せざるを得ず、不評であった。特に修学旅行生の間では、向かい合わせにできないため、非常に評判が悪かった。

(写真2.13)
100系電車から、3人掛けの座席も回転が可能となった。

三人掛けの座席を回転が可能な状態にするため、シートピッチが1,040㎜に拡大されたが、これは他の新幹線に継承されている。

技術面では、付随車に渦電流ブレーキが採用されたり、補助電源装置として静止型のインバーターを採用するなど、他の新幹線にも継承されている。

100系電車は、お客様に好評であったこともあり、国鉄末期の1985年(昭和60年)に試作車が製造された後、1992年(平成4年)まで製造が続いた。結果として、16両編成が66本製造され、東海道・山陽新幹線における主力車両として活躍した。

その後は、後継車両の300系電車の登場により、2003年(平成15年)9月16日に東海道新幹線から撤退し、2012年(平成24年)3月16日には、山陽新幹線からも撤退した。

(2) 二階建て食堂車による眺望の向上

1974年(昭和49年)に導入された36形式の食堂車は、落ち着いた雰囲気の中で食事が摂れることから、お客様には好評であった。0系電車をフルモデルチェンジするとなれば、東京～博多間で運転される新幹線に関しては、食事の時間帯に掛かることもあり、食堂車が必要となる。

0系電車のフルモデルチェンジ車として、100系電車が計画されており、イメージアップも兼ねて二階建て車両を導入することになった。二階建て車両を導入するとなれば、やはり目玉となるのがグリーン車と食堂車になる。

グリーン車に乗車するには、グリーン料金が必要となることから、敷居が高くなる面は否めないが、食堂車であれば定食類は金銭的に厳しかったとしても、コーヒーやジュースであれば、比較的気軽に利用することが可能である。

1985年（昭和60年）に試作車のX編成が、1編成16両で製造された。16両編成の中央の8～9号車には、二階建て車両が組み込まれた。9号車の二階部分は、開放型のグリーン車となり、階下は個室グリーン車となった。そして8号車が食堂車となった。

X編成と、JR西日本が導入した「グランドひかり」と呼ばれた二階建て車両を4両も組み込んだV編成は、東京～博多間を運行する長距離向けに製造された車両である。どちらの編成も、8号車に食堂車が備わっており、階下に厨房と売店が設けられた。売店が設けられたといっても、37形式のビュッフェと比較すれば、面積などは大幅に縮小されており、ここでは駅弁やコーヒー・ビールなどを購入するだけのスペースであった。そのためビュッフェは、廃止されたと言っても過言ではなかった。

眺望の優れた二階は、フロア全体が食堂となったことから、0系電車のように通路を歩く人や、食堂の待ち客に食事をしている所を、覗かれる心配がなくなった。筆者自身、100系の食堂車が好きであったのは、眺望が良いだけでなく、通路を歩く人から覗かれる心配がなくなったことも、大きく影響している。窓ガラスが非常に大きいことから、富士山も0系電車の36形式の食堂車よりも、はっきりと見ることができた。二階が全面的に食堂になったことから、通り抜けの客は、階下に設けられた通路を利用することになる。

食堂部分が二階になってしまったことから、階下の厨房で調理を担当するコックからは、食事をするお客様の様子が分からなくなってしまう。そこでコックの要望で、厨房内に客室入口を映し出すTVモニターを設置して、お客様の様子が観察できるようになった。JR東海が所有するX編成と、JR西日本が所有するV編成では、車両の外観こそ同じであり、食堂車はグリーン車よりも窓ガラスが大きく、曲面ガラスが採用されたため**(写真2.14)**、編成の中でもよく目立つ存在であった。

(写真2.14)
100系の食堂車は、曲面ガラスが採用されたため、眺望が良好であった。

だが所有する会社が異なることもあり、車内の内装は全く異なっていた。

X編成では、食堂の出入り口の階段付近には、東海道・山陽本線を駆け抜けた代表的な列車が、エッチングにより装飾されていた**(写真2.15)**。このエッチングは、元国鉄技術者の黒岩保美の製作であり、黒岩保美は151系電車などの国鉄特急色**(写真2.16)**や交直流電車の塗分け**(写真2.17)**などを、考案している。

(写真2.15)
JR東海の編成には、国鉄車両がエッチングされていた。

今日でも、国鉄車両の塗分けに対する評価が高く、「派手過ぎず、地味過ぎない」「汚れが目立ちにくい」という評価が、国鉄時代を知らない若い世代の人からもあり、高く評価されている。それぐらい黒岩保美の車体の塗分けが優れていたと言える。

(写真2.16)
国鉄の特急色は、クリーム色に臙脂の帯が入るため、汚れが目立ちにくかった。

(写真2.17)
国鉄の交直両用電車は、クリーム色にローズピンクの塗分けであった。

V編成である「グランドひかり」に組み込まれた3000番台車両は、入り口付近の装飾や壁面に大きな飾り花が設置され、食堂の椅子は「トワイライトエクスプレス」の“ダイナープレヤデス”と同じ椅子が採用されていた**(写真2.18)**。そして「グランドひかり」がデビューしたのが、バブル期であったことから、帝国ホテルが担当する一部の列車では、後ほど説明するが、フレンチのフルコースが

(写真2.18)
「グランドひかり」の食堂車では、椅子は「トワイライトエクスプレス」と共通化されていた。

提供されるなど、メニューも異なったりしていた。

X編成・V編成共に、厨房が階下にあることから、厨房で出来上がった料理を二階の食堂へ運ぶ際には、料理運搬用のエレベータを使用して提供されていた。

食堂車の営業は、2000年(平成12年)3月10日で終了したが、その後も食堂車の連結が継続されたため、フリースペースとして活用ができた。

(3) グランド「ひかり」のフルコースの提供

100系X編成は、二階建てのグリーン車や個室グリーン車、そして二階建ての食堂車も組み込まれて、東京〜博多間の列車に投入され、お客様からは大変好評であった。

そこでJR西日本は、東京〜博多間の「ひかり」で運用することを念頭に、G編成で省略された食堂車を設定すると共に、バブル期であったことから、G編成と同等にグリーン車を3両組み込むことにした。JR西日本が導入した100系電車は、「V編成」と呼ばれる二階建て車両を4両組み込み、7号車と9〜10号車のグリーン車は全て二階としただけでなく、8号車の食堂車も二階建てとしたことから、“グランドひかり”の名称が付いた。

二階建て車両は、X編成・G編成と同様に、モーターを積まない付随車である。“グランドひかり”は、山陽新幹線内では230km/h運転を実施するだけでなく、導入された当初は将来的には275km/h

で運転することが計画されていた。

X編成・G編成では、先頭車はモーターの無い付随車となっていた。これは先頭車の一番前の車輪が摩耗しやすく、フラット現象が発生しやすいからである。そこでV編成では、先頭車を電動車とすることで、編成の出力をX編成・G編成と同等にしている。

7号車と9～10号車の階下は、普通車指定席になっており、X編成・G編成で設けられた個室グリーンは、設けられなかった。これは山陽新幹線に入れば、個室グリーンの需要が殆ど無いことが影響している。"グランドひかり"は、JR西日本が導入した車両であるから、自社の管内で需要の無い設備を設けても意味がない。

だが二階建て車両の階下の部分は、眺望が悪いだけでなく、通路が設けられるため、その分だけ居住性が悪くなってしまう。そこへ2-3の横5列の普通車指定席を設けたとしても、人気が出ないことは火を見るよりも明らかである。

そこでJR西日本は、「ウエストひかり」で実績のある2-2の横4列の座席を設けただけでなく、ビデオプロジェクターによる番組の提供や、イヤホーンを持参すればオーディオが利用できるようにした。さらにV編成も、X編成・G編成と同じく、11号車には車椅子に対応した設備が設置された。

"グランドひかり"の食堂車で特筆すべきサービスとして、帝国ホテル列車食堂が担当する列車では、フレンチのフルコースのディナーが提供されていたことが挙げられる。

メニューは、ローストビーフのフルコースが7,000円(税別)であり、ビーフステーキのフルコースが5,000円(税別)であった。日本人の感覚からすれば、ローストビーフがビーフステーキよりも割高であることに対し、違和感を持たれるかもしれないが、**表2.1**で示すように、ローストビーフのコースには、魚のメインとして「舌ビラメの白ワイン蒸し」が備わっていた上、諸外国ではビーフステーキよりも、ローストビーフの方が割高になる。

それはローストビーフを製造するとなれば、牛肉を赤ワインなどに漬け込んだり、牛肉に岩塩と胡椒などを染み込ませて下味を付けるなど、手間を要するからである。

表2.1 グランド「ひかり」の食堂車で提供されていたフルコースメニューの一覧

コース名	Aコース	Bコース
オードブル	クリームチーズのテリーヌ ポートゼリー添え	スモークサーモン ケッパー レモン添え
スープ	スペシャルスープ モーツアルト	同左
魚のメイン	舌ビラメの白ワイン蒸し メゾンドル風	無し
肉のメイン	ローストビーフ西洋わさび添えと野菜サラダ	サーロインステーキ マルセイユ風 バター添え
デザート	自家製パイ 生クリーム フルーツ添えとコーヒー	アイスクリーム 生クリーム添え

出典：種村直樹「グランドひかり4Aの旅」『鉄道ジャーナル』1989年6月号を基に作成

新幹線の食堂車にフレンチのフルコースのディナーが登場した理由として、前年の1988年(昭和63年)3月13日のダイヤ改正では、上野～札幌間を結ぶ寝台特急「北斗星」(**写真2.19**)の運行が開始され、シャワー・トイレなどを完備した1人用のA個室寝台“ロイヤル”(**写真2.20**)と共に食堂車の「グランシャリオ」では(**写真2.21**)、本格的な予約制のフレンチのフルコースのディナーが、登場したことが大きく影響している。

「北斗星」の食堂車で、フレンチのフルコースのディナーを食べたければ、事前にみどりの窓口で、特急寝台券が取れた時に、ディナーも申し込む必要があった。

だが“グランドひかり”の食堂車では、予約が無くても食堂車へ行けば、フルコースのディナーを食べることができたため、寝台特急「北斗星」と比較すれば、敷居が低かった。

(写真2.19)
寝台特急「北斗星」は、高い人気を誇っていた。

(写真2.20)
「北斗星」で、高い人気を誇った“ロイヤル”。

(写真2.21)
「北斗星」の食堂車“グランシャリオ”。JR北海道編成は豪華であった。

これは新幹線の定員が大きく影響している。新幹線は1編成16両編成であるから、1編成当たり1,200名近い乗客がいる可能性がある。対する寝台特急「北斗星」は、1編成当たりの定員が250名程度であるから、5倍程度の差がある。

“グランドひかり”が登場したときは、バブル期であったことから、予約制を採用しなくても、食べてもらえる可能性が高いと、帝国ホテル列車食堂は考えたのだろう。またフルコースのディナーでは高いと思う人には、その食堂車ではおつまみや一品料理も用意されており、1,000円から4,000円までの9種類があった。その中でも、2,000円のビーフシチューや肉類の盛り合わせは、注文が多かったという。これら一品料理を注文したとしても、ディナーだけでなくランチタイムであっても、プラス500円でパン、サラダ、コーヒーが付いたセットメニューにすることができた。

フルコースのディナーが提供される食堂車は、価格面では割高になる傾向にあったが、それが高いと思う人には、8号車の階下に売店が備わっており、そこで弁当を購入することが可能であったし、普通のメニューを提供している食堂車が連結された列車や、カフェテリアが連結されている列車を利用してもらえば良いと考えたかもしれない。

(写真2.22)
ステーキを温かい状態で提供するため、写真のようなワゴンが導入された。

“グランドひかり”では、本格的なフレンチのフルコースのディナーを提供することになったため、新たな食器が用意されただけでなく、ローストビーフやステーキを温かい状態を維持して提供するための保温器付きのワゴン(**写真2.22**)も導入された。

7,000円のローストビーフコースや5,000円のビーフステーキコース(**写真2.23、2.24**)は、ディナーの時間帯だけしか提供されていなかったが、ランチタイムは価格面でも、割安感のある牛フィレ肉のステーキコースが4,000円、ヨークハムのステーキコースが3,000円で提供されていた。

(写真2.23)
ステーキコースのオードブルのスモークサーモン。

(写真2.24)
ステーキコースのメインのビーフステーキ。

それ以外に、ビーフシチューセットが2,500円、ローストビーフの単品が2,500円、フォアグラが1,500円、スパゲティーが1,200円で提供されていた。

しかしバブルが崩壊した後は、フルコースのディナーの提供は中止となり、やがては帝国ホテル列車食堂も、新幹線の食堂車やカフェテリアだけでなく、東京駅の新幹線のホームの売店からも撤退してしまう。

新幹線は速達性が売り物であるから、実用本位な交通機関になるのは致し方ない面もあるが、バブル期の新幹線は、眺望の優れた二階建てグリーン車や、食堂車で本格的なフレンチのフルコースのディナーが食べられるなど、旅の魅力を提供する交通手段でもあった。

(4) カフェテリア

100系電車は、国鉄末期の1986年(昭和61年)には、量産車が登場しただけでなく、二階建てのグリーン車や食堂車は、利用者から大変好評であり、国鉄が分割民営化された後も、JR東海は食堂車が付いた100系X編成の増備を続けた。そして東京駅を午前中に出発する「ひかり」は、ほぼ100系電車に置き換わっていた。

ところが国鉄が分割民営化された頃は、円高不況を克服して、低金利による金余り現象から、日本国内はバブル景気に沸くようになり、新幹線などもグリーン車から、先に売れるようになっていた。

JR東海が所有する東京～博多間を直通する新幹線車両は、ほぼ100系電車に置き換わったことから、次は東京～岡山や新大阪などの比較的短距離で運転される0系電車の置き換えを、検討するようになった。

東京～岡山や新大阪間では、1986年(昭和61年)11月のダイヤ改正で、東海道・山陽新幹線の最高運転速度が220km/hに引き上げられ、新幹線のスピードアップが実現している。そうなると、これらの距離を運転する新幹線では、食事の時間帯に掛からなくなる。

時代はバブル期であり、グリーン車の旺盛な需要に対応する必要性に迫られていた。そこでJR東海では、食堂車に替わる新しい供食体制として、“カフェテリア”を導入することにした。カフェテリア車は148形式であり、8号車を食堂車から、二階部分は開放型のグリーン車とし、階下の部分にカフェテリアという形の供食スペースが設けられる形で、JR発足から1年後の1988年(昭和63年)3月のダイヤ改正から登場した。

カフェテリア車の内部であるが、ここには食事をするための椅子やテーブルが設けられなかったことから、通路は富士山が見えるよ

(写真2.25)
JR東海の編成では、1988年(昭和63年)からは、カフェテリアが導入された。

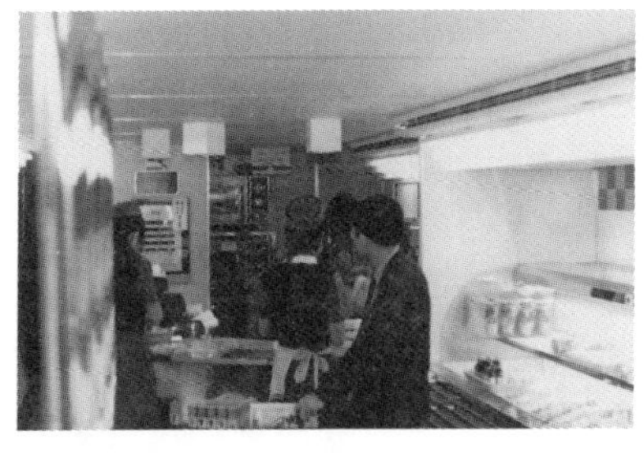

(写真2.26)
カフェテリアでは、おつまみ類が多く販売されていた。

うに山側に設けられた。そして海側にショーケース**(写真2.25)**と、電子レンジなどを備えた簡易厨房が設けられていた。カフェテリアを備えた100系電車は、「G編成」と呼ばれ50編成が製造された。大量に製造されることになったことから、製造された年次により、床の模様や柱の本数・デザインが異なっていた。

営業を開始した頃のカフェテリアは、"走るコンビニ"と呼ばれ、使い捨ての小パックの容器に詰められた商品が、陳列されていた。食事類だけでなく、おつまみ**(写真2.26)**やデザートなどもあり、コーヒーやジュース、ビールなどのアルコール類も含めると、200種類に及ぶ飲食物が提供されていた。

カフェテリアが登場した最初の頃は、種類が豊富であったことから、選べる楽しさもあったこともあり、それなりに人気はあった。

グリーン車では、カフェテリアの商品から食事セットを設定し、それをトレーに載せてシートサービスが行われていたが、原則は購入した商品をレジ袋に入れてもらい、自分の座席へ持ち帰って食べるスタイルであったため、筆者は少々恥ずかしい思いもあった。

また当時は、食堂車の連結された列車も多数あったことから、筆者は電子レンジで加温された食事よりも、陶器の食器や金属製の什器類で提供される食堂車の食事を好んだ。また100系電車のグリーン車であれば、背面テーブルとひじ掛け内蔵のテーブルも備わるため、和風の定食類であれば、シートサービスが受けられた。そのような理由から、カフェテリアを利用するのは、食事の時間帯から外れる列車を利用する時だけとし、主におつまみ類を購入していた。

しかしバブル経済が崩壊後の1992年(平成4年)3月のダイヤ改正で、「のぞみ」という従来の「ひかり」よりも格上の列車種別が誕生し、最高運転速度が270km/hに向上した。そして翌1993年(平成5年)には、東京～博多間に1時間に1本の割合で運転されるようになっただけでなく、JR各社は駅の売店を充実させるようになった。

100系電車の後継車となる300系電車は、高速化を最優先に設計された車両であるから、全車が平屋構造の車両となり、グリーン車を3両設けることは継承されたが、個室のグリーン車は製造されず、食堂車やビュッフェ、カフェテリアなどは設けられず、規模を縮小した売店が設けられただけであった。それでもグリーン車のお客様に対しては、シートサービス用のメニューが用意され、陶器の皿に金属製の什器を使用したサービスが提供されていた。

バブル崩壊による不況の影響などもあり、登場時のように食事類だけでなく、おつまみやデザートなども含め、約200種類の商品を陳列するのではなく、弁当やワゴン販売品を中心に並べられるなど、種類が少なくなり、実質的に売店となってしまった。

カフェテリアは、豊富な商品を提供することで、乗客の心を掴んでいたが、それが弁当やワゴン販売品を中心に商うようになったことで、本来の意味でのカフェテリアの終焉を迎えたと言える。

カフェテリアの担当は、当初はJR東海の子会社であるSPS((株)パッセンジャーズ・サービス)(注1)のみであったが、100系電車の数が増えてくると、JD（（株）ジェイダイナー東海）や帝国ホテル担当[注2]（帝国ホテルは後に列車食堂事業自体から撤退）の列車も登場し、定期の「ひかり」を中心に営業が行われた。

当初は臨時列車でも、カフェテリアの営業がある列車もあったが、その後は要員確保の問題などもあり、定期列車のみの営業となった。なお「こだま」では、平均乗車距離が短いこともあり、100系電車のG編成が転用された後も、カフェテリアの営業は行われなかった。

SPS担当のカフェテリアは、100系電車の「ひかり」が300系電車に置き換わったことで、2000年（平成12年）9月22日の3252Aを最後に、姿を消した。

JD担当の列車は、東京発着の119A・131A・112A・118Aを担当していたが、こちらに関しては、2001年（平成13年）10月のダイヤ改正で姿を消した。

最後までカフェテリアの営業が実施されたのは、名古屋～博多間の「ひかり」179A・174Aであり、2003年（平成15年）8月22日までカフェテリアの営業が継続された。この時代になれば、SPSとJDは、合併してJR東海パッセンジャーズとなり、カフェテリアの営業を担当していた。そしてカフェテリアの営業が終了した後であるが、同年9月16日には、東海道新幹線から100系電車が引退している。

300系電車（**写真2.27**）の後に登場した700系電車（**写真2.28**）では、売店すら廃止されてしまい、自販機や車内販売による供食となり、グリーン車のシートサービス用のメニューも消え、味気なくなった。

車内販売に関しても、「こだま」では既に廃止されている。もし「のぞみ」「ひかり」で、“カフェテリア”というスタイルの供食サービスが残っていれば、グリーン車では付加価値を付けたシートサービスが提供されていたかもしれず、残念でならない面もある。

(写真2.27)
「のぞみ」の運転開始に伴いデビューした300系電車。

(写真2.28)
300系電車・500系電車の車内の居住性を高めた700系電車。

2 東京～九州間の寝台夜行列車

(1) 寝台特急「あさかぜ」の誕生と食堂車事情

1956年(昭和31年)11月19日のダイヤ改正にて、戦後初の夜行の特急列車として東京～博多間に「あさかぜ」の運転が開始される。

「あさかぜ」の運行に際しては、東海道本線で運行していた昼行の特急列車である「つばめ」「はと」と、山陽本線で運行されていた昼行の「かもめ」の所要時間を合算すると、17時間30分となることから、それを目安に設定した。

JRが発足した頃の「あさかぜ1・4号」は、東京～博多間の所要時間が約16時間であったことから、1956年(昭和31年)に運転を開始した当時の所要時間は、相当速かったと言える。

東京～大阪間は、この年で電化が完成したことから、電気機関車が牽引することになった。だが「かもめ」が運転される京都～博多間は、関門トンネルがある下関～門司間は、直流1,500Vで電化していたが、その区間を除けば大半の区間が非電化であった。当時は、未だディーゼル機関車がデビューしておらず、非電化区間はSLが牽引していたこともあり、10時間40分も要していた。

(写真2.29)
寝台特急「あさかぜ」が誕生した時に使用された10系客車。

車両に関しては、運転開始した同年には、当時は三等寝台車である10系客車**(写真2.29)**が誕生したことから、三等寝台車や三等座席車には10系客車が使用された。10系寝台車では、シーツや枕などの寝具類が備わったことから、利用者には好評であった。

だが二等寝台車に関しては、戦前製の幅の狭い"ツーリスト式"寝台(注3)であるマロネ29や、戦後にGHQの命令で製造させられたマイネ40を格下げたマロネ40であった。特に二等寝台車の場合、マロネ29とマロネ40とでは、設備に差が有り過ぎた。

マロネ40は、故障が多かったとは言え、冷房完備であり、かつ2人用個室を備えていただけでなく、開放型の寝台であっても寝台幅が1m近くあり、マロネ29よりも広かった。対するマロネ29は、現在のB寝台車と同じ70cm幅の寝台であり、冷房が無いだけでなく、昼間も国電のようにロングシートとなる座席に座るなど、設備面で差が有り過ぎた。

そこでマロネ40では、2人用の個室を利用する場合は、「二等寝台A料金」、開放型寝台を利用する場合は「二等寝台B料金」を適用し、戦前製のマロネ29を利用する場合は、「二等寝台C料金」を適用して、国鉄も対応していた。

食堂車に関しても、マシ35という石炭コンロを使用した食堂車であり、二等座席車も1950年(昭和25年)に製造されたスロ54が使用された。

現在人の目から見れば、「寄せ集めの車両で設定された特急列車」というイメージは拭えないかもしれないが、運転を開始した時は、居住性の優れた車両を中心に構成されていた。大阪は素通りであったが、東京や九州の人が寝ている間に移動が可能であったため、ビジネスマンなどには人気を博した。

「あさかぜ」は、非常に好評であったことから、国鉄は1958年(昭和33年)10月1日には、「走るホテル」と言われた20系客車を新造して、置き換えられた。

20系客車は**(写真2.30)**、流線型の外観が特徴の豪華寝台客車で

(写真2.30)
20系客車は、流線形の美しい外観が特徴である。

あり、茶色ばかりの客車しかなかった時代に濃い青色の車体色であったことから、それだけでも他の客車とは一線を画していた。

また車体色だけでなく、車内も「10年時代を先取りしている」と言われるほど、優れたアコモデーションを備えていた。1人用の二等個室(現:A個室)寝台車**(写真2.31)**、2人用の二等個室(現:A個室)寝台車に食堂車を備えていただけでなく、全車が冷暖房完備で、かつ全車が複層ガラスの固定窓が採用されたため、防音性にも優れていた。また空気ばね台車が採用されたこともあり、非常に優れた乗り心地を有していた。

寝台車の照明や冷暖房を含めた客室や食堂車で使用する電気は、車端に設けられた電源車で発電した電気で賄うようにした。そのため食堂車も、従来の石炭コンロから電気コンロに代わり、食堂車のコックなどにとっては、労働環境が大幅

(写真2.31)
20系客車には、1人用の個室寝台車も製造された。

に改善された。

これにより煙突のすす落としの仕事(注4)から解放されただけでなく、スイッチ1つで点火や消火ができるため、容易に火力調節も可能になった。火を起こす苦労や、火の後始末に対する心労からも解放されるだけでなく、柔軟な料理への対応が可能になった。そして石炭置き場が不要となり、その場所に電気冷蔵庫が設置されるなど、安全性だけでなく、食品の保管・管理なども含め、労働条件が劇的に改善した。コックにおいては、睡眠時間が1時間程度、伸びたという。

20系「あさかぜ」が運転を開始した当時は、1人用の個室と2人用の個室を備えたナロネ20が1両に、開放型の二等寝台車のナロネ21が2両、二等座席車のナロ20が1両に食堂車が1両、三等寝台車のナハネ20が5両、三等座席車のナハ20が2両の12両編成であった。

この時の食堂車のメニューを**表2.2**に示すが、人気メニューは肉料理が「ビーフステーキ定食」と、**表2.2**には書かれていないが「ビーフシチュー定食」であったという。**表2.2**には、「ビーフシチュー定食」の価格が書かれていないが、ビーフシチュー単品で200円程度であったと聞く。

一方の魚介類の料理では、「プルニエ定食(注5)(鮭やホタテのフライ)」であった。

表2.2から言えることだが、当時の国産ウイスキーの評価が低く、ビールよりも割安な酒であり、黒ビールの小瓶は普通のビールの中瓶よりも割高であった。舶来品のウイスキーには、関税が加わるとは言え、割高であったことから、当時は未だ国産ウイスキーの黎明期であったことが分かる。

表2.2　1958年(昭和33年)の特急列車の食堂車のメニュー

朝食	洋朝食	150円、200円	飲み物			
	和朝食	150円	清酒特級1合	140円	オレンジジュース	55円
昼・夕	ビーフステーキ定食	440円	清酒1級1合	110円	サイダー	45円
	プルニエ定食	285円	清酒1級大瓶	140円	レモネード	30円
	チキン定食	330円	ビール中瓶	80円	ジンジャエール	30円
	ミート定食	285円	ビール黒(小瓶)	85円	炭酸水	25円
	お好み定食	330円	ウイスキー(国産)	30円	コーヒー	50円
一品料理		50～225円	ウイスキー(舶来)	180円	紅茶	40円

出典：原口隆行『時刻表でたどる特急・急行史』JTB出版、2001年5月、復刻版食堂車のメニュー http://www6.plala.or.jp/orchidplace/dinner.htmlなどを基に作成

当時の物価であるが、白米10kgが850円、かけそば1杯が20円、あんパン1つ12円、山手線の初乗り運賃が10円、大工の手間賃が730円、教員の初任給が8,000円であった。小中学校の教員の初任給が、現在では20万円程度であるから、当時と比較すれば25倍になっているが、他の物価に関しては10～15倍になっていることから、当時のビーフステーキ定食などは、現在の価値に換算すれば、約5,000円以上ということになる。

表2.2より、食堂車での食事は、街の食堂やレストランよりも、割高ではあったことがわかる。

この「ビーフステーキ定食」と、**表2.2**には書かれていないが「ビーフシチュー定食」は、その後も食堂車の人気メニューとして継続され、特に「ビーフシチュー」は、1970年代後半のブルート

レインブームの頃には、「ハンバーグステーキ」「カレーライス」と並ぶ人気メニューであった。

だが「プルニエ定食」は、1968年(昭和43年)頃は食堂車のメニューとして提供されていたが、昭和50年代になると姿を消してしまった。

20系客車の食堂車ナシ20の厨房には、電気オーブンも備わっており、ハンバーグを提供する場合は、最初にフライパンで焼いて表面に焦げ目を付けた後、電気オーブンで中まで火を通すようにして対応していた。

ナシ20の電気コンロでは、まだ充分な火力が出せなかったことや、当時のコックがフランパンを叩きつけて使用したため、電熱線が切れるトラブルが発生していたという話も聞いている。それが後に製造されたオシ14やオシ24になると、強力な火力が要求される中華料理にも対応していたため、「さくら」の食堂車では、「皿うどん」や「チャンポン」が提供されていた(注6)。またこの頃になれば、食堂車の厨房にも電子レンジが導入されるようになった。

日本食堂が担当するとなれば、魚介類のメニューは、エビフライなどが中心になった。エビフライであれば、老若男女を問わず、幅広い層から支持が得られる。そのような要因もあり、鮭やホタテのフライを中心としたプルニエ定食よりも、エビフライ定食へシフトしたのかもしれない。

1970年代の終わり頃に「ブルトレブーム」が起きた後も暫く、東京駅を発車すると同時に食堂車が満席になっていた。そして、乗客はゆっくりと時間を掛けて食事をするだけでなく、晩酌もすることから、なかなか席が空かなかった。それゆえ食堂車の入り口付近には、待ち客用の椅子も備わっていた。

おつまみとして、「牛肉のたたき」、「おでん」、「チーズの盛り合わせ」、「ソーセージの盛り合わせ」などは、東京対九州間の寝台夜行列車の食堂車の末期の頃まで提供されていた。また「ブルトレブーム」の頃には、九州には各地の郷土料理や地酒などの名物が多いこともあり、列車別の名物メニューも登場するようになった。

寝台特急「さくら」の「皿うどん」や「チャンポン」、寝台特急「はやぶさ」の「薩摩定食」や球磨焼酎、寝台特急「出雲」の「大山おこわ定食」などがある。

(2) 星空の食堂車・オリエント急行風の食堂車の登場

東京対九州間のブルートレインは、国鉄の経営状態が年々厳しくなっていたにも拘わらず、1980年代に入っても隆盛を誇っており、年間で1,000億円も稼ぐドル箱列車であった。東京対九州間の寝台特急の改善は、1984年(昭和59年)に「さくら」「みずほ」に4人用のB個室寝台“カルテット”の導入が開始されるなど、徐々にテコ入れが始まりつつあった。

だが1985年(昭和60年)頃をピークに、食堂車は翳りを見せ始める。この年は、牽引機がEF65から、強力な出力を誇るEF66へ変更となり、寝台特急「はやぶさ」にロビーカーというホテルのロビーのようなパブリックスペース(**写真2.32**)が新たに加わったにも拘わらず、東京〜下関間の全寝台特急で、約1時間の所要時間の短縮が実施された。

(写真2.32)
昭和60年3月のダイヤ改正からは、寝台特急「はやぶさ」にロビーカーが導入された。

これは別の見方をすれば、国鉄貨物輸送が凋落したことを意味する。EF66は、寝台特急を牽引するために製造された電気機関車ではなく、高速貨物用の電気機関車として製造されており、1,000tの貨車を牽引して、最高110㎞/hで走行するだけの性能を有している。

EF66が、寝台特急「はやぶさ」などを牽引すれば、電源車も含め550t程度の重さしかなく、EF66の持つ力の半分程度しか、発揮できていない状況であった。

この「ロビーカー」であるが、当時余剰となっていたオシ14やオハネ14が充てられた。両者の外観は大きく異なるが、種車の設備は完全に撤去された。中央部には、ソファと1人用の回転椅子と、ほとんど使用されなかったが、サービスカウンターを設けたロビーコーナーとなっていた。前側寄りには、飲料水の自動販売機を備えたサービスコーナー、後方にはPRコーナーが設けられた。

そしてこの年の12月には、寝台特急「富士」にも“カルテット”が組み込まれた。「富士」に“カルテット”が組み込まれたと言っても、車両数の関係で東京〜大分間の付属編成に対してであった。

国鉄の分割民営化が決まった1986年(昭和61年)11月のダイヤ改正では、東京〜博多間の寝台特急「あさかぜ1、4号」を、グレードアップさせることになった。B寝台車は、寝台モケットや化粧板を張り替え、寝台灯やカーテンの交換だけでなく、トイレ・洗面所のグレードアップを行った。

評判の悪かったA個室寝台は、今から部屋を広くすることはできないため、化粧板を貼り替えたり、オーディオを設置して、個室の施錠を可能にするマイナー改造に留まった。

グレードアップされた「あさかぜ」では、一番大きく改善したのが食堂車であった。オシ14・オシ24は、20系客車のナシ20よりも電気コンロが改善されたり、電子レンジが設置されるなど、コックさんには「仕事がしやすくなった」と好評であったが、乗客からの評判はイマイチだった。

先ず内装からして、ナシ20と比較すれば実用本位で安普請だった。窓が小さくなり、遮光もカーテンからベネシャンブラインドに代わっただけでなく、FRP製の椅子が採用されるなど、設備が簡素化され過ぎており、冷たい印象を与えるデザインであった。

そこで食堂車が、1986年(昭和61年)のダイヤ改正からは、「星空のバー風」**(写真2.33)**に変更された。厨房の反対側の出入り口付近には、サロン風のソファー席が設けられるなど、試行錯誤的な要素も多かった。

(写真2.33)
昭和61年11月のダイヤ改正からは、寝台特急「あさかぜ」に「星空のバー風」の食堂車がデビューした。

国鉄が分割民営化される直前の1987年(昭和62年)3月には、「オリエント急行風」の食堂車が誕生した。この食堂車の内装は、レトロ調ではあるが、非常に豪華な雰囲気に仕上がっていた。車内は、赤を基調としながらも、食堂車に網棚や、テーブルには電気スタンドも設けられた。網棚には金メッキが施されるなど、従来の食堂車のイメージを一新させ、「これがオシ24の改造だ」とは、全く想像も付かないぐらいに、グレードアップされていた。

食堂車がグレードアップされたことに伴い、食器類もグレードアップされただけでなく、子羊の肉を使用した「アニヨンステーキ」という特別メニューが、「あさかぜ1・4号」では2,500円で提供されるようになった(注7)。

1986年(昭和61年)のダイヤ改正では、「あさかぜ1・4号」に“カルテット”が組み込まれたが、それは「富士」からの転用であり、

(写真2.34)
寝台特急「あさかぜ」には、2人用のB個室寝台"デュエット"も、組み込まれた。

代わりに「富士」にはロビーカーが組み込まれるようになった。そして国鉄の分割民営化の直前には、「あさかぜ1・4号」には、2人用のB個室寝台"デュエット"**(写真2.34)**が組み込まれた。

この"デュエット"には、その後に寝台特急「北斗星」「トワイライトエクスプレス」に継承され、カード式のシャワールームが初めて設けられた。当時としては、このサービスは画期的であり、夏場などは大変重宝できる設備となった。

1984年(昭和59年)には、「さくら」「みずほ」に4人用のB個室寝台"カルテット"が組み込まれ、開放型のB寝台車と寝台料金は同じであったが、2人や3人で利用した際の寝台料金を国鉄は当時の運輸省へ申請したが、認可されなかったこともあり[(注8)]、利用は低迷していた。

その点で言えば、"デュエット"であれば2人用であるから、夫婦で利用するだけでなく、友達同士やアベックなどでも利用しやすいこともあり、人気が出た。この設備は、後に「北斗星」などにも継承されただけでなく、「トワイライトエクスプレス」では、更に発展させた"ツイン"となっている。

この"デュエット"には、ミニロビー**(写真2.35)**も設けられたため、利用者には好評であった。国鉄は、シャワールームの待ち客向けとして設けたのだ

(写真2.35)
一角には、待ち客用にミニロビーも設けられた。

が、東京駅を発車する時点から、ここで寛いでいる人もいた。

1986年(昭和61年)11月のダイヤ改正でグレードアップした寝台特急「あさかぜ1・4号」は、車体の帯の色が金色となり、「スーパーブルートレイン」と呼ばれた。そして「オリエント急行風」**(写真2.36)**の食堂車がデビューしたことに伴い、隔日で「星空のバー風」の食堂車と共に使用された。

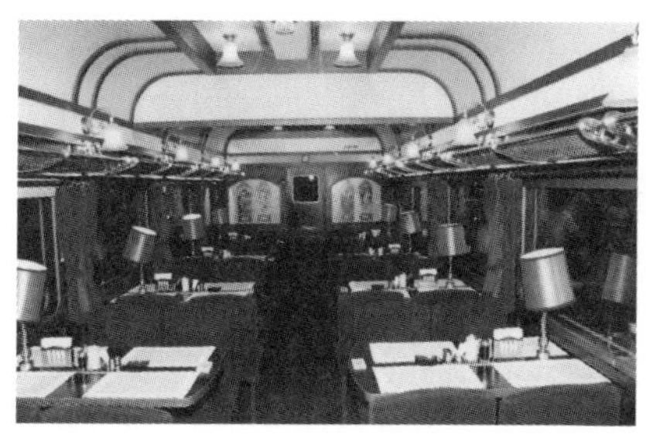

(写真2.36)
昭和62年3月には、オリエント急行風の食堂車がデビューした。

「オリエント急行風」の食堂車の内装は非常に豪華であり、かつ朝食時にも違和感はなかったが、当初の椅子は奥行きが浅く、あまり座り居心地が良くなかった。

国鉄が分割民営化された後は、「あさかぜ1・4号」と「出雲1・4号」の車両は、JR東日本が所有することになり、「あさかぜ1・4号」に対しては、新たに改造した「オリエント急行風」の食堂車を増備した。こちらの食堂車では、座席の奥行きも従来よりも深くなり、座り心地が改善された。

それにより、「あさかぜ1・4号」の食堂車は、「オリエント急行風」に統一され、「星空のバー風」の食堂車は「出雲1・4号」へ転用された。

「あさかぜ1・4号」の改造で誕生した「オリエント急行風」の食堂車の内装は、翌1988年(昭和63年)3月のダイヤ改正で上野〜札幌間に誕生した、JR北海道が所有する寝台特急「北斗星」の食堂車に継承された。

しかし昭和60年代になれば、食文化が多様化したこともあり、昭和40年代や昭和50年代の初期のように、食堂車へ来て食事をする必要性が薄らいでいた。この時代になれば、マクドナルドなどのファーストフード店や、ホカ弁屋さんだけでなく、コンビニも発達してきたため、これらで飲食物を購入して、自分の寝台などで食事をするスタイルが定着していた。食堂車の内装はグレードアップされたが、利用者の減少には歯止めが掛けられなかった。国鉄が分割民営化された時期はバブル期ではあったが、和定食などは季節ごとに「さくらご膳」「あさがおご膳」「つばきご膳」**(写真2.37)**という形で、メニューを変えるなど、1988年頃までは活性化も試みられたが、現実は厳しかった。

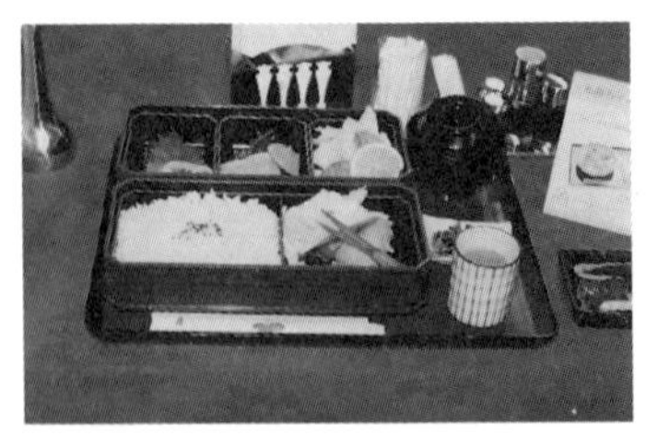

(写真2.37)
JRが発足した直後は、東京対九州間の寝台特急も、季節限定の定食が提供されていた。

平成の時代に入ると、バブル景気は最盛期を迎え、新幹線の食堂車や寝台特急「北斗星」「トワイライトエクスプレス」には、フレンチのフルコースディナーが話題になっていた反面、東京対九州間の寝台特急の食堂車は、省力化の方向へ向かっていた。

特にコックの数を減らすなどの合理化が、1989年(平成元年)3月のダイヤ改正から顕著になった。それまでは東京対九州間の寝台特急は、「あさかぜ1・4号」「さくら」はJD(ジェイダイナー)新博多営業所が担当、「はやぶさ」「富士」「みずほ」はJD上野営業所が担当であったが、このダイヤ改正からは、上野営業所が一括して担当することになった。

上野営業所が一括して担当することで、食材の仕入れなどのコストが削減できるが、合理化は仕入れコストだけではなかった。夕食では、メニュー数が削減されただけでなく、和定食の容器にも使い捨ての仕切り容器が使用されるなど、合理化が行われた。

また朝食には、少ないコックで対応が可能なように、バイキングスタイルが導入された。

オシ14やオシ24は、バイキングに対応した客室や厨房とはなっていなかった。テーブル2つを活用して、そこへ料理を並べてバイキングを実施していたが、料理の品数がホテルなどの街の食堂と比較して少ない上、業務用の完成品を並べている印象が拭えなかった。にも拘わらず、1,200円も徴収されたことから、「手抜きである」という印象は拭えず、評判が良くなかった。そこで数年後には、従来の洋朝食セット、お粥セットなどの定食スタイルに戻った。

そしてバブル崩壊後は、東京対九州間の寝台特急の食堂車に関しては、更なる合理化が進むことになった。厨房内は、コック1名で対応することになり、夕食からは定食類が無くなり、丼物とおつまみが中心になってしまった。また食堂のフロアーには、かつては大勢のクルーが乗務していたが、晩年は1名だけになっていた。古き良き時代を知る筆者には、非常に寂しい思いがした。

東京対九州間の寝台特急の食堂車は、負のスパイラルに陥ってしまい、食堂車の利用者が減るだけでなく、国鉄分割民営化の弊害の影響もあり、車両の陳腐化も進んで、列車自体の利用者も減少するようになってしまった。

そして1993年(平成5年)3月のダイヤ改正で、東京対九州間の寝台特急の食堂車の営業が廃止となり、その後は売店としてコーヒーや弁当などの販売も細々と行われたが、それもやがては廃止となり、食堂車は連結されていても、実質的にロビーカーとなっていた。そしてダイヤ改正の度に、東京対九州間の寝台特急は廃止や編成両数の削減が行われ、食堂車の連結自体がなくなってしまった。

最終的には、「はやぶさ」と「富士」は、両列車を東京〜小倉の間で併結する形で運転されていたが、2009年(平成21年)3月のダイヤ改正で廃止され、これにより東京対九州間の寝台特急は、全廃となってしまった。

3 JR九州の試み

(1) 783系「ハイパーサルーン」の導入

1988年(昭和63年)3月13日のダイヤ改正では、JRグループで最初の新型特急形電車として、783系電車がデビューした**(写真2.38)**。783系電車は、ステンレス製の斬新な外観だけでなく、最高運転速度が130km/hに向上し、客室の居住性も大幅に向上させた車両であったため、デビューした当時は注目を集めた。

客室であるが、1つの車両の真ん中に扉を設け、客室を二分化することで、グリーン車と普通車、喫煙席と禁煙車、指定席と自由席という形で、必要に応じて柔軟に設定できるようになった。1両を2室に分割したのは、将来的には日豊本線などに転用されると、鹿児島本線よりも輸送単位が小さい。そのような地域では、短編成で

(写真2.38)
783系電車は、JRグループで最初に登場した新型特急形電車である。

運用せざるを得ず、それらも想定していたためであるが、扉が真ん中に設けられたため、自分が何号車のどの部分にいるのかが分かりづらかっただけでなく、デッキへ入った際、どちらへ行けば良いのかも分かりづらかった。それゆえデッキ付近で躊躇している人も見掛けたこともあり、次の787系電車からは従来のように、扉は車端部へ配置されるようになった。

783系電車のグリーン車の座席は、2-1の横3列座席が採用されて、シートピッチが1,200㎜に広げられ、国鉄時代の在来線特急と比較すれば、大幅に居住性が向上している **(写真2.39)**。そして肘掛にマルチステレオ設備を備え、座席の背面には液晶テレビが設置されていた。

(写真2.39)
783系電車のグリーン車は、1-2の横3列座席が採用され、居住性が大きく向上した。

当時は、「ハイパーレディー」**(写真2.40)** という客室乗務員が乗務を行い、グリーン車の乗客に対して、無料でお手拭きやコーヒーとキャンディー、そしてイヤホンが無料で提供されるなど、至れり尽くせりのサービスが、実施されていた。

(写真2.40)
当初は、ハイパーレディーが乗務して、各種サービスを提供していた。

普通車の座席は、横4列のリクライニングシートであるが、シートピッチが960㎜となり、国鉄時代の485系電車の910㎜よりも、50㎜も広くなっている。普通車でも、簡易式ではあるがフットレストを備え、床面はカーペット敷きとなっている。1988年(昭和63年)度製造の2次車からは、普通車にもマルチステレオ設備を設けたが、現在、これらは撤去されている。

783系「ハイパーサルーン」では、グリーン車におけるサービス提供を目的に、客室乗務員が乗務を始めたが、1992年(平成4年)に787系特急「つばめ」が誕生することになり、車内サービスを拡充することになった。783系「ハイパーサルーン」では、特急「かもめ」で使用する編成には、カフェテリアが設けられ、特急「有明」で使用する編成よりも、サービスをグレードアップさせた。

そして1992年(平成4年)7月15日に、JR九州内でダイヤ改正が実施され、787系電車**(写真2.41)**を使用した特急「つばめ」が誕生した。

(写真2.41)
特急「つばめ」を運転開始する際に導入された787系電車。

(2) 787系「つばめ」のビュッフェ

特急「つばめ」という名称が復活したことから、戦前・戦後の名列車であった特急「つばめ」に関して、概略を紹介したいと思う。

特急「つばめ」は、国鉄(戦前の鉄道省時代も含む)を代表する名列車だった。1930年(昭和5年)10月から1943年(昭和18年)10月までは、国鉄の前身である鉄道省が、東京〜神戸間で特急「燕」として運行していた。最高速度は95km/h、表定速度が65.5km/hであり、この数値だけ見れば「急行列車並みだ」と思われるかもしれないが、当時は特急「富士」と比べて約2時間20分短縮し、東京〜神戸間を9時間で結んだ。今日では、普通車モノクラスの特急も珍しくないが、特急「燕」は荷物車が1両に、三等車座席が2両、食堂車が1両、二等座席車が2両、一等展望車が1両という編成であり、その俊足から「超特急」と称されたぐらいの俊足を誇っていた。

だが第二次世界大戦の激化に伴い、運休となってしまったが、1949年(昭和24年)6月1日から、日本国有鉄道(国鉄)が発足し、戦後初の国鉄の特急として、東京〜大阪間で「へいわ」の運転が、同年9月から始まった。「へいわ」という愛称は、世界平和を願う思いから命名されたが、国鉄は特急列車の愛称に関して公募を行った。これにより翌1950年(昭和25年)1月に「つばめ」に改称した。

特急「つばめ」の運転が開始された時代は、戦後の悪性インフレを抑えるため、前年にデトロイト銀行頭取のジョセフ・ドッジを招いて、貸し出し抑制などを実施したため、悪性インフレは収束する代わりに、急激なデフレに陥った状態であった。

それにも拘わらず、特急「つばめ」は好評であったことから、同年5月には、その姉妹列車として特急「はと」が登場している。

当初の特急「つばめ」「はと」は、東京〜大阪間で9時間を要していたが、同年10月のダイヤ改正では8時間に短縮した。1956年(昭和31年)11月に東海道本線が全線電化されると、SLの牽引からEF58形の電気機関車が牽引するようになり、所要時間は7時間30分にまで短縮された。

特急「つばめ」「はと」ともに最後部には、マイテ39形(**写真2.42、2.43**)、マイテ49形(**写真2.44、2.45**)、マイテ58形の一等展望

(写真2.42)
戦前・戦後のシンボルであった一等展望車マイテ39の外観。

(写真2.43)
戦前・戦後のシンボルであった一等展望車マイテ39の車内。

車が連結された。さらに1950年(昭和25年)4月11日からは、フルリクライニングシートを備えた特別二等車(現:グリーン車)の連結も始まり、当時の日本を代表する列車となった。同時に、新しく車内サービスに「つばめガール」「はとガール」と呼ばれる女性乗務員を配したことから、設備面だけでなく、人的サービスに関しても優れた列車であったと言える。

1958年(昭和33年)11月1日からは、国鉄初の151系特急形電車を用いて特急「こだま」の運行が開始されると、機関車牽引で旧型客

(写真2.44)
戦前・戦後のシンボルであった一等展望車マイテ49の外観。

車を使用した特急「つばめ」「はと」は、速達性だけでなく、設備面でも見劣りするようになった。

そこで1960年(昭和35年)6月より、特急「つばめ」を151系電車に置き換え、2往復(1往復は神戸発着)に増発され、同時にスピードアップを実施して、東京〜大阪間の所要時時間を6時間30分とした。

(写真2.45)
マイテ49の車内。欧風のイメージに仕上げられた。

従前の一等展望車は廃止されたが、代わりに「パーラーカー」と言われる二等特別座席車を連結した**(写真2.46)**。この車両は、縦1m×横2mの超大型ガラスの窓が備わり、運転台の付近に4人用の個室を備えていた。その後ろは、通路を挟んで1-1の横2列に座席が配置され、コーヒーや茶菓子のサービスだけでなく、給仕に頼めば自分の座席で電話が掛けられるなど、画期的なサービスが実施される憧れの車両であった。

東海道新幹線の開業後は、1975年(昭和50年)3月9日までは、東海道本線および山陽本線の特急列車として、新幹線の伸展とともに運転区間を西へ移動させて運行された。最終的には、西鹿児島(現:鹿児島中央)まで到達したが、山陽新幹線の博多開業に伴い、廃

(写真2.46)
クロ151のパーラーカーは、非常に大きなガラスが採用された点に特徴がある。

止されたという経緯がある。

特急「つばめ」は、戦前・戦後を問わず、一等展望車・「パーラーカー」や食堂車を組み込んだ名列車であったことから、復活させるにあたり、その名に恥じないように、半室構造ではあったが、ビュッフェも備わっていた。

ビュッフェを導入した背景として、もう一点、忘れてはならないこととして、JR九州が「鉄道ルネッサンス」を提唱していたことが挙げられる。列車の中を自由に歩けるようにし、退屈したら人が集まる広場があると良いと考えた。そこで座席は勿論であるが、それ以外の空間を充実させることに、主眼を置いた。

車内をホテルやマンションのように、“人が居住する空間”として考えたことから、そうであれば「食も充実させなければ」となり、それがビュッフェの実現に繋がったという。

「つばめ」のビュッフェは**(写真2.47)**、カフェバー感覚であった。緩やかに弧を描いたカウンターが備わっており、海側には楕円形の小さなミニテーブルが5つ備わっていた。それゆえカウンターは、売店としても機能していたと言える。

ビュッフェには、冷蔵庫、電子レンジ、温蔵庫、アイスクリームなどのストッカーなどが備わっていたが、流しなどは備わっていなかった。使い捨ての紙皿の食器やカップを使用していたが、それらには「つばめ」のオリジナルキャラクターが描かれていた。紙製の使い捨てであれば、車内でそれらを洗浄する必要性から解放されることも影響

(写真2.47)
特急「つばめ」には、ビュッフェが導入された。

している。

ビュッフェでは、メインメニューが「楽飯-チャオファン」であった。「チャオ」は、中国語で「炒める」という意味であり、蒸篭(せいろ)を形どった二段の容器から構成されていた。このメニューは、味の素系列の東京の食品会社に依頼して開発され、下が炒飯であるが、上は九州の地鶏・黒豚・海鮮の炒め物から1つ選択することができたため、飲茶風とも言えなくもない。それ以外に、シュウマイなどのおつまみ系のメニューも備わっていた。

「楽飯」が人気メニューであり、ビュッフェには椅子は備わっていなかったが、購入された商品などを、海側のミニテーブルを活用してビュッフェで食べる人もいた。やはり八代から南は有明海が見えるため、海を見ながら食事をしたいという思いは誰にでもあるだろう。

このビュッフェの特徴は天井である。天井は、三次元曲線を用いたドームになっており、ドームの下から天井に向かって照明が向けられていた。このような演出を実現させるには、車両メーカーが歪みなく天井を製造しなければならず、そのことに苦労したと聞く。

特急「つばめ」のビュッフェは、利用者から人気が高かったが、2004年(平成16年)3月に九州新幹線の八代〜鹿児島中央間が開業することに伴い、博多〜八代間の「つばめリレー」として運転されることになり、座席定員を増やす目的から、普通車の座席に改造されてしまった。

ビュッフェ部は、普通の座席に改造されてしまったが、ドーム状の天井はそのままになっていたため、ここがかつてビュッフェだったことが確認できた。

787系電車は、その内の1編成が改造され、2020年(令和2年)10月16日より新D&S列車「36ぷらす3」が誕生した。

(写真2.48)
「36ぷらす3」のビュッフェは、かつて「つばめ」で使用されていたビュッフェを再改造している。

この列車では、往年の787系電車のビュッフェを彷彿させる新デザインのビュッフェが、3号車に備わっている**(写真2.48)**。ゆえに現在に繋がるビュッフェ、ワゴン販売のサービスが、1992年(平成4年)の特急「つばめ」の誕生と運転開始により開始されたと言える。

(3)「ゆふいんの森Ⅰ・Ⅱ」のカフェテリア・ビュッフェ

特急「ゆふいんの森」は、久大本線沿線の湯布院町(現:由布市)・日田市・九重(くじゅう)などの観光地と博多を結ぶ観光特急として、キハ58・キハ65系急行形気動車を種車に改造したキハ71系気動車を使用する形で、1989年(平成元年)3月11日のダイヤ改正から、3両編成でデビューした。久大本線では、初の特急列車でもあり、豪華でレトロな内装が利用者に好評であったことから、翌1990年(平成2年)4月29日より、中間車を1両追加して4両編成とされた。

キハ71系気動車**(写真2.49)**は改造車ではあるが、車体は完全に新製されており、レトロ感覚の曲線的デザインを採り入れた車体構造であり、側面窓も二座席に1つの窓という形で、大型化されている。塗装は、渋い緑色のメタリック塗装を施し、金色の帯が入っている。

客室部はハイデッカー構造で、乗降デッキ部分とは60cm高くなっているため、眺望が大幅に向上している。全車が普通車の指定

(写真2.49)
「ゆふいんの森Ⅰ」は、キハ58系・キハ65系を改造したキハ71系気動車である。

席であるが、座席はシートピッチが960㎜まで拡大され、インアーム式のテーブルとフットレストを備えたリクライニングシートが採用されている**(写真2.50)**。

1989年(平成元年)のデビュー時に、中間車のキハ70 1にカフェテリアが設けられた。この年には、長崎本線の特急「かもめ」用にも、783系電車が導入されると共に、カフェテリアも導入されるなど、JR九州は自社の特急列車の魅力向上を打ち出していた時期でもあった。

(写真2.50)
座席には、フットレストとインアーム式のテーブルが備わる。

カフェテリアには、冷蔵庫や電子レンジ・電気ポット・コーヒーメーカー・アイスクリームストッカーなどが設置され、軽食や飲み

(写真2.51)
「ゆふいんの森Ⅰ」の車内に備わるカフェテリア。

物が販売されるため、実質的には「ビュッフェ」と言っても過言ではない設備である**(写真2.51)**。

時刻表に「カフェテリア」と表記されるのは、「ゆふいんの森Ⅰ」のカフェテリアには飲食用のカウンターが無いためではないか、と筆者は考える。

1989年(平成元年)の運転開始以来、利用者から好評であったことから、キハ71系気動車だけでなく、一時期は特急「オランダ村」として使用されたキハ183系1000番台を、「ゆふいんの森」へ転用させ、各1編成を使用した2往復体制にまで成長するようになった。キハ183系1000番台は、完全な新造の気動車であるから、乗り心地も良い上、最高速度も120㎞/hまで出せる性能を有している。

だがキハ183系1000番台車は、1999年(平成11年)3月のダイヤ改正時には、大村線を経由して長崎～佐世保間を結ぶ特急「シーボルト」が2往復運転を開始することから、その列車に転用されることになり、キハ71系気動車と同等のサービスレベルを持つ車両を新製することとなった。

そこでキハ72系気動車は**(写真2.52)**、車体は勿論であるが、台車やエンジンなどの足回りも含め、完全な新製車となったことから、最高速度も120㎞/hに向上している。そしてキハ72系気動車は、キハ71系気動車の増備が目的であることから、その外観などの意匠を受け継いでおり、スタイルは似ている。

(写真2.52)
「ゆふいんの森Ⅱ」は、完全な新造車である。

供食設備としては、キハ71系気動車では2号車にカフェテリアが備わっているが、キハ72系気動車では3号車にビュッフェが設けられ、売店の機能も兼ねている **(写真2.53)**。キハ72系気動車のビュッフェにも、冷蔵庫や電子レンジ・電気ポット・コーヒーメーカー・アイスクリームストッカーなどが設置され、軽食や飲み物が販売される。

ビュッフェカウンターはラウンドタイプで、通路の窓側にも立席用のカウンターが備わっている。どちらのカウンターにも、難燃性の木材が使用され、床から幕板にまで達する大型窓が3つ並び、これが本編成

(写真2.53)
「ゆふいんの森Ⅱ」では、3号車にビュッフェが備わる。

のアクセントでもあり、大きな特徴にもなっている。

キハ72系気動車がデビューすると、キハ71系気動車との乗り心地の差が顕著になった。そこでキハ71系気動車の台車には、可変減衰式上下動ダンパーを台車に加えたことから、以前よりも乗り心地が向上している。やはり乗り心地も良くないと、カフェテリアや自分の座席で食事をする際、揺れてコーヒーなどが零れそうになるため、望ましくない。

キハ71系気動車のカフェテリアや、キハ72系気動車のビュッフェでは、交通系電子マネーによる決済が可能で、便利である。

(注1) SPSとJDは、2002年10月に合併してJR東海パッセンジャーズ(JRCP)になったが、クルーの運用は2003年の品川駅の開業まで、基本的に合併前と同じだった。

(注2) 帝国ホテルは後に列車食堂事業自体から撤退する

(注3) 真ん中に通路があり、寝台は進行方向に向いているため、開放型A寝台車に近いように感じるが、寝台幅は70㎝しかなく、かつ昼間は国電型のロングシートになるため、1955年(昭和30年)に一等寝台車を廃止した際、"ツーリスト式"は二等寝台Cという、二等寝台車の中でも一番下のグレードとされた。二等寝台Aが個室、二等寝台Bがプルマン式の寝台であった。

(注4) これは危険を伴う重労働であった。食堂車の屋根へ登り、煙突のすす落としをしなければ、換気が悪くなり、CO中毒になる危険性もあるため、必ず行う必要があった。その時、誤って架線に触れて、感電死する事故も発生したりするなど、コックにとっては命がけの仕事であった。

(注5) 「プルニエ」とは魚介のフライが評判だったパリのレストランの名称であり、鮭と帆立のフライ、サラダ、スープ、パンorライスがセットになった定食として、提供されていた。

(注6) 長崎駅では、「中華弁当」と「卓袱弁当」という名物駅弁も販売していた。

(注7) 特別メニューとして用意されてはいたが、ほとんど需要がなく、出たとしても夕食の時間帯で、2つ程度であったため、間もなくして廃止されている。

(注8) 当時の料金に関する規制は、「認可制」であった。そのため運輸省(後の国土交通省)が認可した料金でなければ、それを適用して営業することはできなかった。その制度は、1999年(平成11年)1月に、料金に関する規制が「届出制」に緩和されたことで、鉄道事業者はよほど法外な料金や原価割れの料金を申請しない限り、国土交通省の指導などが行われず、申請した料金が適用されるようになる。

寝台特急「北斗星」
「トワイライトエクスプレス」
「カシオペア」

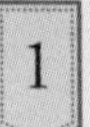 サシ481改造のスシ24

(1) 本格的なフレンチのフルコースの提供

青函トンネルが開通すると同時に、JR東日本とJR北海道は、寝台特急「北斗星」(**写真3.1**)の運転を開始し、従来のA個室寝台車を遥かに上回るA個室寝台"ロイヤル"と、フレンチのフルコースディナーを提供する食堂車が話題となり、寝台券がゲットしづらい人気列車となった。

(写真3.1)
青函トンネルの開通と同時に運転を開始した寝台特急「北斗星」。

当初は、本州から北海道へ渡る人の9割以上が航空機を利用していたため、「北斗星」を運行するとしても、「どの程度の需要があるのか」と、懐疑的であったこともあり、車両は全て既存の24系客車やサシ481を改造して「スシ24」として編成に組み込むことになった(**写真3.2**)。

「北斗星」の食堂車の原型は、国鉄末期に完成していたが、JR北海道が導入した「北斗星」用の食堂車は、東京～博多間で運転され

(写真3.2)
「北斗星」の食堂車は、サシ481などからの改造であるスシ24。

(写真3.3)
食堂車“グランシャリオ”の車内。JR北海道の編成は豪華であった。

ている「あさかぜ1・4号」の食堂車を更にグレードアップを行い、通路を挟んで2人掛けテーブルと4人掛けテーブルとした、ハイグレードな食堂車であった**(写真3.3)**。

そのような食堂車となった理由は、1988年(昭和63年)3月の寝台特急「北斗星」の運転開始に伴い、食堂車では本格的なフレンチのフルコースのディナーを提供することになり、従来型の食堂車のレイアウトであった、通路を挟んで4人掛けテーブルと4人掛けテーブルのレイアウトでは、皿が上手く載らないという問題が生じるからである。

「北斗星」の食堂車は、フランス語で“北斗七星”を意味する「グランシャリオ」(Grand Chariot)と命名され、7号車に連結されていた。

「北斗星」の食堂車は、運転開始した当時はバブル期であったこともあり、夕食時は従来の食堂車のようなメニューは採用されなかった。本格的なフレンチのフルコースが採用され、肉と魚のコースが1コースずつあっただけでなく、ビーフシチューのコースと「海峡御膳」という和定食が提供されていた。運転開始から1年が経過した時点から、フレンチのフルコース1種類と「海峡御膳」だけとなった。

「北斗星」の食堂車でディナーを食べる際は、事前にみどりの窓口で予約する必要があり、フレンチのフルコースが7,800円で、「海峡御膳」が5,500円であった。食事を予約する場合は、寝台券を見せる必要があり、食事券だけの販売は行っていなかった。また「北斗星」では、運転が開始した当時から、フレンチのフルコース以外のビーフシチューのコースや「海峡御膳」も、食堂車で食べることが可能であった(**写真3.4**)。

(写真3.4)
初期の頃の「海峡御膳」。食堂車で食べることが可能である。

「北斗星」が定期列車として運転されていた末期の頃は、上り「北斗星」の札幌発車が17:20頃であったため、食堂車のディナーは2タームで営業していた。一方の「北斗星」の下り列車は、上野の発車が19:03と遅いため、1タームのみの営業であった。2015年(平成27年)3月のダイヤ改正では、臨時列車に格下げされるが、その時は下り「北斗星」の上野発が16:20となったため、食堂車も2タームで営業された。

食堂車の担当は、最初は日本食堂仙台営業所が担当していたが、後にJR東日本の飲食サービス子会社である日本レストランエンタープライズが営業を担当するようになった。

「トワイライトエクスプレス」(**写真3.5**)は、「北斗星」がデビューした翌年、JR西日本が大阪～札幌間を結ぶ寝台特急として、24系客車とサシ481を改造してデビューさせた豪華寝台特急である。

「トワイライトエクスプレス」の車内は、「北斗星」を更にグレードアップさせており、2人用のA個室寝台“スイート”が導入され、

(写真3.5)
「北斗星」の成功により、大阪〜札幌間で運転を開始した「トワイライトエクスプレス」。

今日のクルーズトレインの原型となる設備が誕生した**(写真3.6)**。この“展望スイート”は、「トワイライトエクスプレス」のシンボルであり、この個室寝台から寝台券が売れるぐらい、人気が高かった。

(写真3.6)
「トワイライトエクスプレス」の人気の的は、“展望スイート”であった。

3号車に「ダイナープレヤデス」(Diner Pleiades)という名称の食堂車が連結され、ディナータイムは食堂車でフレンチのフルコースのみが提供された。「ダイナープレヤデス」の名称は、おうし座のプレヤデス星団に由来している。

(写真3.7)
「トワイライトエクスプレス」で使用されるスシ24。

「トワイライトエクスプレス」で使用される食堂車であるスシ24**(写真3.7)**は、当初は寝台特急「日本海」のグレードアップ用車として用意されたため、通路を挟んで4人掛けテーブルと4人掛けテーブルというレイアウトであった。そして琵琶湖周遊の観光列車など、団体列車として試験的に使用されていた。それが「トワイライトエクスプレス」を運行するに際して、塗装を寝台特急色の青色から、ダークグリーンに変更されただけでなく、通路を挟んで4人掛けテーブルと2人掛けテーブルに変更される(**写真3.8**)。

(写真3.8)
食堂車“ダイナープレヤデス”の車内。非常に豪華である。

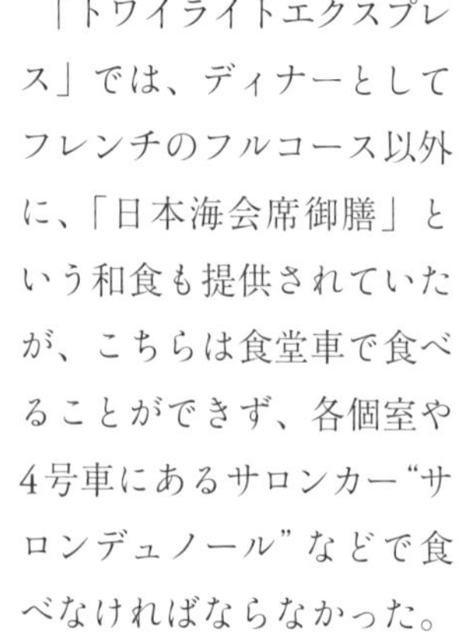

「トワイライトエクスプレス」では、ディナーとしてフレンチのフルコース以外に、「日本海会席御膳」という和食も提供されていたが、こちらは食堂車で食べることができず、各個室や4号車にあるサロンカー“サロンデュノール”などで食べなければならなかった。

(写真3.9)
「日本海会席御膳」は、食堂車で食べることはできなかったが、豪華な会席料理が提供されていた。

「トワイライトエクスプレス」の場合も、フレンチのフルコースを食べる場合も、「日本海会席御膳」を食べる場合も、乗車日の3日前までにみどりの窓口で、予約しなければならなかった。「トワイライトエクスプレス」の場合、フレンチのフルコースが12,000円であり、「日本海会席御膳」が6,000円であった(**写真3.9**)。

食堂車の営業は、運転を開始した時は日本食堂大阪営業所が担当していたが、その後はJR西日本の子会社であるジェイアール西日本フードサービスネットが担当していた。「トワイライトエクスプレス」の運転が終了した後も、JR西日本は旧「トワイライトエクスプレス」の"スイート""ロイヤル"食堂車、サロンカーのみを使用した特別な「トワイライトエクスプレス」を団体列車として販売するが、その食堂車も引き続きジェイアール西日本フードサービスネットが担当し、「トワイライトエクスプレス瑞風」の食堂車の営業を担当していた**(写真3.10)**。

(写真3.10)
ジェイアール西日本フードサービスネットは、「トワイライトエクスプレス瑞風」を担当していた。

「トワイライトエクスプレス」は、事前にみどりの窓口などで食事券を購入した後、乗車することを原則としていたが、直前になって寝台券がゲットできて乗車することになった人や、フレンチのフルコースや「日本海会席御膳」では、価格面で割高と感じる人もいるため、これらとは別に、車内で購入することができる弁当も販売していた。

かつては、ホットディッシュとコールドディッシュに温製スープ、デザートのマドレーヌなどが添えられた「ルームセット」**(写真3.11)**が提供されていた。

(写真3.11)
かつて夕食用に販売されていた「ルームセット」。

このルームセットは、食堂車の

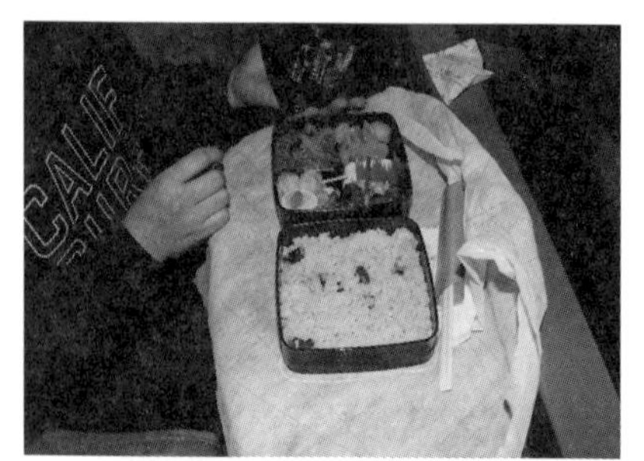

(写真3.12)
晩年は、写真のような「トワイライト特製二段重」が提供されていた。

厨房で調理して提供されていたが、2014年(平成26年)5月1日からは、大阪発では19時まで淡路屋が製造した特製弁当「トワイライト特製二段重」**(写真3.12)**の提供となった。この「トワイライト特製二段重」は、プラスチック製の容器に入った二段重であり、風呂敷に包まれて提供される豪華弁当ではあったが、考え方を変えれば、厨房で調製して提供する弁当から、「淡路屋」という外部の事業者が調製した弁当に切り替えたことで、合理化が実施されたと言える。

札幌発では、「黒毛和牛のすき焼き重」が提供されていた。これらの弁当は、夕刻前に食堂車の係員が、各個室へ直接注文を取りに来ていた。

「トワイライトエクスプレス」の食堂車では、「北斗星」「カシオペア」と同様に、アルコール類、オリジナルグッズやシャワールームを利用する際のシャワーカードや洗面セット、朝刊などの販売も行っていた。

(2) 気軽に利用可能なパブタイム

ディナータイム終了後に、「北斗星」「カシオペア」の食堂車ではパブタイムが実施され、ビーフシチューやハンバーグ、カレーライスなどのアラカルトや軽食だけでなく、おつまみやアルコール、アイスクリームなどのデザートが提供された。

パブタイムは、食堂車でのディナーが終了する21:00過ぎから開始され、予約は不要であり、列車に乗車していた全乗客が、利用することが可能であった。そしてラストオーダーが22時半であり、23:00に営業が終了していた。

「トワイライトエクスプレス」でもパブタイムは実施されていたが、「北斗星」「カシオペア」ほど、メニューなどは充実していなかった。

「北斗星」「カシオペア」の場合は、郡山・福島・仙台・盛岡で新幹線から乗り継いで来る人や、上りに関しては函館から乗車する人もいた。このような人の中には、未だ夕食をとっていない人もいた。それゆえビーフシチューやハンバーグを注文した人は、サラダやライスなども付いたセットメニューを注文して**(写真3.13)**、遅い夕食を摂るためパブタイムを利用していた。

(写真3.13)
パブタイムのメニューも、セットメニューにもなった。

だが「トワイライトエクスプレス」の場合、下りは長岡を発車すれば、次の停車駅は函館であった。そして上りに関しては、洞爺を発車すれば次の停車駅は直江津であり、食堂車で食事をすることを前提に考えているため、パブタイムはスパゲティー**(写真3.14)**やピラフ**(写真3.15)**、お

(写真3.14)
パブタイムで提供されていたスパゲティー。“スイート”“ロイヤル”では、ルームサービスも実施されていた。

つまみなどの軽食類が中心となった(**写真3.16**)。

(写真3.15)
牛肉のステーキが盛られたピラフ。

(写真3.16)
おつまみの代表格であるスモークサーモン。

(写真3.17)
クルーズトレインでは、パブタイムのメニューは充実していない。写真は、「トランスイート四季島」で提供された「生ハムとチーズの盛り合わせ」。

6章で詳しく紹介するが、超豪華クルーズトレインの「トランスイート四季島」「トワイライトエクスプレス瑞風」「ななつ星in九州」では、ラウンジ車でパブタイムも実施しているが、寝台特急「北斗星」「トワイライトエクスプレス」「カシオペア」ほど、メニューは充実していない。おつまみ程度しか提供されず(**写真3.17**)、食事系は皆無に近い。やはりこれらのクルーズトレインを利用する人の多くが、熟年夫婦であるため、ディナーを食べた段階で満腹になってしまうことが、影響していると筆者は考える。

「トワイライトエクスプレス」の場合も、「北斗星」「カシオペア」と同様に、ディナータイムが終了した後の21時から始まり、ラストオーダーが22時半であり、23時に終了となっていた。

また、「北斗星」「カシオペア」と同様に予約が不要であり、列車に乗車したすべての乗客の利用が可能であった。

(3) モーニングタイム・ランチタイム

寝台特急「北斗星」「トワイライトエクスプレス」「カシオペア」の食堂車では、6時半から9時まで朝食のメニューが提供された。朝食に関しては、「北斗星」「カシオペア」では、事前の予約は必要なく、そのまま食堂車へ来れば良かった。

だが「トワイライトエクスプレス」では、予約が必要であった。「予約」と言っても、ディナーのように、事前にみどりの窓口で予約して、「朝食券」を買い求めるスタイルではなかった。乗車した日に、食堂車の係員が車内へ朝食の予約に回って来る。朝食を食べる意思がある場合は、希望する時間帯を告げると同時に、和朝食を希望するか、洋朝食を希望するかを係員に伝え、その旨が書かれたカードを受け取る。そして翌朝、それを食堂車へ持参して係員に渡し、朝食を提供してもらうスタイルであった。

(写真3.18)
「トワイライトエクスプレス」の和朝食。

(写真3.19)
「トワイライトエクスプレス」の洋朝食。

最初は「トワイライトエクスプレス」も、「北斗星」「カシオペア」と同様に、和朝食**(写真3.18)**か洋朝食**(写真3.19)**かの選択肢が用意されていたが、末期の頃の「トワイライトエクスプレス」は、和洋折衷の朝食セット1種類**(写真3.20)**に変更され、選択肢は無くなった。

この和洋折衷スタイルの朝食

(写真3.20)
晩年の「トワイライトエクスプレス」で提供された和洋折衷の朝食。

セットであるが、従来の和朝食や洋朝食よりも豪華ではあったが、和朝食と洋朝食の両方を用意しなければならなかった食堂事業者にとっては、合理化でもある。

洋朝食の方は、フライパンに油を染み込ませて、初期の頃は目玉焼きやオムレツが提供され、後年になって合理化のためスクランブルエッグになったが、和朝食と比較すれば簡単ではある。一方の和朝食の場合、焼き魚であれば事前に焼いておいたものを、皿に盛り付けて提供すれば良いが、味噌汁は寸胴型の大きな鍋で出汁を出すなど、手間を要するため、用意するのが大変であった。和洋折衷のセットでは、和食のカテゴリーからお粥が選ばれ、煮物や焼き魚、味噌汁が消えている。

「トワイライトエクスプレス」の場合、運転区間が大阪～札幌間であり、運行時間も20時間を超えることから、ディナー、パブタイム、朝食以外にランチタイム(ティータイム)も営業していた。

「トワイライトエクスプレス」の下りは、大阪発が11:50と正午前であったため、13～16時まで「ランチタイム」として、ビーフシチュー**(写真3.21)**、ハンバーグ**(写真3.22)**、オムライス**(写真3.23)**、グラタン**(写真3.24)**など、アラカルトを中心に営業していた。それゆえ大阪発の「トワイライトエクスプレス」に乗車すれば、昼・夕・朝の3食だけでなく、パブタイムも含め、4度食堂車を利用することができる列車でもあった。

上り列車は、札幌発が14:15と昼食を食べるには遅いため、14:40

(写真3.21)
ランチタイムでは、ビーフシチューの人気が高かった。

(写真3.22)
ハンバーグも、ビーフシチューに次いで人気が高かった。

(写真3.23)
オムライスも、人気が高かった。

(写真3.24)
グラタンは、オーブンで焼き目を付けて提供されていた。

〜16:00まで「ティータイム」として、スイーツ類**(写真3.25)**とコーヒー・紅茶などの喫茶メニューを提供していた。上りも、ティータイム、ディナー、パブタイム、朝食という感じで、4度食堂車を利用することが可能であった。

6章で詳しく述べるが、「ト

(写真3.25)
上りのティータイムでは、スイーツセットが提供されていた。

ワイライトエクスプレス瑞風」も、1泊2日のコースに参加すると、ランチタイムから始まり、ディナー、パブタイム(ラウンジが多いが、混雑すると食堂車も使用)、朝食、ランチタイム、そして15:00前にティータイムとして、スイーツセットが提供されている。

但し2日目のランチライムとティータイムは、筆者が参加した2018年6月25日～26日は、各個室へ運ばれる上、客室が食堂車のように機能する。列車の中で、5度も食事を楽しめる列車でもある。

(4) A個室へのルームサービス

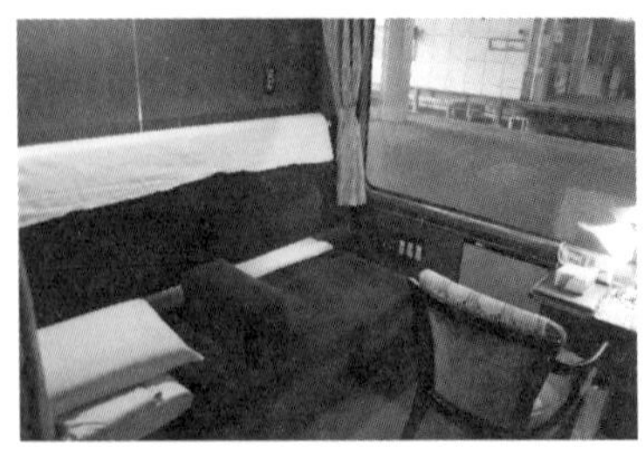

(写真3.26)
“スイート”“ロイヤル”は、至れり尽くせりのサービスで、人気があった(写真はトワイライトエクスプレス)。

「北斗星」「トワイライトエクスプレス」のA個室寝台車“スイート”“ロイヤル”の乗客(**写真3.26**)、「カシオペア」の場合は、“展望スイート”“メゾネットスイート”(**写真3.27**)“カシオペアデラックス”の乗客には、ディナーで「海峡御膳」「カシオペア懐石御膳」「日本海会席御膳」や和朝食を選択すると、ルームサービスが可能であった。「北斗星」のA個室寝台“ツインデラックス”の乗客(**写真3.28、3.29**)には、ディナーの時に、「海峡御膳」という和定食を注文すると、ルーム

(写真3.27)
「カシオペア」には、上下二段式のメゾネットタイプの“スイート”が主流であった。

(写真3.28)
“ツインデラックス”には、大きなテーブルが備わっていたため、「海峡御膳」のルームサービスが、実施されていた。

(写真3.29)
“ツインデラックス”の車内。上下二段式の寝台から構成されていた。

サービスが提供された。

またパブタイムとして、「北斗星」「トワイライトエクスプレス」では、A個室寝台“スイート”“ロイヤル”の乗客、「カシオペア」の場合は“展望スイート”“メゾネットスイート”“カシオペアデラックス”の乗客に対しては、注文した料理を各個室までルームサービスが実施されていた。

A個室寝台“スイート”“ロイヤル”、「カシオペア」のA個室寝台“展望スイート”“メゾネットスイート”“カシオペアデラックス”には、食堂車と通話が可能な電話が備わっており、その電話で注文する仕組みであった。

それ以外に、それらの設備では、翌朝に和朝食**(写真3.30)**のルームサービスとモーニングコーヒーのサービスも実施されており**(写真3.31)**、至れり尽く

(写真3.30)
“ロイヤル”では、和朝食のルームサービスが実施されていた。

(写真3.31)
“スイート”“ロイヤル”などの上級A個室寝台車では、翌朝にはモーニングコーヒーのサービスが実施されていた。

(写真3.32)
和食であれば、トレンチで一度に運ぶことが可能なため、ルームサービスが実施できた(写真はウェルカムドリンク)。

(写真3.33)
「カシオペア」では、事前予約の「カシオペアスペシャル弁当」も提供されていた。三段重ねの豪華弁当であった。

せりであった。

何故、和食やパブタイムのメニューであれば、ルームサービスが可能であったのかと言えば、和食であれば、ほぼ1つの容器でサービスが可能であるため、お盆(トレンチ)で一度に客室へ運ぶことが可能だからである**(写真3.32)**。またパブタイムも、一品料理などが中心となるため、そこへドリンク類を注文したとしても、トレンチで一度に客室まで運ぶことが可能である。

一方、フレンチのフルコースとなれば、オードブルから始まり、スープ、パンorライス、魚料理、肉料理、デザートと続くため、対応が非常に難しくなる。また“スイート”“ロイヤル”だけでなく、“ツインデラックス”のテーブルでは、皿が載らないなどの問題点が生じるから、実施することは困難である。

「カシオペア」では、「カシオペアスペシャル弁当」も提供されていた**(写真3.33)**。この弁当は、三段重ねの豪華な和風弁当であり、価格も3,500円と高価であったこともあり、風呂敷に包まれて提供されていた。この弁当を食べる場合は、事前にみどりの窓口などで食事券を購入しなければならず、当日になって車内で購入しようと思っても、不可能であった。

この弁当は、「カシオペア」の中では一番グレードが下である“カシオペアツイン”の利用者であっても、注文した全乗客に対して、各個室へ係員が届けていたが、食堂車では食べることができなかった。

2 完全な新造車であるマシE26

(1) 在来線初の二階建て食堂車

E26系客車には、食堂車としてマシE26が1両あり、この車両は東急車輛で製造された。E26系客車は、1編成12両しか製造されなかった。これは寝台特急「カシオペア」が、全車2人用のA個室寝台で登場したことが影響している。JR東日本は、当時は「北斗星」も運転されていたことから、“ソロ”などのようなビジネスライクな設備を利用したい人は、「北斗星」を利用してもらえば良いと考え、全車が2人用のA個室寝台車となった。

だが日本には、お金と時間の両方ある人が少なかったこともあり、E26系客車は増備されなかった。E26系客車では、食堂車は編成の3号車に組み込まれている。

100系新幹線の食堂車は、ダブルデッカー構造が採用され、二階部分に食堂のスペースが設けられたため、乗客からは好評であった。マシE26は、在来線の車両では初めて二階建ての構造を活用した食堂車であり、階下には厨房などの業務用室と通り抜けの通路を設けた。

(写真3.34) マシE26の車内。

二階の食堂部分は、両方に側窓が設けられているが、階下は山側に通路を設けたため、通路のある山側にしか、側窓が設けられていない。海側にある業務用室部などには、採光用の小窓が2か所設けられている。二階部分は、フレンチのフルコースのディナーを提供することから、通路を挟んで4人掛けテーブルと2人掛けテーブルを中心に配置されたため **(写真3.34)**、食堂の定員は28名となっている(注1)。

食堂と通り抜けの通路を分離したことで、乗客は人目を気にせずに食事をすることが可能となり、かつ通路を挟んで4人掛けテーブルと2人掛けのテーブルが配置されたことで、フレンチのフルコースのディナーを食べる際も、快適な食事の環境が整えられたと言える。

厨房は、車端部の平屋部分に設けられた。調理設備として、冷凍庫が設けられたため、鮮度が要求される刺身などが提供しやすくなった。またサラマンダーが設けられたため、焼き魚やフレンチのフルコースのオードブルで提供されていたカニのサラダなども、サラマンダーで焼いて提供された。

筆者が「カシオペア」に乗車した時のフレンチのフルコースは、オードブルに帆立貝柱とサーモンのマリネ **(写真3.35)**、そしてパンorライスが提供された。その後は、魚料理に牡丹海老と白身魚のワイン蒸し **(写真3.36)**、肉料理に牛フィレ肉のソテー 大地の野菜

(写真3.35) オードブル。

(写真3.36) 魚料理のメイン。

(写真3.37) 肉料理のメイン。

(写真3.38) デザート。

添え(**写真3.37**)、最後のデザートとして「カシオペア」特製ケーキセットと季節の果物添え(**写真3.38**)、そしてコーヒー or 紅茶であった。

「カシオペア」のディナーで提供されたフレンチのフルコースは、**表3.1**で示した。

表3.1　「カシオペア」のフレンチのフルコースディナー

オードブル	帆立貝柱とサーモンのマリネ
魚料理	牡丹海老と白身魚のワイン蒸し
肉料理	牛フィレ肉のソテー 大地の野菜添え
デザート	「カシオペア」特製ケーキセットと季節の果物添え

出典:「カシオペア」のメニューを基に作成

(写真3.39)
「カシオペア懐石御膳」は、「海峡御膳」と中身は大して変わらなかったが、食器は異なっていた。

和食を希望する人には、「カシオペア懐石御膳」が「北斗星」の「海峡御膳」と同様に、5,500円で提供されていた。価格は同じで、料理の中身もほぼ同じであることが多かったが、容器が異なっていた**(写真3.39)**。

マシE26の食堂は、二階の部分にあるから、そこからの眺望は抜群である(注2)。夏場の上り列車であれば、北の大地の雄大な車窓を満喫しながら、フレンチのフルコースのディナーが楽しめたため、乗客には大変好評であった。

(写真3.40)
「北斗星」「カシオペア」の洋朝食の最初。

モーニングタイムの営業は、AM6:30から始まるが、「カシオペア」の朝食は、ディナーや「トワイライトエクスプレス」の朝食とは異なり、予約不要であったから、そのまま食堂車へ来れば良かった。

(写真3.41)
洋朝食のメインの卵料理。晩年は、スクランブルエッグであった。

メニューは、和朝食と洋朝食の2種類から選ぶことが可能であり、どちらを選んでも価格は1,600円で、コーヒーが付いて来た。

(写真3.42)
最後にコーヒー or 紅茶が提供される。

(写真3.43)
和朝食は、女性や熟年層には人気がある。

洋朝食は、オレンジジュースから始まり、サラダ、ヨーグルト**(写真3.40)**、パン or ライス、卵料理**(写真3.41)**、メロンゼリー、そして最後にコーヒーか紅茶**(写真3.42)**が提供された。洋朝食の方が豪華であるが、女性や熟年層には、和朝食の方が人気が高かった**(写真3.43)**。やはり日本人には、ごはんとみそ汁、味付け海苔などがある和朝食の方が無難なのだろう。

(2) 充実した厨房機能

厨房は、車端部の平屋部分に設けられた。調理設備として、冷凍庫が設けられたため、鮮度が要求される刺身などが提供しやすくなった。

事実、「カシオペア」では、「カシオペア懐石御膳」が蛸、小鯛、海老の刺身で、提供されており**(写真3.44)**、冷凍庫が供えられたことで、鮮度を維持したまま、刺身類を提供すること

(写真3.44)
「カシオペア懐石御膳」の天ぷらは、厨房内に備わる電気フライヤーで揚げて提供される。また冷凍庫が設けられたため、刺身などが提供しやすくなった。

が可能になった。

「トワイライトエクスプレス」の食堂車スシ24には、冷凍庫が設けられていなかったが、運行が開始された当初は、「日本海会席御膳」では、マグロの刺身などが提供されていた(**写真3.45**)。その後は、O-157問題なども発生したため、保健所の衛生指導が厳しくなった。それゆえ刺身が提供されなくなり、牛しゃぶなどが提供されていた(**写真3.46**)。

(写真3.45)
「トワイライトエクスプレス」も運行を開始した当初は、「日本海会席御膳」で刺身が提供されていた。

(写真3.46)
O-157問題の発生により、刺身から「牛しゃぶ」に変更になった。

またサラマンダーが設けられたため、サーモン味噌漬焼き、じゃが芋餅照り焼きなどの口変わり、烏賊ステーキ、帆立醤油焼きなどの組み肴だけでなく、フレンチのフルコースのオードブルで提供されていたカニのサラダなども、サラマンダーで焼いて提供していた。さらにパブタイムで提供されるグラタンなども、サラマンダーで焦げ目を付けて仕上げるようになった。

それ以外に、電気フライヤーなども備わっており、ずわい蟹嚢揚げ、海老の天ぷらなども、車内で調理することが可能となった。

従来のサシ481、キシ80、オシ14・オシ24、スシ24などの食堂車よりも、厨房機器類が充実しており、地上で調理して積み込まなくても、食堂車の厨房でコックが調理して料理を提供することが可能となり、提供が可能な料理の幅が広がった。冷凍庫、サラマンダー、電気フライヤーなどは、国鉄・JRの食堂車で初めて装備された。

また「北斗星」「トワイライトエクスプレス」で使用されていたスシ24では、電気炊飯器などが搭載されていなかったため、真空パックされたご飯を、電子レンジで加熱して提供していたが、「カシオペア」では食堂車の厨房で炊かれた出来立てのご飯が、提供されていた。

(3)「カシオペアクルーズ」「カシオペア紀行」として

寝台特急「カシオペア」が、上野～札幌間で週3往復運行されていた時期から、3泊4日の行程で、本州および北海道の観光地を巡る「カシオペアクルーズ」が実施されていた。「カシオペアクルーズ」は、人気を博したE26系客車を、僅か34名の定員で貸し切るため、クルーによるきめ細かいサービスが提供されるハイグレードな旅行である。この旅行商品は、日本海から東北・北海道を周遊するオリジナルルートを、3泊4日で巡る列車のクルーズ旅行である。

「カシオペアクルーズ」では、JR東日本グループのびゅうトラベルサービスが催行する周遊タイプのツアーのみが設定されており、他の旅行会社によるツアーは設定されていなかった。

JR東日本とすれば、2016年(平成28年)3月に北海道新幹線が開業すると、寝台特急「カシオペア」が廃止される公算が大だったが、E26系客車は1999年(平成11年)の製造であるから、未だ製造から20年を経過していない車両であるため、この車両の有効活用を図る必要があった。またE26系客車は、車内設備も全車が2人用のA個室寝台であるから、日本離れした車窓が展開される北海道への観光列車であれば、潜在的な需要が見込める。

そこで2016年(平成28年)3月26日の北海道新幹線が開業後のE26系客車の運用については、JR東日本内だけでなく、JR貨物やJR北海道とも協議・調整が行われた結果、これまでに上野発着のツアーが、合計7回設定された。

「カシオペアクルーズ」の第一弾が、2012年(平成24年)10月12～14日に掛けて実施されたが、これは「鉄道開業140周年記念の特別ツアー」としてであった。2012年は、日本で最初の鉄道が、新橋～横浜間で開業して140年を迎える年であった。

「カシオペアクルーズ」の第一弾は、上野を発車すると、高崎線・上越線を経由して新潟に到着し、そこから白新線、羽越本線を通り秋田、そして奥羽本線で青森、そこから青い森鉄道、IGRいわて銀河鉄道、東北本線を通り仙台、そして上野へと戻るコースであった。この時にE26系客車**(写真3.47)**が、初めて日本海ルートを走行している。

(写真3.47)
「カシオペアクルーズ」でも使用されたE26系客車。

第二弾は、2013(平成25年)10月5～8日に「カシオペアクルーズforあきた」として、秋田DC(ディスティネーションキャンペーン)の特別企画として運行された。往路は、上野を出発すると、高崎線・上越線・羽越本線を経由して秋田、そこから奥羽本線を通り弘前、までである。復路は、一ノ関を起点に東北本線を経由して上野へ戻る行程だった。東北地方は、バスで周遊するようにコースが組まれた。

第三弾は、2014年(平成26年)6月7～10日に、「カシオペアクルーズ ～日本海・道南紀行～」として、上野～洞爺間で運行された。この時は、上野を出発すると、従来の寝台特急「カシオペア」が運行されていたルートで、北海道まで乗り入れた。これが「カシオペアクルーズ」としては、初めての北海道への乗り入れであった。

第四弾は、同年10月2日～5日に「カシオペアクルーズ ～初秋の東北・道南～」として実施され、運転区間は上野～登別間であった。以後は、第七弾の2015年(平成27年)10月17～20日の「秋のカシオペアクルーズ みちのく・道南紀行」まで、この運行パターンが主流となる。第一弾と第二弾は、日本海側を通る周遊という感じの運行であったが、第三弾からは、運転区間を従来の上野～札幌間から、洞爺や登別に短縮する形で運転されており、東北本線・IGRいわて銀河鉄道・青い森鉄道・道南いさりび鉄道を経由した運行であった。

E26系客車をクルーズトレインとして使用するため、定員を34名にまで減らさないと、きめ細かいサービスが提供できなくなる。2013年(平成25年)10月15日にデビューした「ななつ星in九州」も、1編成7両編成の客車列車であるが、当初は定員が30名程度であった。そこで"カシオペアツイン"は、二階室のみ当初は使用し、階下室はクルーの部屋としていた。

食堂車であるマシE26は1両しかないため、夕食はフレンチのディナーと「カシオペア懐石御膳」の2つからの選択を可能とし、「カシオペア懐石御膳」を選んだ人に対しては、ルームサービスも実施していた。

“カシオペアスイート”や“カシオペアデラックス”は勿論であるが、“カシオペアツイン”であっても、部屋に折り畳み式のテーブルが備わるため**(写真3.48)**、「カシオペア懐石御膳」を置くことは可能である。

(写真3.48)
“カシオペアツイン”であっても、折り畳み式のテーブルが備わる。

フレンチのフルコースに関しては、「料理の鉄人」というフジテレビ系のテレビ番組で、フレンチの鉄人として活躍された坂井宏行シェフが、実際に列車に乗車して、厨房で調理を行うなど、話題づくりも行った。

坂井シェフは、最初は新大阪ホテルが担当する食堂車から、料理人人生が始まったため、食堂車での調理経験があることも、選ばれた理由である。揺れる食堂車で調理した経験がなければ、急停車時の対応など分からないだろう。厨房では油も使用するため、経験が無いシェフでは、非常時の対応は困難である。

北海道新幹線は**(写真3.49)**、2016年(平成28年)3月26日のダイヤ改正で開業するが、青函トンネル内は北海道新幹線と在来線が共通で使用する。そうなると北海道新幹線が開業する2年前からは、北海道新幹線に関連する工事を開始しなければならず、青函トンネルが走行できない期間が生じるようになった。

そこで「カシオペアクルーズ」を含め、E26系客車を使用した団臨は、JR東日本管内での運行が設定されていた。北海道新幹線の開業が目前に迫った2016年(平成28年)2月までに、JR東日本が団体専用列車として再び北海道へ乗り入れたく、JR貨物・JR北海道と協議していた。北海道新幹線が開業すると、青函トンネルの架線電

(写真3.49)
JR北海道が導入したH5系電車は、E5系電車とほぼ同じ車両である。

圧が、交流20KVが交流25KVへ昇圧されるだけでなく、保安システムもデジタルATCとなるため、従来の電気機関車では対応できなくなる。

そうなるとJR貨物が導入した、交流20KV区間と交流25KV区間の両方の走行が可能なEH800という交流複電圧の電気機関車だけでなく、北海道内はDF200(**写真3.50**)というディーゼル機関車も、JR貨物から借りなければならなくなる。

(写真3.50)
北海道内では、DF200がコンテナ貨物列車を牽引している。

北海道新幹線は、2016年(平成28年)3月26日に開業し、同年4月に「カシオペア」という名称を継承し、北海道方面への団体専用列車として、運行が再開されることが決まる。そして同年6月4日か

(写真3.51)
「カシオペア紀行」でも、使用される E26系客車。

らは、「カシオペアクルーズ」として運転が再開したが、同年6月11日からは「カシオペア紀行」として運行を開始した。

「カシオペア紀行」は、同じようにE26系客車を使用して運転するが**(写真3.51)**、「カシオペアクルーズ」のように、1編成の定員を34名まで絞り込むことなく、可能な限り定員まで乗車させる旅行商品である。

それゆえ寝台特急「カシオペア」時代と同じルートで、団体専用列車として運転される。そして販売も、びゅうトラベルサービスだけでなく、複数の旅行会社が北海道ツアーを企画していた(注3)。

実際に「カシオペア」へ乗車するのは、往路または復路の片道であった(注4)。同年8月には、びゅうトラベルサービスにおいて、「カシオペア紀行」として2回設定された。その時は、上野から盛岡間はE26系客車を使用するが、盛岡から新函館北斗間は東北・北海道新幹線の「はやぶさ」を利用して函館駅まで、片道の旅行商品が発売された。この方が、JR北海道にとっても、青森〜新函館北斗経由で函館間の普通運賃と青森〜新函館北斗間の新幹線特急料金が入るため、全区間で在来線を利用されるよりも、増収になる。

そして同年9月7日には、「カシオペアで行く信州の旅」として、北海道・東北方面ではなく、長野県へ向かうツアーとして運転された。E26系客車にとっては、初の長野県へ向かうツアーとなった。

北海道新幹線が開業すると、2016年(平成28年)10月10日を最後に、「カシオペアクルーズ」は設定されていない。秋になれば、北海道発のジャガイモやトウモロコシ、アスパラガスなどの農産物の輸送需要が高まるため、これらの時期は避ける必要があり、「カシオペアクルーズ」は設定しづらいことは確かではある。

だがJR東日本では、翌2017年(平成29年)5月1日に、超豪華クルーズトレインである「トランスイート四季島」がデビューしたことで**(写真3.52)**、北海道への乗り入れは、「トランスイート四季島」が行うようになった。また「トランスイート四季島」は、本格的なクルーズトレインであるから、E26系客車はクルーズトレインとしての役割を終えた。

筆者も、E26系客車を使用した寝台特急「カシオペア」には何度か乗車しているが、あの車両の構造や客室設備などを勘案すると、クルーズトレインに適しているとは思えない。「トランスイート四季島」がデビューするまでは、E26系客車がJR東日本のフラッグシップトレインであったため、クルーズトレインのノウハウを蓄積させる必要があった。

(写真3.52)
JR東日本のフラッグシップトレインである「トランスイート四季島」。

それゆえ「カシオペアクルーズ」の運行が設定されておらず、よりカジュアルな「カシオペア紀行」のみの設定となった。

だが「カシオペア紀行」も、2017年(平成29年)2月26日に上野を発車した列車が、同年2月28日に上野へ到着したことを最後に、北海道内のE26系客車の運行が終了し、以降はJR東日本管内のみで運行している。

2017年(平成29年)5月1日以降は、「トランスイート四季島」がJR東日本のフラッグシップトレインであることから、団体臨時列車の主力となった。それでも同年5月27日の上野発青森着の「カシオペア紀行」が運行され、JR東日本はE26系客車を引き続き、重宝している。

その後も、同年7月1日に上野〜長野間で「信州カシオペア紀行」が運行された。これは「信州デスティネーションキャンペーン」の特別企画としてであったが、従来の上野〜札幌を含めた北海道という枠から、脱却した使い方がされた。そして同年9月2日にも上野から青森間での「カシオペア紀行」が運行されるなど、E26系客車は北海道新幹線が開業し、「トランスイート四季島」がデビューした後も、JR東日本管内で団体臨時列車として活躍している。

（注1） マシE26は食堂車であるから、定員外の車両となるため、乗客が乗降するための扉は備わっていない。その代わりに車端部には、業務用の側扉が設けられており、食材などの積み下ろしを行う際に使用される。

（注2） 上野発の場合は、ディナーやパブタイムでは、二階の窓から去り行く街の灯りを眺めながら食事や晩酌ができ、翌朝に目が覚めると列車は北の大地である北海道を走行しているため、心に残る貴重な体験となった。

（注3） 2016年（平成28年）9月3日にも、阪急交通社が「カシオペア紀行」を設定したが、運転区間が上野から盛岡までの下りだけであった。

（注4） びゅうトラベルサービスでは、札幌または上野到着後に、解散となる片道だけ乗車するツアーも設定された。

「サフィール踊り子」

1 「サフィール踊り子」の運転開始

(1)「サフィール踊り子」が登場するまでの伊豆方面への観光客輸送

「サフィール踊り子」がデビューするまでの伊豆方面へ向かう優等列車の歴史を、最初に簡単に述べた後、「サフィール踊り子」について言及したい。

伊豆半島は、1925年(大正14年)3月25日に熱海まで鉄道が開通したことで、東京を含めた首都圏の奥座敷として、脚光を浴びることになる。そして1938年(昭和13年)に熱海～伊東間の16.9㎞が全線単線ではあるが、最初から全線電化という形で開通する。

当初は、熱海～下田間を複線で結ぶ計画であったが、民政党(注1)の濱口雄幸の緊縮財政政策により、熱海～伊東間のみが、単線で建設されることになった。これは伊豆半島独特の海岸に、山が迫る険しい地勢があるだけでなく、伊豆半島には断層・軟弱地層などが多くあり、難工事が予想されたことも要因である。事実、長大トンネルも存在することから、開通には苦労を要した。

ところで伊東線は観光路線であり、伊東まで鉄道が全通すると、直ぐに東京からの直通列車の運転が開始された。戦後になると、1961年(昭和36年)12月10日に、伊豆急行線の伊東～伊豆急下田間の45.7㎞が開業すると同時に、国鉄と相互乗り入れを開始したことで、伊豆半島へのアクセスは格段に向上した。

1964年(昭和39年)11月1日からは、157系電車による急行「伊豆」の運転が開始され、奥伊豆へのアクセスがより便利で快適になった。伊豆半島は、風光明媚な海岸線が続くだけでなく、豊富な温泉資源や美味い海産物資源にも恵まれた土地でもあることから、奥伊豆は急速に観光地としての価値が高まった。そして1969年(昭和44年)4月25日から、157系電車を使用した急行「伊豆」を、車両は157系電車のまま、特急「あまぎ」として運転を開始する。

その後の特急「あまぎ」は、157系電車の老朽化により、183系電車に置き換えられて運転していたが、1981年(昭和56年)10月に特急「あまぎ」と急行「伊豆」が統合され、特急「踊り子」として運転を開始する**(写真4.1)**。

(写真4.1)
特急「あまぎ」、急行「伊豆」を統合して誕生した特急「踊り子」。車両は、新造された185系電車で運転された。

「踊り子」の列車名は、川端康成の小説『伊豆の踊子』から命名された。この名称は、一般公募により決定されたが、「踊り子」には185系という、特急から普通列車まで使用が可能な汎用タイプの特急形電車が導入された。

当時は、大胆な車体のストラップだけでなく、特急形電車であるにも拘わらず窓が開いた上、車内は転換クロスシートが採用されるなど、他の特急形電車と比較すれば見劣りしたこともあり、国鉄は「B特急料金」という従来の特急料金よりも割安な料金を設定して、対応することになった。

だが「踊り子」に使用される185系電車は、急行形の153系電車の置き換えを目的に製造された電車であり、デビューした1981年(昭和56年)は、国鉄の経営状況も厳しい時であり、153系電車と併結で運転することを前提としていたため、性能は急行形と同じであった。そして「特急形」とは言え、普通列車としても運用されることを前提に設計されていたため、乗降用の扉も片開き式の1m幅の物が、各車に2か所も設けられた。

その間に伊豆急行は、「リゾート21」という観光輸送に適した電車を導入し、東京まで乗り入れも行うようになっていた。そうなると185系電車では、完全に見劣りがする上、当時はバブル期であり、新幹線などもグリーン車から満席になる時代で、かつリゾート法が施行された時代でもあった。

そうなると伊豆方面への観光に特化した、専用の特急電車を導入する動きが起こるようになった。そこでJR東日本は、「乗ったらそこは伊豆」をテーマコンセプトに定め、観光に特化した251系特急形電車を、開発することになった(**写真4.2**)。

(写真4.2)
251系電車は観光に特化しており、「スーパービュー踊り子」として運転された。

251系電車は、個室グリーン車(**写真4.3**)や二階席のグリーン車(**写真4.4**)、ビュッフェ(**写真4.5**)、ハイデッカーで非常に大きな窓を備えた普通車(**写真4.6**)だけでなく、「子供の遊び場」(**写真4.7**)も備えた観光に特化した特急電車であった。

(写真4.3)
2号車の階下に設けられた個室グリーン車。

(写真4.4)
1号車・2号車の二階は、開放型のグリーン車であった。

(写真4.5)
2号車の階下の一角は、ビュッフェとなっていた。

(写真4.6)
普通車の方が窓が大きく、正しく「スーパービュー」であった。初期の座席は、リクライニングしなかった。

(写真4.7)
10号車の階下には、「子供の遊び場」が設けられた。

「スーパービュー踊り子」の名称で、1990年(平成2年)4月28日に運転を開始し、利用者には大変好評であったが、車両の老朽化が進んでいたこともあり、2020年(令和2年)3月13日に運転を終了した。そして翌日からは、JR東日本はE261系電車を導入し、全車グリーン車の「サフィール踊り子」**(写真4.8)**として、東京〜伊豆急下田間に、1日に1往復の運転を開始する。また繁忙期などの特定日には臨時列車として、東京(土休日の下りのみ新宿発)〜伊豆急下田駅間に1往復が運転される。

(写真4.8)
全車グリーン車の座席指定の特急として運転される「サフィール踊り子」。

(2) 何故、全車がグリーン車となったのか

(写真4.9)
1号車は、定員20名のプレミアムグリーン車である。

「サフィール(Saphir)」とは、フランス語でサファイアを意味する。サファイアは青色をした宝石であることから、伊豆の海や空を「青くて美しい宝石」と見立てている。

「サフィール踊り子」は1編成8両であり、伊豆急下田寄りの1号車が“プレミアムグリーン車”**(写真**

4.9)、2号車・3号車はグリーン個室であり、4人用(**写真4.10**)と6人用(**写真4.11**)の個室が備わる。4号車は食堂車であり、主にパスタやスイーツを中心に提供される(**写真4.12**)。5～8号車が、普通のグリーン車であるが(**写真4.13**)、5号車はバリアフリー対応となっており(**写真4.14**)、普通車は皆無である。

(写真4.10)
4人用のグリーン個室。

(写真4.11)
6人用のグリーン個室。

(写真4.12)
「サフィール踊り子」の食堂車の車内。

(写真4.13)
5～8号車は、1-2の横3列の普通のグリーン車だが、JR東日本の在来線特急の中では、最高のランクに位置する。

(写真4.14)
5号車は、バリアフリー対応となっている。

「スーパービュー踊り子」と同じくA特急料金が適用されるが、グリーン個室はみどりの窓口でしか販売されず、“プレミアムグリーン車”はえきねっとなどのネット予約サービスが利用できないなどの制限がある上、座席のみのサービスであり、「スーパービュー踊り子」のグリーン車で提供されていたお手拭きやコーヒーのサービスは、一切実施されない**(写真4.15)**。

(写真4.15)
「スーパービュー踊り子」時代のグリーン車は、アテンダントによるコーヒーやお手拭きの提供があった。

前身の「スーパービュー踊り子」は、グリーン個室も含めてグリーン車が2両連結され、残りの車両は普通車であった。そして先頭車や2号車のグリーン車は、ダブルデッカー構造が採用されていたが、「サフィール踊り子」は全車が平屋構造である。これは2000年(平成12年)バリアフリー法が施行されたこともあり、身障者や高齢者に対する配慮からである。

では「何故、全車グリーン車」の特急列車となったのだろうか。JRの定期の特急列車の中で、全車グリーン車のモノクラスの特急の運転は、国鉄時代を含めても初めてである。

伊豆半島には、伊豆高原が別荘地として有名であり、伊豆熱川、伊豆稲取などには、高級温泉旅館が多くあることから、1日で良いから「非現実的な旅」をしたいと思う、高額所得者が多いことも確かである。

ただ「サフィール踊り子」は、全車がグリーン車であり、客単価が高い個室グリーン車や“プレミアムグリーン車”が導入されたとは言え、定員が少なくなる。その上、1編成が8両編成と短くなるため、人気があった「スーパービュー踊り子」タイプの電車を導入した方が、JR東日本も増収になると筆者は考え、その理由を質問している。

JR東日本は、「「サフィール踊り子」は、従来の在来線特急列車よりもゆったりとしたプライベート感とくつろぎの空間をご用意し、お客様が車内で過ごす時間を大切にして頂きたいため、普通車を無くし全車グリーン車にするとともに、アテンダントがお席に直接お伺いし、「おしぼり・ドリンクのサービス」は実施しておりません」という回答を得た。

本当に高額所得者向けに特化した列車であり、食堂車は設けられたが、「スーパービュー踊り子」で好評であった「子供の遊び場」などは姿を消しており、庶民には敷居の高い列車になった。

これは首都圏という巨大なマーケットがある上、伊豆半島には別荘地や高級温泉旅館が多数存在するから、実現した列車である。これらへ向かう利用者には、「非現実的な旅行」をしたいという思いが強い。それゆえ他の線区では、全車グリーン車の座席指定席の特急列車が誕生することは、非常に厳しいというのが筆者の見解である。

(3) 何故、ヌードルバーを導入したのか

「サフィール踊り子」には、サシE261という食堂車が連結されている。新幹線の食堂車は、完全に廃止になっただけでなく、ビュッフェも存在しない。それでも東北・北海道・北陸新幹線の「はやて」「かがやき」の“グランクラス”**(写真4.16)**では、アテンダントによる軽食やドリンク類のサービスが提供されている**(写真4.17)**。

（写真4.16）
“グランクラス”の座席は豪華である。

（写真4.17）
“グランクラス”では、アテンダントによる軽食やドリンク類のサービスが実施される。

（写真4.18）
「スーパービュー踊り子」のビュッフェでは、陶器の皿やコーヒーカップが使用されていた。

一方の在来線でも、食堂車はクルーズトレインと「カシオペア紀行」で使用するE26系客車を除けば連結されていない。またJRになってからは、食堂車と言える車両の新造は、在来線ではクルーズトレインを除けば、寝台特急「カシオペア」用のマシE26系客車と、「夢空間」の展望食堂車ぐらいである。「カシオペア」のマシE26の食堂車は、本格的なフレンチのフルコースディナーを提供する食堂車であり、二階建てである。

その他としては、JR九州が特急「つばめ」に導入された、半室がビュッフェで、半室が普通車のセミコンパートメントのサハシ787や「ゆふいんの森Ⅱ」のビュッフェ、JR東日本が特急「スーパービュー踊り子」として導入された251系電車の2号車のグリーン車の階下に設けられたビュッフェぐらいである。ここでは、陶器の食器類を使用して、サンドイッチやコーヒーなどが、提供されていた**（写真4.18）**。

昭和50年代に入ると食堂車やビュッフェ車は、外食産業の発達などの食文化の変化や、要員確保の問題なども重なって廃止される傾向にあり、それを補完する形で車内販売を充実させる施策が実施された。

ところが昨今では、駅ナカビジネスが発達したこともあり、駅構内にあるコンビニで弁当類やドリンク類を購入して乗車するため、駅弁も衰退しているだけでなく、車内販売を実施しない特急列車も、珍しくなくなっている。

事実、JR北海道は一部の列車を除いて廃止されたし、JR東日本も「はやぶさ」などの速達性のある新幹線では車内販売を実施しているが、在来線の特急列車の大半は、車内販売を実施していない。

JR東海は、新幹線の「のぞみ」「ひかり」では、車内販売は実施しているが、「こだま」では廃止されている。また在来線の特急列車は、全て廃止されている。これはJR西日本も、ほぼ同じような状況である。

JR四国も、実質的に廃止されており、JR九州のD&Sトレインと一部の九州新幹線を除けば、ほぼ廃止されている。

このように食堂車・ビュッフェだけでなく、車内販売まで廃止されている現在、JR東日本の「サフィール踊り子」には、食堂車を導入している。全車グリーン車の座席指定の特急であるから、高付加価値サービスを提供する必要性があることは理解できる。

「サフィール踊り子」の食堂車は、全室構造ではあるが、向かい合わせの座席と、海側を向いた座席が備わる**(写真4.19)**。

『食堂車乗務員物語』の著者である宇都宮照信は、この著書の中で1906年(明治39年)4月に新橋〜神戸間に運転を開始した三等車で構成された急行列車には、和食を提供する食堂車が連結された旨が書かれていた。

(写真4.19)
食堂車には、海側を向いた座席も存在する。

本著によれば、一等車・二等車で構成された急行列車には、洋食の食堂車が連結されており、通路を挟んだりして2人掛けのテーブルと4人掛けのテーブルというレイアウトだったのに対し、和食の食堂車は左右の窓側に沿って長いテーブルが設けられ、椅子は固定式の1本足の丸椅子であり、お客様は窓に向かって座り、食事をしていたという。

今日では、外国へ行けば和食の方がフレンチなどよりも高級品として扱われるが、戦前から昭和30年代までは、洋食は富裕層が食べる食事であり、一般庶民が口にすることは難しかった。

戦前には、「和食堂車」のマークがあり、時刻表にも掲載されていたと聞く。明知鉄道が、各種グルメ列車を運転しているが、時刻表に「和食堂車」のマークが付いていたりする。明知鉄道では、ロングシートの気動車を使用し、真ん中にテーブルを置いて**(写真4.20)**、お客様は平素使用するロングシートに腰を掛けるようにしているため、車両に厨房設備は備わっていないが、戦前の「和食堂車」のイメージに近い。

(写真4.20)
明知鉄道など、グルメ列車を運行する鉄道事業者は、車内にテーブルを置いて、外部から料理を取り寄せる形で、グルメ列車を運行することが多い。

さすがに全車グリーン車の特急である「サフィール踊り子」の海側に面した食堂車の座席も、背もたれが備わるため、戦前の「和食堂車」のような貧祖な丸椅子ではない。それでも寝台特急「カシオペア」で使用されるマシE26のような、フルコースの食事が提供される訳ではなく、パスタ類をメインに、おつまみ類やデザートなどの軽食を提供するカジュアルな食堂車である。

筆者も、東京から伊豆急下田まで通しで乗車したとしても、所要時間が3時間程度であるため、フルコースの食事を提供するような食堂車を、導入するほどでもないと思っている。

筆者個人としては、伊豆半島は海の幸や山の幸が豊富であるため、伊豆らしいメニューが提供されることを望んでいたため、ヌードル系のメニュー(デビュー時はラーメン)が提供されることに、少々違和感を持っていた。

かつて165系・169系電車のビュッフェでは、麺類としてはそばが提供され、455系・457系電車のビュッフェでは、麺類としてうどんが提供されていた。これらは急行列車のビュッフェであったことから、筆者は特に違和感はなかった。

だが「サフィール踊り子」に関しては、「全車グリーン車の特急列車であり、かつ全室食堂車となる列車でヌードルでは、少々寂しいな」という思いがあった。

ヌードル系のメニューを提供するようになった理由をJR東日本に質問すると、「東京〜伊豆急下田間は、乗車時間が片道で3時間程度と短く、本格的な食事は現地に着いてからお召し上がりになられることから、車内での食事はあくまで「軽食」という位置づけです。メニュー導入に際しては、さまざまな案が出ました。それらを踏まえ、ヌードルとなりました」という旨の回答を得た。

筆者自身、このような考え方は、近鉄の「しまかぜ」と似ていると考える。「しまかぜ」の場合、ビュッフェで提供する食事は、あくまで「軽食」と位置付けている。

「サフィール踊り子」が、全車グリーン車の座席指定の特急でもあることから、近鉄の「しまかぜ」の影響を受けている。デビューは、「しまかぜ」の方が「サフィール踊り子」よりも、7年早い。

JR東日本の関係者は、「サフィール踊り子」を導入する際に、「しまかぜ」に乗車して、座席や個室だけでなく、供食サービスも含めた、車内サービスなどを研究したと考える。デッキの床に石**(写真4.21)**を採用したことなどは、正しく「しまかぜ」の影響を受けている。

(写真4.21)
「サフィール踊り子」のデッキの床は、近鉄の「しまかぜ」と同様に、石が採用されている。

それゆえ乗車した時から、リゾート気分を満喫できるようになった。

2 食堂車を利用した感想

(1) サービスの概要

「サフィール踊り子」の食堂車であるが、デビューから2021年(令和3年)3月末までは、長谷川在佑が監修したラーメン風のヌードルが提供されていた。メインメニューとして、「ヌードル」がミネラルウォーター付きで650円、「チャーシューヌードル」がミネラルウォーター付きで950円であった。

「サフィール踊り子」では、食堂車で食事をする際は、スマホを用いて「サフィールPay」という画面に入り、事前に予約および決済を行う必要がある。予約する際は、時間帯なども指定されることになっている。これは全車グリーン車の特急列車の食堂車では、座席の数に限りがあり、仮に満席となった際、お客様を待たせることは、サービス上、望ましくないとJR東日本が考えたことも影響している。

ラーメン系のヌードルは、陶器製の丼を使用してサービスされるなど、全車グリーン車の特急列車の食堂車に相応しいスタイルであったが、2021年4月1日からは、本多哲也が監修するパスタ(スパゲティー系)に変更された。

(写真4.22)
伊豆産の「さざえ」を使用したパスタも提供されている。

スパゲティー系のメニューに変更されたことから、食器も丼から平たい皿となった。トマト系のスパゲティーだけでなく、伊豆産のさざえを使用したスパゲティー**(写真4.22)**が提供されるようになった。筆者は、事前に「サフィールPay」で予約と決済も済ませていたため、食堂車に入ると係員から、**写真4.23**のように座席に「予約席」という札が建てられた席に誘導された。筆者は、1人で乗車したため、海側に面した座席となる。お陰様で、伊豆地方の海

(写真4.23)
予約席には、写真のような札が建てられる。

を眺めながら、伊豆産のさざえを使用したスパゲティーを食べることができ、満足している。グループで利用する場合は、山側のグループ席になるという。

座席に着席して暫くすると、注文したスパゲティーが提供されるが、パスタ系のメニューには、小ぶりなフランスパンとミネラルウォーターが、セットされて提供される。ミネラルウォーターがセットされて提供される点は、近鉄の「しまかぜ」「青のシンフォニー」と同じである。そうすることで、客室内のスタッフの数を減らすことができる上、お冷のお替りが必要になれば、追加で注文してもらえる利点がある。

この点に関しても、JR東日本の関係者は「しまかぜ」「青のシンフォニー」に乗車して、勉強していると言える。

筆者は、パスタ系のメニューに変更されたため、「どのように厨房が改造されたのか」が、気になっていた。普通は、スパゲティーなどのパスタを提供する場合、茹でられたパスタ類をフライパンで炒めた後、ソースを掛けて提供されるため、それらを実施するための設備が追加されたか否かが気になっていた。

事前にJR東日本に、パスタ系に変更になった旨について質問していたが、「既存の設備が利用可能だから」は、その通りであり、**写真4.24**で示すように、用意されたパスタ(スパゲティー)を茹でた後、皿に盛り付けてソースを掛けて提供するようにしている(**写真4.25**)。

(写真4.24)
パスタ系のメニューも、既存の設備を使用して提供される。

(写真4.25)
パスタ系のメニューは、茹でられた後、皿に盛り付けられて、ソースを掛けて提供される。

(2) 今後の展望

筆者は、食堂車がヌードルバーとして営業を開始したにも拘わらず、2021年(令和3年)4月1日から、パスタに代わってしまったことを、少々疑問に思っていた。そこでJR東日本に、その旨を質問している。

JR東日本は、メニューをパスタに変更した理由として、「新しい監修者である本多哲也シェフに実際に「サフィール踊り子」にご乗車頂き、車内空間や車窓を体験頂くとともに、カフェテリア(食堂車)の調理設備を確認して頂き、決定致しました」とのことであった。

ヌードルを監修していた長谷川シェフは、女性や高齢者が利用することも考慮し、ラーメンのスープを作るに際し、かつお節や昆布を使用した和風をベースとしていた。かつお節や昆布でスープを作ることから、うどんやそばに近い感じになるが、「ラーメン」であるため、そこへ鶏油を加えていたという。

ラーメン屋さんの中には、かつお節や昆布を使用して、ラーメンのスープを作る店も多くある。中には、ラードを入れる店もあるが、かつお節や昆布をベースとしたスープにラードを入れると、スープが濁ってしまって、あまり品の良いスープにはならない。

北海道で、かつお節と鯵節を使用したしょうゆベースのスープに、ラードを入れているラーメンの名店があり、筆者個人としても、そこの店は好きであり、美味いと感じている。

だがスープに関しては、濁っていることもあり、あまり品が良いとは思っていない。

筆者は、2021年(令和3年)4月16日に、伊東から横浜まで「サフィール踊り子」に乗車しているが、幸いなことに先頭の8号車に乗車したことから、運転士が交代する伊東でJR東日本の運転士さんから話を聞く機会が得られた。

運転士さんは、「ラーメンは美味かった。パスタ類に変更になり、残念な面もある反面、食べてみたいという思いもある。「サフィール踊り子」を楽しんで下さい」とのことであった。食堂車のスタッフの方々の話も、「ラーメンは美味かったから人気があった」という意見が得られた。

筆者自身も、かつお節と昆布出汁をベースに、鶏油を加えたスープであるから、美味いだけでなく、老若男女から喜ばれる味になることは間違いないと思っている。ネギ油であれば、子供が嫌がる可能性が高く、ラードではスープが濁ってしまう。鶏油であれば、スープが濁りにくいこともあり、列車内の食堂という場所では、無難と言える。

メニューが、ラーメンからパスタに代わり、少し代金が割高になったが、パスタを注文すると小ぶりなフランスパンとミネラルウォーターが付いて来るため、欧州のカフェで食事をしている気分になる(**写真4.26**)。パスタは、陶器製の平たい皿に盛られて提供されることもあり、ワインも欲しくなってしまう。「サフィール踊り子」の食堂車には、ワインも販売されており、パスタを注文した際は、ワインも注文した方が、伊豆へ向かう場合は、楽しい昼食とな

(写真4.26)
パスタには、小ぶりなフランスパンとミネラルウォーターが付いて来る。

ること間違いない。

ただ筆者は、「サフィール踊り子」の食堂車を利用するに際に、「事前予約制」を採用している点が気になった。「事前予約制」とは言っても、「北斗星」「カシオペア」「トワイライトエクスプレス」のディナーのように、事前にみどりの窓口で食事券を買い求めるような、大袈裟なシステムではない。

各自が所有しているスマホを端末として使用し、食堂車の予約サイトである「サフィールPay」へアクセスを行う形で、注文するメニューと、希望する時間帯の予約を行うことになる。そして決済も、クレジットカードなどで行う形を奨励している。

筆者などは、アナログ世代の人間のため、デジタル機器などは得意ではないため、実際に乗車して食事をする際、「予約が通っているのか」と、少々心配ではあった。

印刷された紙媒体がある方が安心であると感じる人がいることも考慮され、係員から「座席指定券を提示下さい」と言われて、「サフィール踊り子」の座席指定券(特急券・グリーン券)を提示すると、指定された座席に案内してもらえ、ホッとした。「サフィールPay」では、乗車日時と座席も入力しなければならず、食堂車では「どの座席の人が予約しているのか」を、スタッフが把握できるように、表が用意されていた。

やはり座席指定券も見せて対応する方式も採用しないと、スマホを紛失したりするだけでなく、故障や電池切れで画面表示ができなくなるトラブルが発生することもあり、利用者には不安ではある。

「サフィールPay」は、みどりの窓口に代わる新しい予約システムであるが、「座席指定券」という紙媒体も活用している点を、筆者は評価している。

予約をしていなくても、食堂車に空席があれば、食事などは提供してもらえるという。筆者が乗車した2021年(令和3年)4月16日などは、コロナ禍で座席の提供を減らしていたため、予約をしていない人は、食事をすることが無理な状態であった。

やはり食事の時間帯は、食堂車は混雑するから、予約がなければ待たされてしまう。混雑が一段落付いた頃に行けば、希望するメニューが売り切れていることもあるため、食堂車を利用したい人は、予約をしておいた方が安心ではある。

「サフィール踊り子」で、「事前予約制」を採用した理由として、JR東日本は「「サフィールPay」の事前予約につきましては、伊豆へのご旅行の中で、お客様にストレスなく食事や車内販売品を提供する事を目的に導入致しました。ご利用の際には、ご購入した商品のQRコードをアテンダントにお見せ頂ければ、ご提供致します。また最近では、新型コロナウイルス感染症対策の観点から、オンライン上で注文頂ける、キャッシュレス決済を推奨しております」という回答が得られた。

食堂車であるが、コロナ禍であることも考慮して、「検温」の実施や手のアルコール消毒を強制されるだけでなく、1人掛けの座席では、「スキップ席」を設けて「三密」を回避する試みが実施されている。4人掛けのグループ席であるが、アクリル板によるパーテーションなどは設けられていないが、飛沫感染を防止する観点から、対面に座ることがないように配慮されていた。

「サフィールPay」というシステムは、事前に予約をもらうため、食堂車を担当する日本レストランエンタプライズは、食材のロスを緩和する利点がある。また食事時間が指定されるため、食堂車での「長居」が回避されることから、食堂車の客の回転が起こり、効率性が向上する利点もある。

利用者には、食堂車で待たされることもなければ、「売り切れ」に対する心配からも解放される利点がある。

このように双方に利点がある「サフィールPay」による予約と決済であるが、紙媒体による確認も可能であるため、安心して利用できるシステムであることは間違いない。今後は、みどりの窓口に代わり、こちらが普及する可能性が高いと感じた。

注文したパスタは提供されたが、「決済は大丈夫か」と心配であったが、予約と一緒にクレジットカードで決済が完了している旨も、スタッフから伝えられ、安心した。「予約」と「決済」が分かれているシステムなどもあるため、最後まで不安はあったが、「「サフィールPay」は、予約から決済まで一貫して行うシステムである」という旨は、強調する必要があると言える。

補足であるが、2021年8月に友人と2号車の個室を利用した際、友人が「ワタリガニのキーマカレー」**(写真4.27)**を、「サフィールPay」で注文していたが、ルームサービスが実施された。クルーが、「ワタリガニのキーマカレー」を部屋へ持参した際、筆者はペットボトル入りのお茶を注文すると、それもルームサービスをしてもらえた。個室の乗客には、ルームサービスを行っていた。その際、決済は交通系電子マネーで行った。

(写真4.27)
パスタ以外に、ワタリガニのキーマカレーも提供されていた。

(注1) 「夢空間」は、バブル期の1989年(平成元年)にデビューし、寝台特急「北斗星」などで使用される24系客車に連結されて、臨時寝台特急「北斗星トマムスキー号」や臨時寝台特急「北斗星ニセコスキー号」などで使用されたが、「夢空間」の車両は、超豪華個室寝台車、展望食堂車、ラウンジカーを合わせても3両しか、製造されなかった。そのため維持管理の問題などもあり、2008年(平成20年)には、「車両の老朽化」を理由に廃車になった。だが「夢空間」で得たノウハウは、後にE26系寝台特急「カシオペア」や、超豪華クルーズトレイン「トランスイート四季島」を製造するためのノウハウとなった。

民鉄のビュッフェ車

1 近鉄「しまかぜ」

(1)「しまかぜ」導入の経緯

「しまかぜ」は、近鉄が2013年(平成25年)に、伊勢神宮の式年遷宮が実施されることに鑑み、導入した近鉄のフラッグシップトレインである。

近鉄は、昔から徹底したマーケット調査をすることで有名であるが、「しまかぜ」を導入するのに際し、関西だけでなく、中部地方・関東地方や四国・九州などでも実施している。また伊勢志摩のホテル・旅館などの宿泊施設も対象に、アンケート調査などを実施した。

マーケット調査の結果は、従来の近鉄特急のサービスとは、全く異なった特急電車であった。そこで大阪難波と名古屋～賢島間に、「伊勢志摩ライナー」以上に「観光」に特化した特急電車を導入し、今後の特急車両の在り方を示す必要もあり、それを目的に設計・開発を行ったのが、観光特急「しまかぜ」である**(写真5.1)**。

「しまかぜ」には普通車が一切設けられず、全車が特急料金とは

(写真5.1)
「しまかぜ」は、今までの近鉄特急のサービスの集大成である。

別に「しまかぜ」特別料金が必要であるだけでなく、新たに洋風個室や和風個室も設けられた。そして「伊勢志摩ライナー」で培ったノウハウを活かして、セミコンパートメントやビュッフェも設けられるなど、観光に特化した専用の特急電車である。それゆえ6両編成であっても、定員は従来の特急の半分程度となった。

定員が減少するため、採算面では従来型の特急電車よりは厳しくなる。また最初の2編成の製造費は37億円も要している。

「しまかぜ」は、2013年(平成25年)3月のデビュー以来、利用者には大変好評であり、座席は取れない状況が続いていたことや、新名神高速道路の開業により、京伊特急の利用者が大幅に減少したこともあり、テコ入れも兼ねて、2014年(平成26年)10月からは京都発着便も設定された。

通常の特急運用との互換性を一切持たず、「しまかぜ」専用の運用のみ受け持つ。設備面は、従来型の特急車両とは次元が異なっており、あくまで伊勢志摩観光輸送に徹した内容で、通勤利用、短距離利用を想定していない。

現在のように高速道路が整備され、そしてモータリゼーションが進めば、従来型の特急サービスでは、注目が集まらなくなってしまう。他の輸送モードと比較して、差別化できるような要素を盛り込まないと、誰も利用したいとは思わなくなる。

そこで50000系電車は、徹底的に利用者の求めるサービスを追求することになり、新幹線のグリーン車よりもゆったりとした座席(**写真5.2**)や洋

(写真5.2)
“プレミアムシート”のスペックは、新幹線のグリーン車を上回る。

風(**写真5.3**)・和風(**写真5.4**)の個室、そしてビュッフェ(**写真5.5**)を採用したため、定員は大きく減少することになった。結果的に、既存の特急車両の約半分となったが、減収を抑えるには客単価を上げなければならず、「しまかぜ特別料金」が設定され、従来の特急電車よりも、ワンランク上のサービスが実現している。

「しまかぜ」は、乗り心地を良くするため、全車にフルアクティブサスペンションが導入されたため、乗り心地が良いと言われていた「アーバンライナー」や「伊勢志摩ライナー」を完全に凌駕した乗り心地が売りである。座席も新幹線のグリーン車よりも優れているにも拘わらず、1,000円強の追加料金で利用が可能である上、ビュッフェで食事をしながら、旅ができる。さらに情報化時代であるため、新サービスとして座席や個

(写真5.3)
洋風個室は、海側を向いてソファーが配置されている。

(写真5.4)
和風個室は絨毯敷きのため、靴を脱いで寛げる点が魅力である。

(写真5.5)
「しまかぜ」には、近鉄で最初に本格的なビュッフェが設けられた。

室、ビュッフェを問わず、車内で無線LANによるインターネット接続サービスの利用が可能である。さらに個室やビュッフェでは、映像ディスプレイにより、「しまかぜ」独自の映像コンテンツを配信している。それらの要素が相まって、デビューすると連日、満席となり、特急券が取れない列車となった。

それらの人気も影響して、2014年(平成26年)には鉄道友の会より「ブルーリボン賞」が贈呈された。

(2) 季節によりメニューが変わるスイーツ類

観光特急に特化することや、他の輸送モードと差別化を図るために、「しまかぜ」にはビュッフェを設けている。車両は、ダブルデッカー構造となっており、食事は二階席か階下席で食べることになる。席に着くと、アテンダントを呼び出すボタンなどがあり、それを活用して注文を取ることになる。

近鉄が車内に供食設備を設けるのは、12000系・12200系のスナックコーナーや、18400系のミニスナック以来である。これらの電車では、運転席の後ろの部分にスナックコーナーを設けた程度であったため、1両丸ごとの本格的なビュッフェは「しまかぜ」が最初である。

12000系・12200系・18400系電車のスナックコーナーやミニスナック(注1)では、その名物が「中華ランチ」であった。

「しまかぜ」のビュッフェは、ビスタカーの伝統も継承する二階建て構造であり**(写真5.6)**、かつ付随車のため、水タンクを搭載することも可能となり、プラスチック製の皿や陶器製のカップに、金属製のスプーンやフォークで食事やケーキ類、コーヒーなどが提供される**(写真5.7)**。

(写真5.6)
ビュッフェの二階席は、眺望が優れている。

二階建て構造の車両は、構造的に圧迫感などを感じたりするが、ビュッフェは定員外のスペースのため、その辺があまり問題にはならない。むしろ二階席から、流れゆく景色を見ながら喫茶・軽食が楽しめるとあって好評である。

(写真5.7)
「しまかぜ」のビュッフェでは、金属製のスプーンやフォークが使用される。

大阪難波、京都、名古屋から賢島まで乗車しても、2時間半を少し超えるぐらいであるから、車内の食事は軽食やデザート、おつまみ類を中心に販売している。

食事類は、運転を開始した時は、「海の幸ピラフ」**(写真5.8)**「松阪牛カレー」**(写真5.9)**「うな重」**(写真5.10)**などが提供されていた。尚、「海の幸ピラフ」に関しては、持ち帰ったり、届けてもらって自分の席で食べることもできる**(写真5.11)**。その場合、使い捨ての容器に使い捨てのプラスチックのスプーンで提供される。

食事類・デザート類を問わず、「地産地消」という考えを踏まえ、極力、沿線の地元産の食材を使用している。特にデザートは、絶えずメニューを更新している。クリスマスのシーズンになれば、期間限定の特製ケーキ**(写真5.12)**も提供されるなど、話題づくりに余念がない。

（写真5.8）
「海の幸ピラフ」は、食事系では最も人気が高い。現在は「シーフードピラフ」となり、はまぐりがメイン食材である。

（写真5.9）
「松阪牛カレー」は、老若男女幅広い層から人気がある。

（写真5.10）
かつて提供されていた「うな重」は、名古屋の人に人気があった。

（写真5.11）
「海の幸ピラフ」は、座席へも届けてもらえることも、人気の秘密である。

（写真5.12）
「しまかぜ」では、クリスマスのシーズンなどには、期間限定のケーキが提供される。

また大阪線の沿線には、近畿大学があることもあり、近畿大学の農学部が製造したメロンを使用したデザートなども提供している。近鉄関係者が言うには、デザートの方がよく売れているという。

筆者は、2018年(平成30年)10月6日に京都から鵜方まで、「しまかぜ」に乗車してビュッフェを利用したところ、「松阪牛重」という牛丼風のメニューが、重箱に入って1,400円(現在は1,500円)で提供されている反面、「うな重」が無くなっていた。

「松阪牛重」は、ネギなどの野菜と一緒に松阪牛を煮込んでおり、重箱に盛り付けられて提供される。サンプルの写真を見る限りは、「牛丼」風ではあるが、実際に提供される「松阪牛重」は、松阪牛のスライスが盛り付けられており、関西の文化圏らしく薄味であった**(写真5.13)**。「松阪牛重」であれば、地上でレトルトした状態で積み込み、車内の電子レンジで加熱して、ごはんに盛って提供すれば良い。冷めた際に牛肉は、内部から脂が出て、豚肉以上に硬くなるという問題は、クリアされている。

(写真5.13)
松阪牛のスライスが盛られた「松阪牛重」。

「うな重」が姿を消した理由として、鰻の旬は6～7月頃であるため、通年で安定して供給することに、難があったのかもしれないと、筆者は考える。その点では、松阪牛であれば通年で安定して供給が可能である。

筆者は、伊勢志摩と聴けば、「伊勢エビ」をどうしても連想してしまうが、「伊勢エビ」を使用したメニューとして、「伊勢エビ風味味噌汁」が以前から提供されていた**(写真5.14)**。2020年(令和2年)6月以降に緊急事態宣言が解除された後は、的矢の牡蠣を使用した

「にゅうめん」が姿を消した替わりに、「海の幸ラーメン」が新メニューとして登場していた。このラーメンには、小ぶりながら伊勢海老が使用されている。伊勢海老の頭から出たエキスと、味噌味のスープが絶妙な味を演出していて美味かった**(写真5.15)**。お好みで、伊勢ラー油を入れて食べるようにしていたが、2022年5月に「しまかぜ」に乗車した際は、「海の幸ラーメン」は姿を消しており、代わりに「海老トマトクリームパスタ(ミネストローネ付き)」が、1,500円で提供されていた。

「トマトクリーム」というよりは、海老の旨味が詰まった濃厚なアメリケーヌソースを掛けたトマトクリームパスタという表現が妥当なメニューである。このパスタは、腰がしっかりいていて美味であると同時に、「これから伊勢志摩へ向かう」という気分を盛り上げてくれた。

「にゅうめん」**(写真5.16)**には、牡蠣のしぐれ煮が入っており、

(写真5.14)
「伊勢エビ風味味噌汁」は、伊勢エビの風味がする味噌汁であり、お椀に盛られて提供される。

(写真5.15)
2020年(令和2年)から提供されていた「海の幸ラーメン」。

(写真5.16)
牡蠣のしぐれ煮が入った「にゅうめん」は、姿を消してしまった。

あっさりした味であるだけでなく、価格も1,000円と比較的割安であった。伊勢エビであれば、6〜9月が旬であるが、牡蠣は1〜4月と9〜12月が旬であるため、夏場以外は安定した提供が可能である上、女性も好むような味であっただけに、残念ではある。

「しまかぜ」のビュッフェを利用して感心したことであるが、先ずコーヒーを注文した時、陶器のカップに金属製のスプーンを使用しているだけでなく、風味を維持した状態で提供したく、コーヒーカップの上に蓋をした状態で提供される**(写真5.17)**。このサービスなどは、完全にファミレスと差別化されていると言える。またコーヒーの種類も、ホットとアイスだけでなく、「ハワイコナブレンド」「ブルーマウンテンコーヒー」「有機栽培コーヒー」と一般的なブレンドコーヒーとなっており、種類も豊富であると言える。ブレンドコーヒー以外は、車内で1杯ずつ抽出して提供されている。

(写真5.17)
コーヒーを注文した際、風味を維持するため、蓋をして提供される。

ビュッフェでは、「スイーツセット」で提供されるコーヒーは、「有機栽培コーヒー」であるから、車内で1杯ずつ抽出して提供されており、ファミレスなどに対して差別化が図られている。

最後に通り抜けの通路であるが、平床式の車両と同一の床の高さとすることで、階段の昇降を伴わなくても、車両間の移動がしやすくなっている。これは2000年(平成12年)にバリアフリー法が施行されたため、鉄道車両も公共施設であることから、バリアフリーが要求されるようになったことが影響している。

(3) 個室へのルームサービス

「しまかぜ」の高付加価値サービスを示す事例として、ビュッフェの連結だけでなく、洋風個室、和風個室の導入が挙げられる。近鉄では、従来は個室を導入した実績は無く、「しまかぜ」で初めて、洋風個室や和風個室が設けられた。

個室を利用するには、個室券が別途に必要となるが、個室であれば高速バスでは絶対に真似ができないサービスである。それゆえ家族連れやグループ旅行には好評である。洋風個室・和風個室共に「伊勢志摩ライナー」のサロン席と同様に、窓が非常に大きくなっており、車窓の眺望を重視すると共に、明るい車内づくりを演出している。

洋風個室は、L字型のソファーが海の方向を向いて配置されている(**写真5.18**)。そして化粧用の座椅子と鏡が備わっている(**写真5.19**)。

一方の和風個室は、室内は絨毯敷きであり、靴を脱いで上がるようになっている。個人的には、畳敷きの方が「和室」という感じがするが、畳は酒などを零されたりすると、直ぐに痛んでしまうため、維持費が安くなる絨毯敷

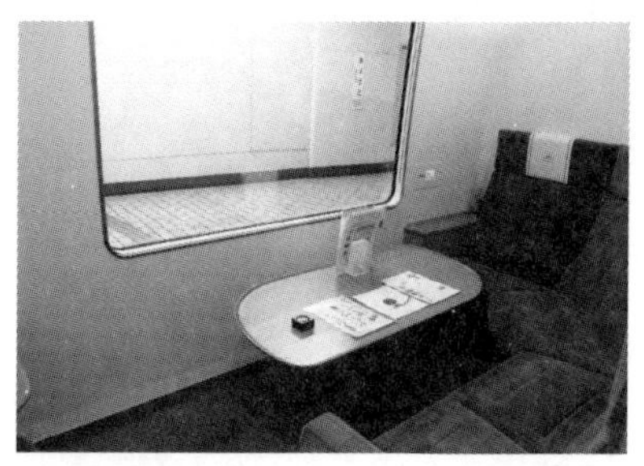

(写真5.18)
洋風個室には、「L」字型ソファーが備わる。

(写真5.19)
洋風個室には、身支度をするための鏡と、肘掛けの無い丸椅子が備わる。この椅子は定員外である。

きとし、障子窓などを採用せず、普通の巻取り式のカーテンを採用している。4人向かい合わせのテーブルと座椅子が設けられており、この椅子はリクライニングさせることが可能である(**写真5.20**)。

洋風・和風個室共に、室内に備えられたタッチパネルから食事や飲み物を注文すれば、各個室まで運んでもらえるルームサービスが実施される(**写真5.21**)。

(写真5.20)
和風個室の座席は、リクライニングさせることが可能である。

(写真5.21)
洋風・和風を問わず、「しまかぜ」の個室では、ルームサービスが実施されている。

洋風・和風個室の設けられた車両は、真ん中に扉が設けられており、反対側には6人用のセミコンパートメントが設けられた(**写真5.22**)。この車両も、洋風・和風個室と同様に、非常に大きな窓を有しており、明るく開放的な車内に仕上がっている。青緑色の落ち着いたモケットが採用され、4名から利用することができる。座席はリクライニングさせることはできないが、近鉄の関係者が言うには4名以上集まれば利用可能なため、ここがお薦めだという。但しセミコンパートメントには、タッ

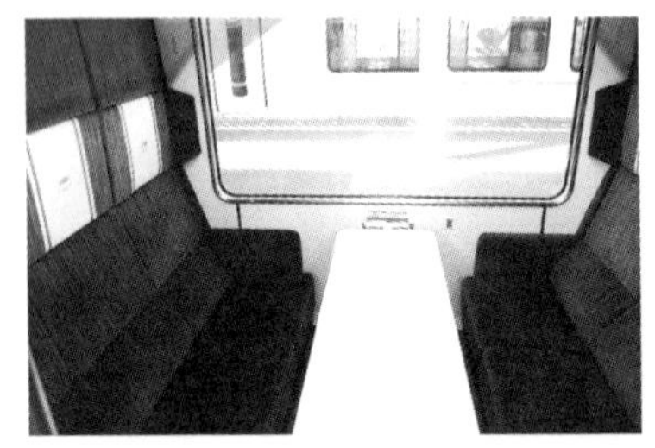

(写真5.22)
“セミコンパートメント”は、「伊勢志摩ライナー」の“サロン席”を発展させた感じの構造となっており、4人集まれば利用が可能である。

チパネルは備わっておらず、ビュッフェからのルームサービスを受けることはできない。

2 近鉄「青のシンフォニー」

(1) 苦労が多かった一般形電車からの改造

2013年(平成25年)3月のダイヤ改正から、観光特急「しまかぜ」が導入され、利用者には大変好評であり、翌2014年(平成26年)には、鉄道友の会からブルーリボン賞が贈られている。

このように「しまかぜ」が好評であるならば、利用者からは「南大阪線・吉野線にも「しまかぜ」のような、豪華な観光特急を運転して欲しい」という声が、起こって当然である。また近鉄内部からも、同様の意見が出るようになった。

南大阪線・吉野線の沿線には、吉野や飛鳥などの観光名所が多数点在するため、潜在的な需要が期待できるだけでなく、近年では吉野線の沿線は過疎化の進展や少子化などもあり、利用者が右肩下がりであることから、南大阪線・吉野線の特急の活性化は、課題であった。

但し南大阪線・吉野線に、豪華な観光特急を導入しようとなれば、これらの線区の特急列車は、桜のシーズンは臨時特急を増発したり、既存の特急も増結で対応しなければならないぐらい混雑するが、それ以外の時期は閑散としていることが多い。最近の近鉄は、秋の吉野山の紅葉を売り出すなど、桜のシーズン以外の活性化も模索するようになっている。

その一方で、南大阪線・吉野線の特急は、平日であっても時間帯による波動も大きいのが特徴である。特に朝のラッシュ時は、看板特急である「さくらライナー」も、2編成を繋いで8両編成として運転することで、通勤客の需要に対応している。

このような線区であれば、観光に特化した豪華な特急電車を導入するよりも、「汎用タイプの特急電車を増備した方が良い」という意見も、根強くあることも伺える。

そこで「青のシンフォニー」は、採算性を考慮した結果、既存の車両を改造する形で導入することが決定した。

「さくらライナー」がデビューして25年以上も経過すると、年齢構成も変わってしまったこともあり、アンケートの結果も沿線の特性から「歴史」・「文化」・「自然」に対する人気が高くなっていた。そして吉野や飛鳥へ出掛ける利用者層も、家族連れよりも熟年の夫婦や友人と出掛ける傾向が高いことが分かった。アンケート調査の結果を踏まえ、南大阪線・吉野線で運転する観光特急の開発コンセプトを、「ゆったりとした時間を楽しむ、上質な大人旅」、「大人同士でゆったり楽しむ観光列車」とした。

そうなると「しまかぜ」や「さくらライナー」のように、前面展望が可能な車両である必要はない。運転台や運転士、車掌などは「日常」となってしまい、望ましくないとなる。

(写真5.23)
「青のシンフォニー」の座席は、新設計の座り心地の良い座席が採用された。

「ゆったりとした時間を楽しむ、上質な大人旅」「大人同士でゆったり楽しむ観光列車」という開発のコンセプトを満たすとなれば、シックで落ち着いた内装であり、かつ座り心地の良い座席となる**(写真5.23)**。その際、オーディオなどは特に必要はないが、携帯電話やスマホが普及した今日では、コンセントは必須になる。

列車の愛称は、沿線の歴史・文化・自然・食などの魅力的で様々な観光資源と調和し、響き合いながら走る「青色の列車」をイメージして「青のシンフォニー」と命名された。車体色を青色に塗装するとしても、普通の塗装ではなく、高級感を漂わせたく、近鉄では初めてのメタリック塗装にしたという。

設計デザインに関しては、「上質な大人の旅」を楽しんでもらいたく、従来の近鉄車両にはない建築的な要素を採り入れるため、全日本コンサルタント(株)が担当した。

観光に特化した電車を導入するとなれば、南大阪線・吉野線での使用を前提とすると、定員が60～70名程度となり、観光特急であるからビュッフェも設ける必要がある。

南大阪線・吉野線用の特急として、16000系電車や16010系電車が存在しているが、2両編成ではビュッフェを設けると、輸送力が不足となる。反対に4両編成で運転すると、1両をビュッフェとしたとしても、輸送力が過剰になってしまう。そうなると3両編成が、妥当な輸送力となった。

南大阪線・吉野線の特急では、3両編成で運転される特急は皆無であった。そんな時期に、一般用の6200系電車の中でも3両編成の6221Fが、車体の更新時期に差し掛かっており、これを観光特急に改造することになった。種車は、1978年(昭和53年)に製造されたため、新製から37年が経過していたが、製造された当初から冷房が完備されていた。

「青のシンフォニー」は、運転台などの先頭車の外観は、種車の面影を残しながらも、正面には「青のシンフォニー」のエンブレムが装飾されている。また正面には、排障器もゴールドに着色した物を取り付け、気品があるデザインとしている。扉は1号車と3号車は、左右両側に1か所に減らされている。そして扉は、両開き式ではあるが、観光特急であるから、全員が座って旅行をすることが前提であるため、この部分の窓を小さくしたスリット状のタイプに交換されている**(写真5.24)**。

(写真5.24)
「青のシンフォニー」の出入り口の扉のガラスは、小型の物に交換されている。

車内は、観光特急用として種車の面影が感じられないぐらいにグレードアップされ、天井のラインデリアは撤去されたが、足回りなどは既存の6200系と変わらない[注2]。そして花見のシーズンは、「青のシンフォニー」では定員が少ないため、そのダイヤで既存の16000系電車などを用いて運転され、「青のシンフォニー」は臨時列車として使用される。

(2) 吉野地方・大阪南部の名産品の積極的な活用

座席やバーカウンター、テーブル、ソファーなどの内装品の製作は(株)近創が行い、車両の改造工事は近鉄車両エンジニアリング(株)が担当した。「青のシンフォニー」も、「つどい」と同様の近鉄グループが総力を挙げたチームが再結集している。

「青のシンフォニー」は、「しまかぜ」以上に「地産地消」が徹底しており、車内の座席のテーブルなどに、奈良県の福神産の竹を使用しているだけでなく、「青のシンフォニー」が運転される南大阪線・吉野線の沿線は、果物や地酒の名産地であるから、ビュッフェのメニューにも反映されている。

「青のシンフォニー」の軽食の中で最も人気が高いのが、「季節のオリジナルケーキセット」である**(写真5.25)**。価格は1,200円と少々割高ではあるが、沿線の季節の果物を使用したケーキが、コーヒー・紅茶とセットで提供されている。春夏秋冬でメニューが変わるため、このケーキセットを車内で食べることが目的で、「青のシンフォニー」に乗車する人もいるという。

(写真5.25)
「青のシンフォニー」の中でも、オリジナルケーキセットが最も人気が高い。

「季節のオリジナルケーキセット」は、陶器製の皿とコーヒーカップを用いてサービスされる上、各座席へ持って行って食べても良いことも、人気が高い要因である。

筆者自身も、ケーキセットを食べるのであれば、「しまかぜ」で食べるよりも、「青のシンフォニー」で食べる方が、グレードが高いと思っている。量は、「しまかぜ」の方が多いが、「青のシンフォニー」のケーキの方が、生地が凝っていたりする。生地に、ビスケットを盛り込んだり、栗のケーキにコーヒークリームが使用されたり、作り手の個性が感じられる。さすがは、大阪の都ホテルが監修しただけあると感じている。

(写真5.26)
「マカロンセット」は、価格が手ごろであるため人気がある。

その他として、「西吉野の柿のスイーツセット」や、「マカロンセット」**(写真5.26)**「「近鉄ふぁーむ ごちそうトマト」シャーベット」「吉野梨ジェラート」「いちごミルクジェラート 奈良県産いちご「古都華」」など、奈良県産の果物を使用したデザートが、多数提供されている。

「マカロンセット」は、奈良県大淀町産の日干番茶を使用した「番茶味」と、奈良県産のきいちごを使用した「きいちご味」が、コーヒー・紅茶とセットで提供される。

こちらは価格が680円と手ごろであることもあり、紙製の皿に紙製のコップでのサービスとなる。

食事系に関しては、「青のシンフォニー」は阿部野橋〜吉野間の運転であるため、乗車時間も1時間20分程度である。それゆえ「しまかぜ」のビュッフェほど、食事系のメニューは充実していない。それでも奈良県の郷土料理である「柿の葉ずし」と、「サンドイッチセット」が用意されている**(写真5.27)**。「サンドイッチセット」は、コーヒー・紅茶が付いてくる。最近では、「大和地鶏のカレー」が登場している**(写真5.28)**。プラスチック製の使い捨ての容器に、金属製のスプーンで提供されるが、「青のシンフォニー」がデザインされたミネラルウォーター

(写真5.27)
「青のシンフォニー」のビュッフェでは、食事系のメニューも販売されている。

もセットで、1,200円で提供される。

「しまかぜ」では、「松阪牛のカレー」が老若男女を問わず人気が高いことから、「青のシンフォニー」でも、「大和地鶏のカレー」は人気がある。

(写真5.28)
「大和地鶏のカレー」も、老若男女を問わず、人気が高い。

おつまみ系に関しても、奈良県産が多数用意されており、「吉野葛入り ごま豆腐」「葛城高原のモッツァレラチーズ」「大和肉鶏燻製」などがある。

吉野線に「葛」という駅があるが、吉野地方は葛の産地として有名である。葛を原料とした葛粉は、葛餅だけでなく、ごま豆腐を作る際、固めるために使用される。「青のシンフォニー」のスイーツ類は、洋風が多くて和風がほとんどなかった。

奈良県産の茶葉を使用した緑茶なども販売されていたことから、今後は吉野産の葛粉を使用した和菓子が誕生することを期待したい。

地酒・ワインに関しては、「しまかぜ」以上に充実している。奈良県は、地酒が有名であり、大阪府南部の河内地区は、ワインの産地でもある。人気は、「奈良の地酒(大吟醸)飲み比べセット」である。価格は2,000円と少々割高ではあるが、奈良県産の大吟醸の地酒3種類が、おちょこに入れてサービスされるため、地酒好きには堪らない。

それ以外に、「吉野の地酒 飲み比べセット」「御所・葛城・橿原の地酒 飲み比べセット」が、それぞれ1,250円である。こちらも3種類の地酒が、おちょこに入れてサービスされ**(写真5.29)**、「奈良の地酒(大吟醸)飲み比べセット」と同様に、白菜の漬物も提供される。

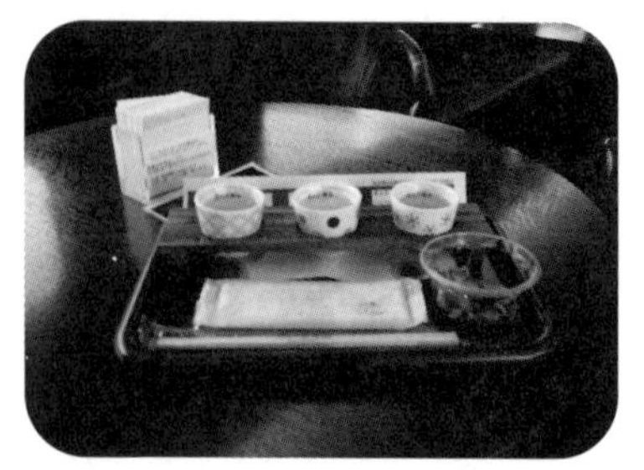

(写真5.29)
「青のシンフォニー」では、地酒セットも人気が高い。

吉野は桜の名所であることから、「さくらさらさら」という桜色をしたリキュールが販売された。このリキュールは、瓶の中に桜の花びらが入っており、ビュッフェでは、プラスチックの容器に氷を入れて提供された**(写真5.30)**。如何にも吉野らしいリキュールであるが、これも地元の酒造メーカーと共同で開発された。

(写真5.30)
「さくらさらさら」は、プラスチックのカップと氷がセットで提供された。

さらに薬水は梨の産地であるが、薬水で生産された「吉野梨」は、奈良県や大阪府ぐらいしか流通していないため、全国的に見れば知名度は低いが、味は鳥取県の「20世紀梨」と比較しても、決して遜色がない。

(写真5.31)
「吉野梨」を活用して、地元の酒造メーカーと共同で、スパークリングワインを開発している。

少しでも「吉野梨」を知ってもらいたいことから、「スパークリング リキュール吉野梨」**(写真5.31)**を、地元の大淀町の酒造メーカーと共同で開発を行った。また有名な吉野杉で作った升が付いた「梅乃宿 純米大吟醸一合瓶」が販売されている。

近鉄関係者は、「各地で地酒電車やワイン電車なども運行されていますが、「青のシンフォニー」は、地酒が大好きな人にとっては、非常に魅力的な列車です。そのため地酒が大好きな人に是非ともお薦めの列車です」と、「しまかぜ」とは別の魅力を強調された。

ワインに関しては、「河内醸造わいん」という名称で、赤・白のそれぞれが180mlの瓶で販売されている。ハイボールに関しても、吉野梨を使用した「シンフォニー・ハイボール」として販売されるなど、地元の酒造メーカーと共同で、商品開発を行っている。

結果的に、「しまかぜ」のビュッフェよりも、スイーツや地酒・ワインに関しては、より「地産地消」が鮮明になっているだけでなく、こちらに関しては「しまかぜ」よりも充実している。

これらのスイーツやおつまみ、地酒・ワインなどは、沿線の地元が製造しているため、「青のシンフォニー」を運行することで、沿線の地域経済が活性化される仕組みになっている。またビュッフェは、近鉄の子会社である近鉄リテーリングが運営しているため、「青のシンフォニー」の利益率は、収支が均衡するレベルであったとしても、近鉄グループ全体で見れば、増収増益となる。

「しまかぜ」「青のシンフォニー」のビジネスモデルは、他の鉄道事業者であったとしても、今後の参考になると言える。

(3) ビュッフェの窓を小窓化した理由

2号車のビュッフェであるが、窓は近鉄特急の伝統に反して小さいのが特徴である(**写真5.32**)。近鉄では、①窓のない座席は、絶対に造らない、②眺望の悪い座席も造らない、③可能な限り、窓を大きくする、が近鉄の特急電車を製造する上で、一種のポリシーとなっている。近鉄としては、鉄道車両らしさを無くして、高級ホテルのラウンジをイメージして設計している。

(写真5.32)
ビュッフェの窓は、近鉄特急の事例に反して小さくなっている。

近鉄関係者が言うには、「当初は、定員外の車両であるから、窓が無くても良いのではないか」という意見もあったとのことであった。近鉄としては、車内空間を楽しんでもらいたかったが、「窓が無いのはおかしい」という意見も多く出たという。

そこで6200系電車を用いて、車内にソファーなどを置いた状態で、どのような大きさの窓とするべきか検討を行ったという。近鉄関係者は、「6200系電車の窓に新聞紙を貼り、ソファーに座った状態で、外の眺望を確認しました。その結果、横長の形状が良いとなりました」と述べられた。

筆者自身も、「青のシンフォニー」に乗車して、ビュッフェでケーキなどの軽食や地酒などを購入しているので、ソファーに座わる機会を得ている。通路に立った状態であれば、外の景色は確かに見づらいが、景色を見るのであれば、自分の座席があるのだから、そこから見れば良い。

ソファーに座った状態であれば、眺望に関しては大きな問題は無いように感じた。またビュッフェ車の天井には、間接照明とレトロ調の照明が採用され、壁にはクリスタルガラスを使用した光り輝くブラケット照明としたことから、少々暗めではあるが、落ち着いた雰囲気の空間に仕上がっている**(写真5.33)**。

(写真5.33)
ビュッフェは、シックで豪華な内装が魅力的である。

「しまかぜ」のビュッフェは、家族連れなどが多く利用する上、伊勢志摩の南欧風のイメージを出すため、明るく開放的な雰囲気に仕上がっているが、「青のシンフォニー」は熟年夫婦や熟年女性の友人同士などをターゲットにしている。それゆえ正反対に、シックで落ち付いた車内空間に仕上がっている。

ビュッフェの客席には、20名分もの本革張りのソファーを配している。この20名分のソファーにも特徴があり、かつテーブルも丸テーブルと四角のテーブルが用意されている。丸テーブルには、独立した4脚の茶色のソファーが、テーブルを取り囲むように配置されている。丸テーブルは、2組用意されている。

一方、四角のテーブルであるが、窓側の部分はロングタイプのソファーとなり、通路側には独立した黒色のソファーが配置されている。

床面であるが、客室と同様に「丹後緞通」という極上の絨毯が敷かれているが、素材感や色柄を変えることで、客室とは異なったイメージを演出している。そして通路側には、揺れる列車内を歩くための安全対策として、全長に渡る真鍮製の手すりが設けられている**(写真5.34)**。これなども市販品を活用することで、コストを下げている。

(写真5.34)
ビュッフェの手すりは、建築用材を活用してコストダウンを図っている。

(4) 南大阪線・吉野線の活性化に向けて

①「青のシンフォニー」の導入効果

「青のシンフォニー」は、列車本体だけで利益を出すことよりも、先ずは吉野・飛鳥方面へ出掛けてもらい、南大阪線・吉野線の特急を活性化させることが主目的であった。南大阪線・吉野線の特急は、桜のシーズンは臨時列車を増発したり、定期の特急も増結して対応せざるを得ないぐらい混雑するが、それが終わると閑散としていることが多く、桜のシーズン以外の利用者を増やすことが課題であった。最近では、秋の吉野山の紅葉を売り出したり、5月頃は橘寺のぼたんを売り出すなど、近鉄も経営努力を行っているが、6月の梅雨の季節と冬場が課題である。

事実、冬場の平日の昼間の時間帯であれば、阿部野橋行き特急は、吉野発車時の乗客が1～2名程度しかいなかったり、全く乗客がいない状態で発車することも、決して珍しくない。下市口で5～6名程度の乗車があり、終点の阿部野橋へ到着する頃には、2両編成の車内に、合計で20名程度の乗客がいる状態にはなる。それでも乗車率は、2割を切る状態である。

「青のシンフォニー」の登場により、冬場の閑散期であっても、吉野発の時点で30名程度の乗客がいるなど、南大阪線・吉野線の特急の活性化には貢献している。特に、2015年(平成27年)11月11日に近鉄が実施した乗降客数の調査では、吉野駅の1日当たりの乗降客数は、449人しかいなかったことを考えると、「青のシンフォニー」の運行により、吉野駅の乗降客数は、約700名となったことから、目立って増えたと言える。

また近鉄系列のクラブツーリズムなどが、熟年向けに「青のシンフォニー」を利用した吉野・飛鳥周遊の旅行商品を販売するようになり、南大阪線・吉野線の活性化が実施しやすくなった。阿部野橋から吉野へ「青のシンフォニー」で向かう際、阿部野橋発車時には「満席」となっていても、実際には半分程度しか乗車しておらず、「突然、団体のキャンセルが発生したのか」と感じたことがあった。

実際は、飛鳥から団体の乗車があり、終点の吉野まで座席が埋まったことがある。飛鳥周遊は観光バスで行うが、飛鳥からは「青のシンフォニー」で吉野へ向かうという使われ方がされている。桜のシーズンは既に終わっていたが、「青のシンフォニー」に乗車することが、目的になりつつあると言える。

さらに言えば、「青のシンフォニー」の乗客であるが、他の特急から奪った訳ではない。近鉄関係者も、「他の特急の乗客は減っていません」と言うように、「青のシンフォニー」に乗車する目的で、阿部野橋から吉野へ行くのである。それゆえ「青のシンフォニー」だけが、「満席」になることが多い。

「青のシンフォニー」には、ビュッフェが設けられているが、ここは近鉄の子会社である近鉄リテーリングが営業しており、スイーツセットや地酒セットの売れ行きが好調であることから、近鉄グループ全体で見れば、「増収増益」に繋がっている。また吉野にある地元の酒造メーカーと共同で、吉野梨を使用したスパークリングリキュール、「さくらさらさら」などを開発するなど、鉄道は利用しないが、近鉄吉野線と「青のシンフォニー」が存在することで、便益を享受する人が生まれることになった。

吉野線は赤字であるが、自治体も財政事情が厳しいため、欠損補助を投入することに対して、根強い反対があることも事実である。それでも地元の企業と提携して新たな地酒やスイーツを開発することで、鉄道は利用しないが、鉄道が存続することで、便益を享受する人が増加する。また「地産地消」を実施することで、地元の企業の業績が向上すると同時に、新たな雇用を創出することにも繋がり、鉄道は赤字であるが、「便益」は赤字額よりも、遥かに多いという現象が生じるようになる。

そうなれば欠損補助を投入しても、鉄道を存続させた方が、沿線自治体にとっては有利となる。それゆえ、欠損補助を投入することに賛成する人が増えることに繋がる。

それゆえ日本各地で運行されているグルメ列車の運行には**(写真5.35)**、賛成の立場であり、それの応用発展型である「クルーズトレイン」[注3]に関しても、概ね好意的に見ている。これらの列車は、今まであまり鉄道に関心を示していなかった層を、新規の顧客とした

(写真5.35)
JR四国も、「伊予灘ものがたり」というグルメ列車を運行している(現在は、185系改造車となる)。

点を評価しなければならないと考えている。

事実、「青のシンフォニー」も、熟年夫婦や熟年女性の友人同士などの利用が多く、新規の利用者層を開拓したことに関しては、高く評価しなければならないと考える。

② 南大阪線・吉野線の第三の看板特急の導入

近鉄としては、特定の時期にのみ、観光客などが集中する現象に関しては、頭が痛い問題でもある。その特定の時期に対応するため、車両も所有しなければならないだけでなく、列車交換設備なども維持しなければならないからである。

そこで最近の近鉄は、この季節波動を小さくしたく、桜のシーズンが過ぎた後は、飛鳥にある橘寺のボタンや、吉野山の秋の紅葉を売り出している。さらに徐行区間が多く、高速運転ができない薬水～福神間に、職員が紅葉を植林して育て、10年後には紅葉の名所として、観光客を誘致したいと考えている**(写真5.36)**。

(写真5.36)
吉野線の沿線では、10年後には観光名所に育てる目的で、近鉄職員が紅葉を植えた。

ボタンの花は5月頃が見ごろである。近鉄では、飛鳥地方の橘寺に拘らず、南大阪線沿線にある当麻寺(たいまでら)のボタンも売り出している。事実、ボタンの花が見頃となるシーズンには、当麻寺に急行を臨時停車させて、観光需要を作る努力を行っている。

桜のシーズンの次は、ボタンの花を売り出すことは可能であるが、問題は6月や夏休みが終わった9月、初詣が終わった後の冬場である。

6月は梅雨の時期を迎えるため、南大阪線・吉野線に限らず、日本全体で人が移動しない時期であるが、6月はアジサイが美しい季節でもある。特に雨の中に咲くアジサイは美しいことから、吉野山へ向かう七曲りの道や久米寺のアジサイを売り出し始めている。その他として、吉野線沿線の寺院などと提携してアジサイを植えてもらい、観光資源として育て、売り出す必要がある。

事実、梅雨の時期の吉野線内の特急は、昼間は1編成で10名程度しか利用者がいなかったりするため、この時期の南大阪線・吉野線の特急の活性化が課題である。

9月の平日も、夏休みが終わるため、移動が少なくなる時期である。上旬は、未だ残暑が厳しいこともあり、ハイキングに出掛けにくい。下旬になっても、未だ紅葉も始まっていないだけでなく、台風のシーズンとなるため、出掛けにくい時期ではある。

この時期には、コスモスが見ごろを迎える。薬水～福神間は、近鉄職員が紅葉を植林して観光資源として、育てる努力を行ったことから、吉野線沿線に職員がコスモスを植え、観光資源化を図る必要がある。下市口で、輸送量が落ちることや、下市口～越部間はカーブがきつく、高速運転ができない上、吉野川が見えることから、コスモスを植えるには場所的にも良いかもしれない。

一番、近鉄が頭を抱えているのが、初詣が終わってから、桜のシーズンが始まるまでの時期である。この時期は寒いこともあり、出控える傾向が強い。近鉄では、冬に吉野へ観光客を誘致したく、「青のシンフォニー」と冬の吉野山をPRしていたりする。

吉野地方には、通年で観光客が呼べるような施設が脆弱である。また吉野駅の周辺には、観光施設などが殆ど無く、かつ吉野に限らず飛鳥地方も、夜に観光客を呼べるようなアトラクションが、殆ど無いことも筆者は問題視している。

筆者自身は、吉野山にはマイナーながら温泉もあるため、その湯を引いた公共浴場を吉野駅の近く設ければ、吉野への滞在時間が長くなると思っている。また吉野駅の駅舎は、大和棟の立派な建物であり**(写真5.37)**、吉野山にある蔵王堂**(写真5.38)**や吉水神社なども、ライトアップするなどすれば、夜であっても少しぐらいは観光客が誘致できると考える。

(写真5.37)
吉野駅の駅舎は、大和棟の風格のある建物である。

(写真5.38)
吉野山の観光名所の１つである蔵王堂。

「青のシンフォニー」で吉野へ来て、そのまま「青のシンフォニー」で阿部野橋へ折り返す人も多いため、「吉野の活性化」という視点で見れば、未だ緒に就いたばかりである。少しでも吉野駅周辺の店舗だけに限らず、吉野地方全体の消費を活性化させ、地域経済を潤わせる必要がある。

冬場に吉野へ観光客を誘致するには、吉野地方は地酒が有名であり、幸いなことに冬場に新酒ができることが多い。大和上市には、酒蔵などがあるため、大和上市駅の周辺で蔵開きや新酒の品評会を実施し、観光客を誘致することが、最も実施しやすい方法であると考える。酒が提供されることから、公共交通で出掛けなければならず、下市口～吉野間の利用者が少ない近鉄にとっては、大和上市までとは言え、利用者を増やすチャンスとなる。

それ以外に、近鉄という会社は、大阪に本社があるため、どうしても大阪目線で考える傾向にあるが、吉野地方に住む人を大阪や京都へ誘致する発想の転換も必要であると考える。

そこで吉野地方の人が、大阪や京都へ出掛けることを対象にした、「青のシンフォニー」とは別タイプの観光特急を導入しても良いと考える。

近鉄では、2020年(令和2年)3月のダイヤ改正で、大阪難波～名古屋間に「ひのとり」**(写真5.39)**がデビューし、特に東北・北海道・上越・北陸新幹線の"グランクラス"並みの設備を誇る"プレミアムシート"**(写真5.40)**が、非常に高い人気を誇っている。

「ひのとり」はビジネス特急であるから、ビュッフェなどの設備は設けられなかっただけでなく、車内販売も実施されていない。

(写真5.39)
2020年(令和2年)3月のダイヤ改正からデビューした「ひのとり」。

(写真5.40)
"プレミアムシート"は、JRの"グランクラス"並みの居住性を有する。

だがセルフサービスによる「スナックコーナー」として、挽き立てのレギュラーコーヒーと、スナック菓子の自販機が、備わっている**(写真5.41)**。近鉄は、マーケット調査を徹底して行う会社であることから、ビュッフェや車内販売が実施されなくても、大きな苦情はなく、この自販機による「スナックコーナー」は、概ね好評のようである。これがJRや他の民鉄にも普及するか、注目する必要がある。

(写真5.41)
「ひのとり」では、車内販売は実施しないが、スナックコーナーが設けられた。

16000系特急電車は、4両編成が1本、2両編成が2本の計8両を所有しているが、取り換えを迎える時期にあり、利用者からは「南大阪線・吉野線にも、「ひのとり」のような豪華な特急電車を導入して欲しい」という要望はあるだろう。

ただ「ひのとり」は、ビジネスマンを対象とした列車である上、2037年(令和19年)には、リニアが新大阪まで開業することを見込んで導入しているため、“レギュラーシート”の定員も少なくなっている。

南大阪線・吉野線の特急は、朝夕には「ホームライナー」的な使われ方をする上、「さくらライナー」の“デラックスシート”**(写真5.42)**は、阿部野橋から吉野まで通しで利用しても、特別車両料金が210円と割安であるにも拘わらず、初詣や桜の

(写真5.42)
“デラックスシート”の仕切り扉には、吉野産の杉が使用されている。

シーズンと、朝のラッシュ時に阿部野橋着の「さくらライナー」を除けば、“デラックスシート”まで満席になる列車はない。そのような状況であるから、より割高な“プレミアムシート”を導入しても、利用してもらえないかもしれない。

そうなれば「さくらライナー」と同様に観光に特化させ過ぎず、朝夕に通勤輸送にも使用することを前提とした車両とすれば良いだろう。

吉野から大阪・京都という都会へ向かうことから、こちらは車内をモダンな造りとし、かつ前面展望や眺望の良さを売りにした特急電車としたい。「しまかぜ」「ひのとり」は、近鉄の看板特急であるが、「前面展望」という視点で見れば、「さくらライナー」よりも劣ってしまう**(写真5.43)**。

(写真5.43)
「さくらライナー」の前面展望は、近鉄特急の中で最も優れている。

南大阪線・吉野線の特急は、朝夕の通勤輸送にも使用するため、「青のシンフォニー」のように全車をビュッフェとするのではなく、半室だけビュッフェとして、カウンターに簡易式の椅子を設けたので良い。「青のシンフォニー」は、洋風のスイーツ系などが中心であるが、新しい第三の観光特急は、和風のスイーツや食事、「青のシンフォニー」で扱う日本酒とは別の日本酒を提供すれば良い。夜は、帰宅客向けに酒やおつまみ類を中心に販売するようにしたい。

この特急電車も観光で使用することから、目玉は“デラックスシート”となるが、JR北海道のハイデッカーグリーン車のようなハイデッカー車**(写真5.44)**として、大型の曲面ガラスを採用して、吉野川や吉野・飛鳥地方の車窓を楽しんでもらう試みが必要である。ハイデッカー構造を採用すると言っても、高齢者も利用することから、スロープで対応するようにしたい。

(写真5.44)
JR北海道のハイデッカーグリーン車は、眺望が良好である。

往路は、「青のシンフォニー」を利用し、復路は第三の新型の観光特急という需要が生まれるだろう。このような組み合わせが誕生することで、クラブツーリズムなどは、新たな魅力のある旅行商品の設定も可能となり、それが吉野線の活性化に繋がると考える。

吉野線は、通勤・通学・通院などの生活路線としての機能を維持しつつ、「観光路線」として活性化させる必要があり、「青のシンフォニー」「さくらライナー」以外に、もう一種類の観光特急があっても良いように感じる。

③ 近鉄版「52席の至福」の導入

近鉄は、冬場の吉野への観光客の誘致が課題であると認識しているため、阿部野橋～吉野間で、西武鉄道の「52席の至福」**(写真5.45)**のようなグルメ列車を運行しても良いだろう。グルメ列車であれば、天候に左右されることが無い安定した需要が見込める。

西武鉄道の「52席の至福」は、車内に設けられた厨房で、フレンチやイタリアンのフルコースの食事が提供され(**写真5.46**)、熟年夫婦や女性の友人同士などから好評を得ている。

(写真5.45)
西武鉄道の「52席の至福」は、熟年夫婦などに、人気が高い。

西武鉄道では、ランチタイムとディナータイムの2本の「52席の至福」を運行している。南大阪線・吉野線沿線の景色は、西武秩父線よりも素晴らしいことに加え、大阪府南部や奈良県は果物の産地でもあるため、「地産地消」が進めやすい。

(写真5.46)
写真は、フルコースの肉料理。

南大阪線・吉野線で実施するとなれば、阿部野橋から吉野へ向かう往路は、都ホテルが調理したフレンチを提供するが、復路の吉野から阿部野橋へは、吉野山にある老舗旅館が調理した懐石料理を提供すれば、吉野地方の活性化にも繋がると同時に、人気が出ると考える。

グルメ列車で使用する車両も、西武鉄道と同様に一般用の電車を改造して、導入するのが良いと考える。

幸い、吉野線では、葛、薬水、大和上市以外の駅には、列車の交換設備が備わっているため、新たに「52席の至福」タイプのグルメ列車を運行するとしても、吉野線のダイヤ設定に関しては、支障を来すことは少ないと考える。

さらに言えば、時々、「青のシンフォニー」を使用した「ワイン電車」が、阿部野橋～橿原神宮前間で運転されている**(写真5.47、5.48)**。筆者は、夜の吉野の活性化が課題であるため、阿部野橋17:40の吉野行き特急を、「青のシンフォニー」に置き換えても良いと考えるだけでなく、阿部野橋～吉野間で、16010系特急電車を活用した「ビール電車」を運転しても良いと考える。

(写真5.47)
「ワイン電車」では、760mlのフルボトルのワインが提供される。

(写真5.48)
近鉄職員も、サンタクロースに扮して接客する。

特急料金を徴収して、阿部野橋を18:30ぐらいに発車して、吉野着19:50ぐらいのダイヤとしたい。吉野で20分程度、トイレ休憩を兼ねて停車させることで、駅前の売店も営業時間を延長するだろう。「ビール電車」の復路は、吉野を20:10に発車して、橿原神宮前、高田市、尺土、古市に停車させ、阿部野橋には21:40頃に到着させるダイヤが望ましい。

車内で提供する弁当などの食事は、近鉄リテーリングが提供すれば、近鉄グループ全体で増収増益に繋がると考える。

西武鉄道「52席の至福」

西武鉄道の西武秩父線では、「52席の至福」という4000系電車を改造した全席レストランスタイルの観光電車が、運転されている。

「52席の至福」では、車内で提供される料理の食材は勿論であるが、車内の内装材にも「地産地消」という考え方が、徹底している。

「52席の至福」の場合は、渓谷などの自然がモチーフとされたことから、内装に沿線の伝統工芸品や地元産の木材が使用されている。1号車以外の床には、特注の住之江織物のタイルカーペットが使用されたり、2・4号車の車内とデッキの仕切りには、秩父銘仙が使用されるなど、内装の調度品には高級な材料や素材が使用されている(**写真5.49**)。

(写真5.49)
2号車・4号車の客室には、高級な材料の素材が使用されている。

2号車は、埼玉県産の柿渋和紙を貼ったアーチ状の天井となったが、和紙には特殊な不燃処理が施されている。テーブルは、4号車と共通ではあるが、ローマタイルジャパン社製のものが採用された。

4号車の天井は、埼玉県飯能市、入間郡毛呂山町、越生町から産出されている杉や檜を貼ったルーバー状となったが(**写真5.50**)、不燃化の処理が施されている。

(写真5.50)
4号車は、天井などの雰囲気は異なるが、基本的な構造は2号車と同じである。

西武鉄道としては、単なる移動手段ではない、特別な体験を提供する、新しい時代の列車を造りたかった。そこで外装や内装は、建築家の隈健吾氏に依頼し、厳しい燃焼試験にクリアした柿渋和紙や西川材という地元産の杉を使用して、繊細な内装に仕上げることを心掛けたという。

車内で提供される料理は、フレンチやイタリアンなどの洋食のフルコースである。有名店や有名シェフが監修した料理が、季節替わりで提供されるが、価格はディナーコースの方が高くなる。

筆者は、2019年(平成31年)3月10日に「ブランチコース」を利用しているが、**表5.1**で示すような料理が提供され、見事に「地産地消」が実現していた。「ブランチコース」は、昼間に運転されるから、景色を見ながら食事を行う形で旅行ができる。

「ディナーコース」は前菜の皿が3つ続いて出て来た後、肉料理、デザートでコースが終わるが、「ディナーコース」の場合は、車窓からの眺めが期待できない分、車内でバイオリンなどの生演奏が行われるという。そうなると、それらも経費として嵩んでしまうことになる。また「ブランチコース」の肉料理は、豚肉か鶏肉が使用されるが、「ディナーコース」では牛肉になるから、材料代も上がってしまう。

表5.1
「52席の至福」で提供されたブランチのコースメニュー

種類	料理名
前菜	秩父の花畑　シーザーサラダのイメージで
パスタ	川越戸田農園のほうれん草とツブ貝のスープ
メイン	小江戸黒豚バラ肉とハーブ香るポルペッティ
デザート	レアチーズムースと2種のジェノワーズショコラ
ドリンク	よこぜのおいしい紅茶

出典：「52席の至福」で配布されたメニューを基に作成

「52席の至福」の主な利用者層は、熟年夫婦や中高年女性の友人同士が中心である。若年夫婦の利用や恋人同士がデートの場所として、利用もしている。

利用者も、6割ぐらいは女性である。これは別の見方をすれば、今まであまり鉄道に関心を示してくれなかった層を、開拓したとも言える。

「52席の至福」の運転に伴い、西武秩父駅周辺の施設を無料にしたり、割引を実施するなど、「52席の至福」を利用して秩父へ来た人を、少しでも周辺の施設へ誘致する動きが見られるようになった。

近鉄「あをによし」

2021年10月8日に近鉄は、京都～奈良～大阪難波を結ぶ観光特急「あをによし」を導入する旨を公表した。車両を新造するのではなく、定期運行を終了した12200系を改造して投入することになった。

改造に用いられた種車は、4両編成の12256Fである。この編成は、1975年にエリザベス女王が来日した際にだけでなく、昭和天皇や皇后陛下が乗車した編成であり、改造後は、19200系に形式が変更された。

改造は、車体の内装だけでなく、2号車は窓を非常に大きくするなど、鋼体も改造している**(写真5.51)**。車体色は、「奈良」への観光特急という用途から、平安時代に紫色が高貴な色とされたことを意識し、紫色のメタリック塗装となった。

(写真5.51)
2号車のサロンシートは、窓も非常に大きくなっている。

前面の貫通路と方向幕が撤去され、その場所には吉祥文様である花喰鳥をモチーフにしたエンブレムが取り付けられた**(写真5.52)**。

車内は、観光特急仕様に全面変更されており、1・3・4号車に「ツインシート」が設けられ、2名で利用することを原則としている。

(写真5.52)
貫通路や方向幕が撤去され、その部分にはエンブレムが設けられた。

(写真5.53)
欧州では、一般的な向かい合わせの"ツインシート"。

(写真5.54)
窓側に45度の傾斜が付いた"ツインシート"。

「ツインシート」も、欧州で見られる向かい合わせの座席**(写真5.53)**と窓側に向かって45度の角度を付けたタイプがある**(写真5.54)**。この45度という角度であるが、60度ではお互いの足があたってしまう。30度では、弁当などを置いた際、テーブルに上手く載らないこともあり、45度が妥当だと結論付けた。

このような「ツインシート」を設けた理由は、奈良で進行方向が変わるため、座席の回転を回避させるためである。但し、「ツインシート」

(写真5.55)
2号車には、定員3～4名の“サロンシート”が備わる。

(写真5.56)
2号車の一角には、ビュッフェも備わる。

の座席に関しては、座席のメーカーではなく、大阪市内にある家具メーカーに依頼して製作してもらった特注品である。

2号車は、京都～大和西大寺間では、通路は海側に設けられており、大和西大寺寄りに3～4名で利用するサロンシート(**写真5.55**)と、京都寄りに軽食・飲料などを扱う販売カウンター(ビュッフェ)が備わる(**写真5.56**)。

サロンシートの座席は、本革張りであるだけでなく、窓の寸法を縦が1.2m×横2mに拡大され(**写真5.57**)、若草山や大阪平野の眺望が良好である。それゆえ車体の強度を維持するため、サロン席とサロン席の間の柱を太くして、車体の強度を維持しているだけでなく、その部分に荷物置き場が設けられた(**写真5.58**)。

(写真5.57)
“サロンシート”は、座席が本革張りであるだけでなく、窓が非常に大きい。

(写真5.58)
“サロンシート”の太くなった柱の部分には、荷物置き場が設けられた。

1・3号車には、スーツケースなどが置ける大型荷物の置き場を備え、4号車は同様のスペースに「奈良」などに関連した書籍を備えたライブラリーを設置した。この設備は、「青のシンフォニー」から継承されている。

(写真5.59)
洗面台は、「信楽焼き」が使用され、「ななつ星in九州」の影響を受けている。

(写真5.60)
2号車の“サロンシート”の通路部分は、「ななつ星in九州」を模している。

バリアフリー対策も実施されており、3号車には車椅子の利用者のスペースと、トイレが拡大されている。また特筆すべき点として、洗面台には「信楽焼き」の陶器が使用され**(写真5.59)**、2号車のサロンの通路部の仕上がりが、「ななつ星in九州」と似ていた**(写真5.60)**。近鉄の関係者は、「ななつ星in九州」に乗車し、それを改良する形でフィードバックさせていると感じた。

「ななつ星in九州」は、一番安い“スイート”クラスであっても、2022年10月から、1泊2日の大人1人当たりの旅行代金が、40万円から65万円に値上げりしてしまい、庶民では手が出ない価格になってしまった。その点、「あをによし」であれば、少し頑張れば利用が可能であり、かつ「ななつ星in九州」よりも、インテリアは品が良い感じに仕上がっている。

観光特急として上質な旅を提供したく、座席数は4両1編成で84席となり、改造前の1/3程度となった。

「あをによし」は、2022年4月29日に営業運転を開始し、木曜日を除いて大阪難波～奈良～京都間に1往復、京都～奈良間に3往復運行されている。2022年12月からは、4往復となった。

「あをによし」のビュッフェであるが、座席などは設けられておらず、京都～奈良間が主な運行区間であるため、メニューも「しまかぜ」「青のシンフォニー」程、充実していない。また乗車時間が短いため、陶器の本格的なコーヒーカップや皿を使用するのではなく、使い捨ての食器類が使用されるが、「あをによし」のデザインが施された専用の物が使用される。これに関しては、近鉄では「乗車時間が短いため、可能な限り自分の座席を楽しんでもらいたい。また使い捨ての食器類を採用することで、カウンターまでの返却の手間が省かれ、食べ終えた際は、デッキにあるごみ箱へ捨ててもらえば良い」という回答を得た。

「あをによし」のビュッフェで目玉となるメニューが、シェラトン都ホテル大阪考案の「あをによしバターサンド　レーズン＆マロン」である。「あをによし」の車内でしか、販売されないオリジナル品である。箱は、「あをによし」の車体カラーをイメージして作られており、コーヒーか紅茶をセットして、1,000円で提供される**(写真5.61)**。

(写真5.61)
「あをによし」で人気が高い「バターサンド」。

それ以外に、まほろば大仏プリン(カスタード)が400円、大和抹茶ジェラートも400円であり、どちらも奈良県産の素材をふんだんに使用している。まほろば大仏プリンは、最高級の生クリームをたっぷり使用し、なめらかなプリンに仕上げている。ガラスの容器に入って提供され、鮮度を維持するため、冷蔵ケースに入れて保存されている(**写真5.62**)。

(写真5.62)
「大仏プリン」や「バターサンド」は、冷蔵ケースに入れて販売される。

アルコール類に関しては、クラフトビールは近鉄リテーリングが奈良市内で醸造所を構え、自社で飲みやすいビールを製造している。

日本酒に関しては、奈良県や京都府の伏見は、地酒の本場であることから、奈良市が産地の「豊祝」が180mlサイズの瓶で、京都市伏見の「英勲 古都千年」が300mlの瓶で、それぞれ650円で販売されている。また「あおによし」は、大阪府も走行するため、「青のシンフォニー」で好評である、河内醸造ワインも赤と白が750円で提供される。

ソフトドリンクでは、奈良県は果物の本場でもあることから、奈良県内で季節毎に採れる果物などで作るフレッシュジュースが、300円で提供される。

近鉄も、特急の車内販売は、「しまかぜ」を除けば実施されていないが、ビュッフェは「しまかぜ」「青のシンフォニー」「あをによし」で営業しており、「地産地消」が実施されている。

特に「青のシンフォニー」「あをによし」では、奈良県産の食材をふんだんに使用したメニューが考案され、好評を得ている。

3　東武鉄道「スペーシア」

(1) 国鉄と繰り広げた東京～日光間の競争

東武鉄道は、1956年(昭和31年)に運用開始した1700系特急電車により、東京(浅草)～日光間の優位性を確保した。当時の国鉄も、同年に各車に160PSのエンジンを2基搭載したキハ55系準急形気動車を導入して、東京～日光間の所要時間の短縮を図っていた。

東京都区内から日光への旅客争奪戦は、「日光戦争」と呼ばれ、今日までも語られる有名な話である。東武鉄道は、1700系特急電車の導入により、国鉄より僅かではあったが、競争上では優位に立っていた。

だが国鉄は、東北本線の宇都宮までと日光線の電化を行い、それが完成した暁には特急「こだま」に投入された151系電車並みの設備を持った豪華な新型車両を導入する計画を進めており、東武鉄道は危機感を持っていた。

当時の東武鉄道にとっては、浅草～日光間への観光客輸送は、会社の屋台骨に相当する最有力路線であった。ここでの競争に敗れるようなことになれば、浅草～鬼怒川温泉間の観光客輸送に頼らざるを得なくなる。温泉観光地であれば、景況により需要が左右される不安定さがある。

そこで東武鉄道では、以下に掲げる5つのコンセプトを基に、国鉄に対抗する新型の特急電車の開発を進めた。

① 国鉄の151系電車と比較して、居住性が優れ、特に外国人観光客に好まれるものである

② 曲線・勾配における加減速性能の中でも、特に高速域におけ

る加減速性能を高くして、勾配区間の均衡速度において、他の車両の追随を許さないものである

③ 車両の編成全体の形状・構造において、優美・斬新・スピード感に溢れ、しかも格調高いものである

④ 電気装置・駆動装置、その他の諸装置は堅牢であり、かつ高性能である

⑤ 車体の軽量化を図る

東武鉄道が危機感を持った国鉄の動きであるが、DRC1720系電車**(写真5.63)**が完成する1年前の1959年(昭和34年)9月22日に日光線が電化され、東京(新宿)〜日光間には、157系電車による全車座席指定の準急「日光」が運転開始している。

(写真5.63)
東武鉄道のDRC1720系電車の外観は、ボンネット型であった。

この157系電車であるが、準急用として登場したことから、歯車比などは前年に登場した153系電車と同じで、加減速性能も加味した電車ではあったが、車内設備は冷房が無い点を除けば、特急形の151系電車と比較しても遜色の無い水準であった。

そうなると東武鉄道としては、速達性の優位性だけでなく、国際

的な観光地である日光方面への外国人利用者にも対応した車内設備を備えなければ、足場が浅草という下町にある東武鉄道は、国鉄との競争に勝てないと考えた。

DRC1720系電車の性能は、既存の1700系電車のモーターを改良し、中速域〜高速域の性能向上を図ることにした。DRC1720系電車の最高速度は、110km/hと国鉄の151系電車と同じではあるが、設計上の最高速度は165km/hに向上している。起動時の加速度は2.3km/h/s、減速度も常用で3.7km/h/sと、通勤電車に匹敵するぐらいの高性能を有している。

歯車比は3,75と国鉄の特急電車並みであるから、高速性能を重視した設計となっている。但しモーターの1時間当たりの定格出力が75kWであり、定格回転数が1,600 rpmであるから、国鉄の特急形の151系電車が120kwのモーターを搭載していたことと比較すれば、出力が小さいと言える。

東武鉄道では、DRC1720系電車を全車電動車とすることで、編成全体のモーターの出力を1,800kwに維持した。それにより、通勤電車並みの加減速性能や、日光線の急勾配区間の登坂性能を確保するだけでなく、全界磁定格速度が66km/hと高い上に、最弱め界磁率を20%とすることで、高い高速性能を維持した。

DRC1720系電車のマスコンは、直列10段、並列8段、弱め界磁5段、発電制動17段からなっており、日光線内には25‰の急勾配が介在することから、勾配抑速ブレーキを装備していた。

車体の外観であるが、国鉄の151系特急電車は、ボンネット型の丸みを帯びた流線形であるのに対し、DRC1720系電車はボンネット型のイメージも残しながらも、ヘッドライトなどの部分には、角形のイメージも採り入れている。つまり当時の高級乗用車であった日産セドリックをイメージさせる斬新な外観であり、このような外観をした特急電車は、それ以降も製造されていない。

(2) DRC1720系電車のサービスのグレードアップ

DRC1720系電車は、1960年(昭和35年)10月9日から、浅草～東武日光・鬼怒川温泉間で営業を開始した、豪華な特急電車である。

DRC1720系電車の車内設備は、当時の国鉄151系特急形電車の一等車(現:グリーン車)を、意識して設計されている。

車体の塗色は、ロイヤルマルーンとロイヤルベージュという渋みのある塗り分けであるが、これも国鉄の151系特急形電車のクリーム色と臙脂色の2色塗りを意識していたと言える。

製造当初から冷房完備であり、屋根上には分散式のキノコ形のクーラーが搭載されており、車両長は東武鉄道の優等車両としては、初めて20m級となっている。

乗客の印象を左右する座席であるが、国鉄の151系電車の二等車(現:普通車)のシートピッチが910㎜であった当時であっても、DRC1720系電車の座席は、国鉄の151系電車の一等車(現:グリーン車)並みのフルリクライニングシートが備わっていたことから**(写真5.64)**、20年以上、時代を先取りしていた。

(写真5.64)
東武鉄道のDRC1720系電車の座席は、国鉄のグリーン車並みであった。

リクライニングシートであるが、現在のようなガスオイルロック式の無段階のリクライニングシートや電動式のリクライニングシートではないが、国鉄151系電車の一等車(現:グリーン車)並みのフットレストを備えた3段階にリクライニングする座席であり、明るいオレンジ色の段織のモケットが採用されるなど、国鉄151系電車の一等車並みであった。

国鉄・JRのグリーン車の標準的なシートピッチは、現在でも1,160㎜であるが、DRC1720系電車のシートピッチは1,100㎜と遜色がなく、体格の大きい外国人が利用したとしても、ゆったりと寛げるサイズであった。また国際観光地である日光へ向かう特急電車であるから、座席を向かい合わせにした際でも、テーブルが使用できないと具合が悪い。

当時の国鉄の一等車(現:グリーン車)は、ひじ掛けの外側にテーブルが設けられており、それを引き上げて使用するタイプであったが、ひじ掛けには灰皿が備わっており、それを使用した際でもテーブルを使えるようにしたため、安定性という面では難があった。

その点で言えば、DRC1720系電車のテーブルは、窓側に折り畳み式のテーブルが設けられており、安定性が良いだけでなく、テーブルも大きいため、使いやすかった。DRC1720系電車の後継車となる100系「スペーシア」も、テーブルのスタイルは継承されている。

側窓は、当時の国鉄の一等車(現:グリーン車)と同様に、固定式の単窓が並んでいる。国鉄のグリーン車などは、乗客のプライバシーにも配慮するため、単窓となっているが、東武鉄道も浅草~下今市間で利用するビジネスや用務客への配慮もあったのだろう。

(写真5.65)
DRC1720系電車には、ジュークボックスを備えたサロンが、備わっていた。
撮影:松本正敏(RGG)

DRC1720系電車で、特筆すべき車内設備やサービスと言えば、「サロンルーム」**(写真5.65)**と「ビュッフェ」

(写真5.66)
DRC1720系電車には、ビュッフェが2か所も備わっていた。
撮影：松本正敏（RGG）

(写真5.66) である。ライバルである国鉄が1959年（昭和34年）に投入した157系電車には、売店は備わっていたが、ビュッフェなどは無く、特急「こだま」であっても、食堂車はあったが、「サロンルーム」などは無かった。

「サロンルーム」(注4)であるが、浅草から3両目の4号車に設けられ、8個の回転式の椅子とジュークボックスを備えたフリースペースであり、DRC1720系電車の利用者であれば、自由に利用することが可能であった。

「サロンルーム」は乗客の気分転換になり、かつ日光・鬼怒川温泉までの旅が退屈することなく、過ごすことができるため、好評ではあったが、1980年代の後半になれば、従来のドーナツ版のレコードから、CDへと切り替わる過渡期であった。

そうなるとジュークボックスで使用するレコードの入手が、困難となっただけでなく、当時はバブル期でもあったことから、日光観光だけでなく、鬼怒川温泉で会議をする企業などの需要も多く、座席数を増やす必要性もあった。

そのような理由から、1989年（平成元年）に「サロンルーム」は、普通の座席に改造される形で、消滅している。

列車の供食設備として、浅草～日光・鬼怒川温泉間は、所要時間が1時間40分程度であるから、食堂車を設けるほどではない。そこでビュッフェが設けられたが、1編成当たり2号車と5号車の2

箇所に設けるなど、東武鉄道は供食に力を入れていた。ビュッフェは、車両の1/4ぐらいのスペースであったが、電気冷蔵庫、ジュースクーラー、コーヒーメーカー、生ビールの販売機などが設置されていた。「ビュッフェ」というよりも、喫茶店に近い雰囲気であった。

現在の「スペーシア」のビュッフェは、使い捨ての食器類を使用して、電子レンジなどで加熱して提供しているが、昔のDRC1720系電車のビュッフェの写真を見ると、陶器製のコーヒーカップや、ガラス製のコップを使用していたことが分かる。さらに列車に乗車すると、係員が座席まで注文を取りに来て、注文した飲食物を座席まで届けるサービスを実施していた。

このようなサービスは、かつて小田急の特急ロマンスカー**(写真5.67、5.68)**でも実施されており、「シートサービス」という視点で見れば、関東の民鉄の方が関西の民鉄よりも進んでいたと言える。

(写真5.67)
小田急の7000系特急電車。

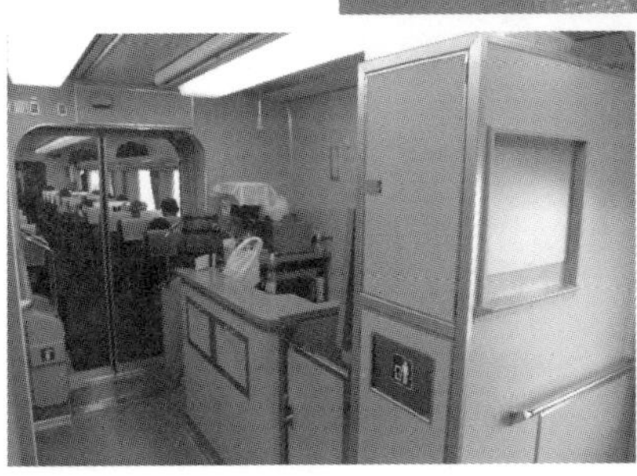

(写真5.68)
7000系電車に備わっていたシートサービスの拠点。

やはり関東には、日光や箱根という国際観光地があるため、外国人の利用者も意識していたと考える必要があると、筆者は思っている。

浅草〜日光間を結ぶ特急列車であるから、当然のことながら外国人の利用が多い。そうなると配慮しなければならないのが、トイレである。DRC1720系電車では、和式のトイレだけでなく、洋式のトイレも設けられていた。

(写真5.69)
A寝台車には、洋式トイレが備わっていた。

当時の国鉄では、洋式のトイレまで設けられていたのは、一等寝台車(現:A寝台車)だけであったため**(写真5.69)**、このような面でもDRC1720系電車は、時代を20年も先取りしていたと言える。

その他の設備として、デッキと客室との仕切り扉として、自動ドアが採用された。当時の国鉄の151系電車であっても、仕切り扉は手動式であり、DRC1720系電車は日本の鉄道車両として最初に自動ドアを採用した車両である。

DRC1720系電車は、1960年(昭和35年)のデビュー以来、30年間使用された。使用される期間が長期に及ぶと、保安基準などの法令は、絶えず変化するため、それに適した仕様に変更することを余儀なくされるだけでなく、車両の陳腐化なども進行するため、車内設備などは、更新されてきた。

ただ空調などは、30年近く使用していると、不具合が顕著になる。また日本人の体格や生活水準の向上もあり、後継車の導入が検討されるようになり、1990年(平成2年)6月に、100系「スペーシア」がデビューすると、翌1991年(平成3年)8月31日に、DRC1720系電車は、惜しまれつつ引退した。

(3)「スペーシア」の現状と今後の課題

1990年(平成2年)に、東武鉄道ではDRC1720系電車に代わる新型の特急電車として、100系「スペーシア」を導入した**(写真5.70)**。

当時はバブル期であったことから、車両設計のコンセプトとして“Fast & Pleasure”を掲げた。前面は、DRC1720系電車と同様に非貫通型であるが、DRC1720系電車が日産セドリックに似た外観であったのに対し、スピード感が感じられる流線形であり、何となく300系新幹線電車と似ている。

(写真5.70) DRC1720系電車の後継車である100系「スペーシア」。

車体は、軽量化と低重心化を図るため、東武鉄道では初めてアルミ合金製となった。「スペーシア」も、全車が電動車であるが、車体の重量は35.5t ～ 37.5tと、電動車であっても、軽量化されている。そして高速安定性を維持するため、重心を下げる設計となった。東武鉄道も、通勤電車ではステンレス製の車体の車両もあるが、加工しやすい鉄製の車体の車両が多い。アルミ合金の車体を採用したのは、「スペーシア」が最初である。

東武鉄道では、客室の静粛性を特に配慮した結果、床部分の厚さがDRC1720系電車の50㎜から130㎜と分厚くなり、非常に静寂な車内環境が実現している。また大出力のモーターが搭載されたことも、車内の静寂性の向上に影響している。

「スペーシア」では、主電動機は1時間定格出力150KW、定格回転数3,330RPMのかご形三相誘導電動機を、1両当たり4個装備する全車電動車方式である。編成として、DRC1720系電車よりも約2倍の高出力となったのは、将来的に130㎞/hの高速運転を想定しているからである(注5)。また日光線の北側には、25‰の勾配と曲線が連続することも、影響している。「スペーシア」の走行は、DRC1720系電車とは異なり、余裕があるように感じられる。

「スペーシア」の車内は非常に洗練されており、銀座東武ホテルのデザインを手掛けたこともあるロバート・マーチャントが、車内の内装のデザインを担った。

1～5号車の座席は、2-2の横4列の座席配置で、DRC1720と同様に回転式のリクライニングシートが採用され**(写真5.71)**、シートピッチも1,100㎜、全座席にフットレストが装備されているが、背ずりが高くなった。その結果、長身の人であっても、頭まですっぽりとホールドされるようになった。

(写真5.71)
「スペーシア」も、JRのグリーン車並みの水準の座席が継承された。

座席に関しては、JR東日本の在来線特急のグリーン車並みであり、床全面に絨毯が敷かれている上、洗練されたデザインであることを加味すると、「スペーシア」の方が、グレードが高く感じられる。

デビューした当初は、ヘッドレストにスピーカーが内蔵され、オーディオのサービスが実施されていたが、ワンセグなどの普及もあり、2001年(平成13年)に終了し、その後スピーカーは撤去された。だが「スペーシア」の座席には、コンセントは備わっていない。

浅草寄りの6号車には、4人用の個室が6室設けられている**(写真5.72)**。「スペーシア」は、バブル期にデビューしているため、ホテルの客室を意識した設計である。床面全体に絨毯が敷かれ、大理石のテーブルが採用されたため、ホテルの一室にいるようで高級感がある。

(写真5.72)
「スペーシア」には、4人用の個室が備わる。

この個室は、JR東日本の新宿へ乗り入れる列車では、JR線内ではグリーン個室という扱いとなる。デビューした当初は、ビュッフェ**(写真5.73)**からのルームサービスが実施されていたため、壁に埋め込まれたマイクに向かって、注文する仕組みであった。その他、オーディオや電動で操作するブラインドなども設置されていた。その後、ビュッフェからのルームサービスが廃止されたため、

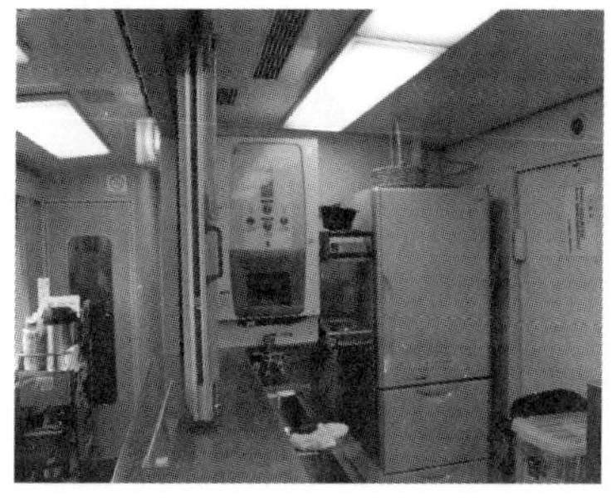

(写真5.73)
「スペーシア」にもビュッフェは備わるが、営業していない。

オーディオと一緒に撤去されている。

「スペーシア」の供食設備としては、3号車に半室構造ではあるが、ビュッフェと自動販売機がある。DRC1720系電車は、2号車と5号車にビュッフェが設けられていたことを考えると、「スペーシア」では合理化されたと言える。

ビュッフェにはサービスカウンターが設けられており、かつてはここには英会話のできる「スペーシア」のアテンダントが乗車しており、主に外国人観光客向けにサービスを行っていた(注6)。サービスカウンターは、ワゴンによる車内販売の基地として使用されていた。

「スペーシア」は、JRのグリーン車並みの座席や個室車両、ビュッフェも備えた豪華特急でもある上、近未来的な外観などもあり、1990年(平成2年)に通商産業省グッドデザイン商品(注7)に選定され、1991年(平成3年)に鉄道友の会から、ブルーリボン賞を受賞した。

ビュッフェの営業であるが、デビューした当時は東武ホテルが担当しており、個室だけでなく、一般席へもシートサービスを実施していた。『鉄道ジャーナル』1990年11月号を見る限りでは、ガラスのコップや陶器製の皿にプリンを盛り付け、金属のスプーンを使用して、個室へシートサービスを行っている写真が掲載されている。

浅草～東武日光や鬼怒川温泉間は、距離的にも短いため、当時も飲み物を主体としたメニューで営業をしていたような感じであるが、筆者は「スペーシア」がデビューした1990年(平成2年)6月に「スペーシア」に乗車し、ビュッフェでホットコーヒーを注文したが、プラスチック製の容器で提供されたことを覚えている。個室の乗客には、より上質な形で飲食物を提供していたか否かは、正直分からない。

現在、ビュッフェの営業は、車内販売と同様に、中止になっている。営業していた頃は、子会社の東武商事が担当しており、カウンターでは、ホットドッグ、焼きそば、たこ焼きなどの軽食や、冷たい生ビール・飲み物・おつまみ・アイスクリームだけでなく、「スペーシア」関係のグッズを販売していた**(写真5.74)**。

(写真5.74)
「スペーシア」のビュッフェは、実質的に売店の機能に近かった。

ホットドッグや焼きそば、たこ焼きなどの軽食は、電子レンジで加熱調理されるため、使い捨ての容器で提供され、没個性的であるだけでなく、近鉄の「しまかぜ」「青のシンフォニー」のように、地産地消を打ち出していない。

栃木県はイチゴの産地でもあり、日光では湯葉が名物でもあることから、栃木県の名産品を取り扱うなど、もっと地域色を出して欲しいと思っている。

(写真5.75)
「スペーシア」のビュッフェは、お客様が来た時だけ営業していた。

「スペーシア」のビュッフェは、常時営業している訳でもなく、お客様が来た時だけ、カウンターを開けて営業する感じであり**(写真5.75)**、車販基地という方が妥当なぐらいであった。

車内販売は、かつてワゴンにより実施され、交通系電子マネーによる決済が可能であり、ビールなどの酒類やおつまみ、清涼飲料

(写真5.76)
「おつまみセット」は、お買い得であった。

水、スナック菓子だけでなく、「スペーシア」限定のお土産や、季節限定の弁当なども販売されていた。またおつまみと酒の各種セット商品**(写真5.76)**も販売されており、別々に購入するよりも、セットで購入した方が50円程度割安になるような価格設定であった。

(写真5.77)
2021年(令和3年)3月のダイヤ改正までは、小田急も車内販売を実施していた。

2021年(令和3年)3月から、小田急では特急ロマンスカーで実施されていた車内販売が廃止されたこともあり**(写真5.77)**、現在では東武鉄道の「スペーシア」も、車内販売が中止になった**(写真5.78)**。

「スペーシア」の座席には、コンセントは備わっていないが、情報化時代に対応して各号車には、「TOBU FREE Wi-Fi」に対応したインターネットWi-Fi回線が、2015年(平成27年)11月から装備されている。

(写真5.78)
「スペーシア」でも、車内販売が実施されていたが、現在では中止になっている。

「スペーシア」も、1990年(平成2年)のデビューから、30年以上が経過しており、東武鉄道は、2021年11月11日に次期特急電車の構想を発表した。形式はN100系であり、名称は「スペーシアX」である**(写真5.79)**。新型特急では、より観光特急として特化する方向性であり、6両編成で定員が212名に減少する。座席などは6種類用意され、浅草寄りの先頭車には、定員7名の“コックピットスイート”**(写真5.80)**が1室と、4名用のコンパートメント**(写真5.81)**が4室備わる。4人用のコンパートメントは、ソファーが「コの字」に配置され、可変式のテーブルが用意されるという。日光・鬼怒川温泉よりの1号車には、“コック

(写真5.79)
東武鉄道が導入する次世代特急N100系(イメージ図)。
提供:東武鉄道株式会社

(写真5.80)
浅草寄りの先頭部分に設けられる“コックピットスイート”(イメージ図)。
提供:東武鉄道株式会社

(写真5.81)
定員4名のコンパートメントの室内(イメージ図)。
提供:東武鉄道株式会社

(写真5.82)
日光・鬼怒川温泉寄りに設けられる“コックピットラウンジ”（イメージ図）。
提供：東武鉄道株式会社

(写真5.83)
2号車に設けられるJRのグリーン車に相当する“プレミアムシート”（イメージ図）。
提供：東武鉄道株式会社

(写真5.84)
3～5号車に設けられる“スタンダードシート”（イメージ図）。
提供：東武鉄道株式会社

ピットラウンジ”**(写真5.82)**となり、1人掛け、2人掛け、4人掛けのソファーが用意され、様々な旅行のニーズに対応する考えである。2号車には、“プレミアムシート”が設けられる**(写真5.83)**。2-1の横3列の座席配置で、シートピッチが1,200㎜になる。座席には、ひじ掛け内蔵のテーブルが備わるという。3-5号車には、“スタンダードシート”が設けられ**(写真5.84)**、シートピッチが1,100㎜と現在の「スペーシア」と同水準であるが、各座席にはコンセントが完備される。また肘掛けの幅が薄くなることで、1人分の座席の横幅が拡がるという。

5号の一部には、半個室感覚になる“ボックスシート”が設けられる。1人分の座席幅が80㎝になることから、ゆったりと座ることができるという。

N100系では、1号車の“コッ

クピットラウンジ”の一角に、カフェカウンター(**写真5.85**)が設けられるという。また情報化時代であるから、無料のWi-Fiも提供される。

(写真5.85)
1号車の“コックピットラウンジ”の一角に設けられるカフェカウンター（イメージ図）。
提供:東武鉄道株式会社

東武鉄道にとっては日光だけでなく、鬼怒川温泉や東武ワールドスクエアは、重要な観光地でもある。また鬼怒川線を活性化させるため、「SL大樹」(**写真5.86**)を運行している。日光・鬼怒川方面への観光需要を創出するためにも、ビュッフェは自家用車などと差別化を図る上で、重要であると言える。

(写真5.86)
東武鉄道は、鬼怒川線を活性化させるため、SLの運行を開始した。

近鉄の「しまかぜ」や、JR東日本の「サフィール踊り子」では、個室の乗客に対しては、ルームサービスを実施している。この場合、個室は食堂車やビュッフェの隣に位置している。東武鉄道の次期特急電車でも、個室は継承されるため、ルームサービスは復活させるべきだと言えるが、カフェカウンターがあるのは1号車であり、個室は6号車である。ある程度の金額になるか、セットメニューなどに限定して実施しないと、人件費が嵩んでしまうことや、要員の確保も大変である。

N100系電車のメニューに関しても、栃木県の名産品を使用した、栃木県らしいメニューを開発するべきだと考える。

幸いなことに日光・鬼怒川温泉には、金谷ホテルという名門ホテルが存在する。そのホテルと提携して、洋食系ではカレーライスやハヤシライスなどを提供すれば良い。和食系であれば、日光や鬼怒川温泉の老舗旅館と提携して、栃木県らしいメニューを開発する必要がある。

地酒などのリキュール類も同様である。そして陶器製のコップや皿、ガラス製のグラス、金属製のスプーンやフォークなどを使用するべきである。DRC1720系電車時代は、そのような形でサービスが提供されていた。

その点で言えば、近鉄の「しまかぜ」「青のシンフォニー」は、メニューや素材に関しても、「地産地消」が徹底されており、東武鉄道も近鉄のこれらの列車を、参考にする必要があるように感じる。

(注1) 当時の電車は、直流直巻式のモーターを使用した抵抗制御の電車であったことから、現在の交流モーターを使用したVVVF制御の電車と比較して、床下の機器類も大きくて嵩張る傾向にあった。それゆえ水タンクを搭載するスペースを確保することが厳しく、電子レンジで加熱が可能な使い捨ての容器が使用されていた。

(注2)「青のシンフォニー」の台車も、空気ばね台車ではあるが、「しまかぜ」で導入されているフルアクティブサスペンションなどは、導入されていない。

(注3) クルーズトレインは、寝台車だけでなく、食堂車・車内販売などの全てのサービスが出揃わないと、成り立たない列車であり、クルーズトレインを研究して、そのノウハウをフィードバックすることが、食堂車・ビュッフェ、車内販売の復活に繋がると、筆者は考えている。

(注4)「サロンルーム」には、電話室が設置されていたが、列車電話用の地上設備の設置が進まず、サービス自体は見送られていたが、1987年(昭和62年)になってカード式の公衆電話が設置される事となり、電話室として機能するようになった。

(注5) 当時の最高運転速度は110km /hであったが、現在は120km /hに向上している。

(注6) 現在は、アテンダントは乗務しておらず、外国人への観光案内は実施していない。

(注7) 現在は、公益財団法人日本デザイン振興会のグッドデザイン賞である。

今後の食堂車のあり方

1 今後、食堂車が復活しやすい領域

(1) 東海道・山陽新幹線

2000年(平成12年)3月のダイヤ改正により、グランド「ひかり」の食堂車の営業が廃止されたことに伴い、現在の新幹線では食堂車の営業も行っていなければ、連結された列車もない。

その後、2011年(平成23年)3月5日のダイヤ改正からは、東京〜新青森間で運行されるE5系「はやぶさ」には、“グランクラス”という従来のグリーン車よりも上質なサービスを提供する車両が導入され、営業を開始した。[注1]

長距離区間を運用する列車には、割高な「グランクラスA」料金が適用されるが、専任のグランクラスアテンダントが乗務し、東北・北海道・北陸の各新幹線の沿線の食材を用いた軽食と茶菓子、ソフトドリンクだけでなく、ワイン、地酒、ビールなどのアルコール飲料も、無料で提供される。軽食が提供されるため、食堂車まではいかないが、シートサービスとも言えなくもない。

軽食は、和軽食(**写真6.1**)か洋軽食(**写真6.2**)の選択が可能であり、上下の列車ごとにメニューを変えるだけでなく、季節毎にメニューが変更される。

(写真6.1)
“グランクラス”で提供される和軽食。

“グランクラス”は、定員は18名(横1–2の3列で、縦が6列)であり(**写真6.3**)、E5系・H5系は10号車、E7系・W7系は12号車という編成の端部に設けられており、車内の通り抜けが無いため、非常に静か

な空間が確保されている。

座席の表地には、本革が使用されており、疲れにくく座り心地の良い座席とするため、人間工学に基づき、設計されている。E5系・H5系は、JR東日本と日立製作所・川崎重工業車両カンパニー・レカロが共同で開発した。E7系・W7系は、トヨタグループのトヨタ紡織が開発したものを採用している。

(写真6.2)
“グランクラス”では、洋軽食も提供されている。

(写真6.3)
“グランクラス”は、1–2の横3列の豪華な座席が並ぶ。

シートピッチは、従来のグリーン車が1,160㎜であったのに対し、1,300㎜と非常にゆったりとしているため、フットレストではなく、レッグレストになった。シート幅も、従来のグリーン車が475㎜であったのに対し、“グランクラス”は520㎜となっている(注2)。LED式の読書灯のほか、最大45度まで倒せる電動リクライニング機構・電動レッグレスト、可動式の枕、スマホ用のコンセントが備わっている。床の絨毯は、ウール製である。

車内設備は、毛布・スリッパ・アイマスクなどのアメニティーグッズが、乗客に配布される。そして備え付けの新聞や雑誌が用意されている。

車外サービスとして、2015年(平成27年)12月21日より、東京駅八重洲中央口の改札口向かいに、グランクラス利用客専用のラウンジ「ビューゴールドラウンジ」が設置され**(写真6.4)**、当日乗車する列車の出発予定時刻の90分前から利用可能で、受付にて当日乗車するグランクラスの指定券を提示すれば利用が可能である**(写真6.5)**。

(写真6.4)
東京駅の八重洲口には、"グランクラス"専用のラウンジが備わる。

このラウンジは年中無休で、営業時間は8～18時、座席数は34席が設けられており、JR東日本のグループ会社である日本ホテルが監修している。ラウンジでは、ソフトドリンクが飲み放題であるだけでなく、軽食が提供される**(写真6.6)**。またラウンジ内では新聞・雑誌・時刻表が備え付けられており、その他に無線LAN、手荷物預かりもある。

(写真6.5)
専用ラウンジには、豪華なソファーが備わる。

今後の新幹線への食堂車の復活に関してであるが、北海道新幹線は2030年(令和12年)には、札幌までの延伸開業が予定されている。その際、最高運転速度が360km/hに引き上げられ、東京～札幌間を3時間45分で結ぶことも計画されている。

(写真6.6)
専用ラウンジでは、コーヒーや軽食が提供される。

そうなると食事の時間帯にも掛かる

ため、食堂車を連結しても良いと感じるが、東北新幹線の区間では、終日、混雑しているため、新規に食堂車を組み込むとなれば、ホームを延伸しなければならず、それには莫大な費用が必要となるため、JR東日本やJR北海道は躊躇するであろう。

上越新幹線は距離が短いため、食堂車を連結する必要性もない。北陸新幹線であるが、2024年(令和6年)には、敦賀までの延伸開業が予定されている。敦賀まで延伸開業したとしても、東京からの所要時間が3時間程度であり、かつ金沢で輸送量が落ちるため、ホームを延伸してまで、食堂車を設けることは、JR東日本やJR西日本は考えないだろう。

九州新幹線であるが、新大阪～鹿児島中央間を直通する新幹線は、所要時間が3時間45分も要するため、食事の時間帯には入る。

だが博多や熊本で段差が生じることもあり、全室の食堂車の導入は考えにくい。かつて「ウエストひかり」では、半室のビュッフェが導入されていたこともあるため、それの復活であれば、可能性が無い訳ではないだろう。

そう考えると、新幹線で食堂車が復活する可能性が高いのは、やはり東海道・山陽新幹線になる。

コロナ前の東海道・山陽新幹線は、慢性的に混雑しており、JR東海も「定員1,323名の遵守」をJR西日本に課していたぐらい、輸送力重視にせざるを得ない環境にあった。

だがコロナ禍により、政府のいう「不要不急の外出の自粛」の奨励や、テレワークやZoomミーティングの普及もあり、コロナ後は「従来のような経営環境には戻らない」という考えもある。

ただテレワークやZoomミーティングが普及したとしても、ビジネスの商談や苦情の処理などは、実際に顔を合わせて打ち合わせをしなければ、信用が得られない。それゆえ筆者は、幾分は需要が減

(写真6.7)
リニア中央新幹線は、2027年(令和9年)に品川〜名古屋間の開業が予定されている。

るかもしれないが、コロナ後に東海道新幹線の需要が半減することは、無いと考えている。

それよりも東海道新幹線の需要を半減させる要因として、リニア中央新幹線の存在が大きいと見ている **(写真6.7)**。リニア新幹線は、2027年(令和9年)に品川〜名古屋間の開業が予定されており、2037年(令和19年)には新大阪までの延伸開業が予定されている。

リニアが新大阪まで開業すれば、東海道新幹線からリニアへ、ビジネスマンがシフトするため、東海道新幹線にも輸送力にゆとりが生じることになる。

そうなると東海道・山陽新幹線にも、グリーン個室や食堂車が復活する可能性も出てくる。新大阪でリニアと山陽新幹線を乗り継ぐ需要も生じるであろうが、東京〜岡山間や東京〜広島間であれば、リニアの駅は地下の深い場所に建設されるため、乗り換えによる時間的ロスも生じる。それならば「東京から東海道・山陽新幹線で出掛ける」という人も、それなりにいる筈である。

ましてや路線の9割がトンネルであり、速いだけが取り柄のリニアよりも、個室グリーン車でゆったりと寛ぎながら、食堂車からのルームサービスを受けて、旅行したい需要は当然のことながら存在する。

東海道・山陽新幹線が、食堂車が復活する可能性が最も高いが、今すぐという訳ではなく、リニアが新大阪まで全線開業した際、東海道新幹線の輸送力にもゆとりが生じる時に、大きな変化が生じることが予想される。

(2) 寝台夜行列車

東京から九州間を結ぶ寝台夜行列車は、2009年(平成21年)3月のダイヤ改正で、惜しまれつつ廃止された。末期の頃は、食堂車やロビーカーなどは無く、かつ「はやぶさ」と「富士」が、東京～小倉間を併結で運転されるという寂しい姿であった。

確かに1950年代の後半のように、航空機や新幹線が発達していなかった時代は、鉄道が長距離旅客輸送の主役であったことから、需要が旺盛であったと言える。その後、1975年(昭和50年)3月10日に、新幹線が博多まで延伸開業しただけでなく、1970年代の後半になれば、航空機が大衆化したため、長距離旅客輸送の主役は航空機に移行した点は、無視できない事実である。

それでは東京～九州間を結ぶ寝台夜行列車の需要が無くなったかと言えば、かつて上野～札幌間を結んでいた寝台特急「北斗星」「カシオペア」や、大阪～札幌間を結んでいた寝台特急「トワイライトエクスプレス」の人気が高かったことから、潜在的な需要は期待できると、筆者は考えている。

「北斗星」「カシオペア」「トワイライトエクスプレス」は、従来の寝台夜行列車のように、単なる移動手段ではなく、その列車に乗車することが目的と化していた。

(写真6.8)
豪華1人用A個室寝台“ロイヤル”。写真は「北斗星」。

これらの寝台特急には、従来のA個室寝台車を上回る1人用A個室寝台“ロイヤル”**(写真6.8)**や、2人用A個室寝台“スイート”**(写真6.9)**を備えただけ

(写真6.9)
「トワイライトエクスプレス」では、2号車の真ん中にも"スイート"が設けられた。写真は、展望"スイート"。

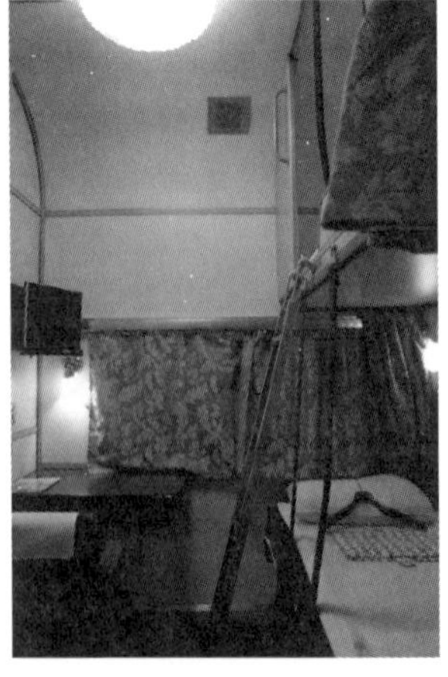

(写真6.10)
2人用A個室寝台"ツインデラックス"。二段式の寝台が、室内に備わっていた。

でなく、食堂車ではフレンチのフルコースのディナーが提供されるなど、従来の寝台特急のイメージを払拭した、豪華な寝台特急であった。

寝台特急「北斗星」の運転が開始された時は、当時は世界最長と言われた青函トンネルが開通したことに加え、バブル期であったことから、最高級であるA個室寝台"ロイヤル"から売れる人気列車になるなど、話題性も手伝ったことは確かである。

ただ車内設備も、従来の開放型の寝台が中心であったところを、1人用A個室寝台"ロイヤル"、2人用のA個室寝台"ツインデラックス"**(写真6.10)**に加え、1人用B個室寝台"ソロ"**(写真6.11)**と2人用B個室寝台"デュエット"**(写真6.12)**が連結され、ロビーカーにはシャワールームを備えるなど、列車の設備面でも魅力が向上したことは確かであった。

(写真6.11)
1人用のB個室寝台"ソロ"。「あけぼの」タイプは、部屋が狭かった。

(写真6.12)
2人用のB個室寝台"デュエット"。グループ客などに人気があった。

寝台特急「北斗星」がデビューした翌1989年(平成元年)には、JR西日本が大阪〜札幌間を結ぶ豪華寝台特急「トワイライトエクスプレス」をデビューさせた**(写真6.13)**。「トワイライトエクスプレス」は、「北斗星」を更にグレードアップさせた編成であるだけでなく、ダイヤもビジネスユースを無視して、日本海に沈む夕日を眺めるのに都合が良い時間帯に設定された点が、従来の寝台夜行列車と根本的に異なる点である。

(写真6.13)
1989年(平成元年)にデビューした豪華寝台特急「トワイライトエクスプレス」。

車内設備も、「北斗星」で好評であったA個室寝台“ロイヤル”は引き続き導入されただけでなく、“ロイヤル”を更にグレードアップさせた2人用A個室寝台“スイート”が、デビューしている。

(写真6.14)
ソロ”をグレードアップさせたB個室寝台“シングルツイン”。

B個室寝台車も、“ソロ”や“デュエット”を更にグレードアップさせた“シングルツイン”**(写真6.14)**と2人用B個室寝台“ツイン”**(写真6.15)**がデビューしている。そして「トワイライトエクスプレス」の目玉の1つとして、4

(写真6.15)
“デュエット”をグレードアップさせた“ツイン”。

(写真6.16)
「トワイライトエクスプレス」の“サロンデュノール”は、豪華な雰囲気が魅力であった。

(写真6.17)
“サロンデュノール”で食事をすれば、食堂車のような雰囲気がした。

号車には非常に大きな側窓を持つ、“サロンデュノール”**(写真6.16)**というサロンカーが、導入された。この車両の大きな窓から、日本海に沈む夕日を見ることが、この列車の売りの1つでもあった。

パブタイムになると、ここで食堂車から注文した料理を食べる人もいるなど、食堂車のような雰囲気もあった**(写真6.17)**。

「北斗星」「トワイライトエクスプレス」が好評であったことから、JR東日本は1999年(平成11年)に、全車が2人用のA個室寝台車からなる豪華寝台特急「カシオペア」を、デビューさせた**(写真6.18)**。

この列車は、E26系客車という完全な新造車が投入されただ

(写真6.18)
「カシオペア」は、全寝台車が2人用のA個室寝台車である。

けでなく、12号車のロビーカー兼電源車（**写真6.19**）以外は、全て二階建ての客室構造を有することが特徴である（**写真6.20**）。「カシオペア」では、1号車の車端部の“スイート”以外は、メゾネットと言われる二階がリビング（**写真6.21**）で、階下がツインベッド（**写真6.22**）を備えた構造になっている。

（写真6.19）
「カシオペア」の最後部は、ロビーカー兼電源車である。

この列車のコンセプトは、「列車の旅を楽しむ」であり、完全な

（写真6.21）
メゾネットタイプの“スイート”は、二階がリビングになっている。

（写真6.20）
「カシオペア」は、客室のある全車が二階建て構造である。

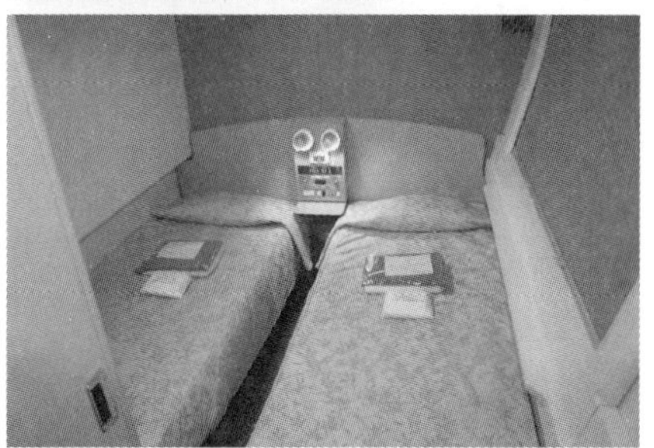

（写真6.22）
メゾネットタイプの“スイート”の階下は、ツインベッドが並んだ寝室である。

新造車になったことから、乗り心地と防音性が大幅に向上した。

「北斗星」「カシオペア」「トワイライトエクスプレス」は、車内の居住性は向上しているが、全て機関車牽引の客車列車であるから、加減速性や最高運転速度の面で、ハンディーがあった。特に首都圏では、列車密度が高いこともあり、機関車牽引の客車列車では、朝夕のラッシュ時には、通勤電車などのスジを痛める危険性が高いだけでなく、現在の東京駅には機回し線が無いことから、客車は使用しづらい。

クルーズトレインである「トランスイート四季島」「トワイライトエクスプレス瑞風」は、機関車牽引の客車列車ではない。前者は、EDC方式という電化区間は架線から集電して走行するが、非電化区間は搭載されたディーゼルエンジンで発電した電気でモーターを回して走行するシステムが、導入されている。

後者は、両端の先頭車・食堂車・ラウンジ車に搭載されたディーゼルエンジンで電気を起こし、モーターを回して駆動するシステムである。

これらのクルーズトレインは、ディーゼルエンジンが搭載された両端の先頭車の電源だけでなく、「トワイライトエクスプレス瑞風」の食堂車・ラウンジ車の防音性も、良好な水準になっている。

今後、東京〜九州間に寝台夜行列車が復活する場合は、東京〜鹿児島中央間や東京〜宮崎間は電車方式になるが、東京〜長崎間は新幹線が武雄温泉〜長崎まで開業したことから、長崎本線の肥前浜〜長崎間の架線が撤去されたこともあり、EDC方式で導入することになるだろう。

東京〜九州間に寝台夜行列車を復活させるとなれば、A個室寝台“スイート”“ロイヤル”の組み込み比率を上げざるを得ないが、九州へ向かう寝台夜行列車では、北海道へ向かう寝台夜行列車のように、「日本離れした車窓を楽しみたい」という需要が期待できないこともあり、全車A個室寝台にはできない。

そうなるとB個室寝台車を組み込む必要があるが、より居住性の高い“シングル”“ツイン”などになるだろう。

食堂車とロビーカーの連結は不可欠であるが、食堂車の夕食はメニューを絞り込んで、フレンチのフルコースディナーか会席御膳から選択できるようにするべきだろう。この場合、A個室寝台車のお客様に対しては、和食はルームサービスを実施するようにしたい。

ディナーが終了すれば、パブタイムを実施すれば良いだろう。幸いなことに九州には、各地方で郷土料理があるだけでなく、焼酎の本場であるから、パブタイムはかつて運転されていた「北斗星」「カシオペア」「トワイライトエクスプレス」よりも、充実することが予想させる。

筆者は、ディナーはフレンチのフルコースなどを提供するため、割高になる面は否めないが、それだけでは割高だと感じる人のため、予約なしで利用が可能であり、かつアラカルトなどの一品メニューが選べるパブタイムがあることで、公平なサービスが提供できていたと考えている。

朝食に関しても、予約が不要であるだけでなく、洋朝食と和朝食を用意して、A個室寝台車の利用者には、和朝食のルームサービスを実施すれば良いと考える。

東京〜鹿児島中央間や東京〜宮崎間の寝台夜行列車では、夕食・パブタイム、朝食以外に、昼食の時間帯に掛かる可能性がある。昼食は、主にアラカルトを提供すれば良いが、A個室寝台“スイート”“ロイヤル”の乗客には、それ専用のメニューを用意して、ルームサービスを実施しても良いだろう。

これは6章で紹介する「トワイライトエクスプレス瑞風」で実施

(写真6.23)
「トワイライトエクスプレス瑞風」では、各個室が食堂車のように機能する。

しているサービスであるが、2日目の昼食は個室で食べることになるが、通路側の壁が撤去され、個室がそのまま食堂車のように機能する**(写真6.23)**。

定期の寝台夜行列車として復活した場合も、“スイート”クラスのA個室寝台では、実施しても良いかもしれない。

上野～札幌間や、大阪～札幌間、大阪～青森・函館間も、寝台夜行列車の需要が期待できる区間であり、復活させる必要があるだけでなく、東京～松山間は「サンライズ瀬戸」が、臨時で延長運転された程度であるが、潜在的な需要は期待できる区間である。

上野～札幌間や大阪～札幌間で、寝台夜行列車を復活させるとなれば、新函館北斗～東室蘭間が非電化であることから、EDC方式を採用しなければならない。

幸い、「トランスイート四季島」は大きなトラブルが無く、冬季であっても安定して稼働している。両端の先頭車には、非電化区間を走行する際の発電用のエンジンを搭載しており、上野駅などで見学をしていると、エンジン音が非常に煩く感じる**(写真6.24)**。

(写真6.24)
「トランスイート四季島」は、ホームにいるとディーゼル発電機の音が煩く感じられる。

だが展望ラウンジに入ると、エンジン音が全く感じないぐらい、車内の静寂性が担保されている**(写真6.25)**。本

(写真6.25)
「トランスイート四季島」のラウンジ内では、ディーゼル発電機の音を全く感じることが無いぐらい、車内は静寂である。

(写真6.26)
「トランスイート四季島」は、電動車であっても車内は静かであり、客車と遜色がない水準にある。

音を言えば、ここに“スイート”や“ロイヤル”などの上級A個室寝台を設けても良いぐらいであるが、発電用のエンジンや燃料タンクなどを搭載しているため、車重が65tと重いこともあり、重量が嵩む水タンクを搭載しなければならない“スイート”や“ロイヤル”の設置は無理である。

また電動車であっても**(写真6.26)**、モーターや空気コンプレッサーの音なども全く気にならず、防音性が良いと言われるE26系客車よりも、遥かに良かったぐらいである。それゆえA個室寝台“スイート”や“ロイヤル”を電動車に設けて、B個室寝台“シングル”や“ツイン”を付随車として、二階建て構造にすれば良いだろう。

食堂車であるが、「カシオペア」のマシE26は、二階建て構造で登場したこともあり、眺望の良い二階建て構造で導入しても良いと考える。

上野～札幌間は、ディナー、パブタイム、朝食を提供することになるが、これは「北斗星」「カシオペア」のスタイルを踏襲したので良い。大阪～札幌間は、下りがランチ、ディナー、パブタイム、朝食となり、上りが喫茶、ディナー、パブタイム、朝食を提供することになるが、こちらも「トワイライトエクスプレス」のスタイルを踏襲したので良い。

東京〜松山間で寝台夜行列車を運転するとなれば、電車方式でA個室寝台“スイート”と“ロイヤル”に加え、食堂車とロビーカーを組み込むことになる。ダイヤは、下りは東京発が21時頃になり、松山着が9時前ぐらいになる。上りは、松山発が21時過ぎであり、東京着9:30頃が良い。そうなると食堂車は、時間帯から考えて、パブタイムと朝食になるため、通路を挟んで4人掛けテーブルと4人掛けテーブルのレイアウトとしたい。

朝食も、「北斗星」「カシオペア」「トワイライトエクスプレス」ほど、豪華にする必要がなく、和朝食と洋朝食を1,000円程度で提供するようにすれば、良いと言える。

(3)「カートレイン」

「カートレイン」とは、乗客が持参した自動車を、乗客と一緒に1本の列車に仕立てて、輸送するシステムである。俗にいうところの、カーフェリーの列車版であり、運転実績として、以下に挙げる2つがある。

①国鉄・JRが運行していた臨時列車
②英仏海峡トンネルを含めた欧州の列車の1つ

わが国では、1985年(昭和60年)7月27日から、当時の国鉄が乗用車をワキ10000という有蓋貨車に積載する形で、旅客は当時余剰になっていたナロネ21(**写真6.27**)に乗車させる形で、汐留〜東小倉間で運行を始めたのが、最初の「カートレイン」である。

(写真6.27)
ナロネ21は、晩年になっても快適そのものであった。

「カートレイン」に乗車するには、起点と終点となる駅が「汐留」や「東小倉」であるから、一般の旅客には馴染みがないため、自動車(自家用車)を持参しないと利用できない上、「カートレイン」の専用企画切符を購入しなければならなかった。

この「カートレイン」は、自動車の積み下ろしを実施するため、途中駅での乗車および下車は、不可であった。

当時の国鉄には、二段積みで自動車が10台積載可能なク5000という貨車があったが、その貨車では最高運転速度が85km/hに制限されてしまう。これでは汐留〜東小倉間の列車として使用するには、無理があった。また屋根などの覆いが無いため、自動車を破損・汚損する危険性が高いことから、使用には不適と判断された。完成した自動車は、二段積みの専用貨車で輸送されるが、その時は完成した自動車に傷などが付かないように、マスキング用のフィルムで覆われた状態で輸送される。

幸か不幸か当時の国鉄には、100km/h走行が可能な有蓋車であるワキ10000と、ナロネ21という開放型のA寝台車が存在していたため、これらを用いて「試行」という形で、運転を開始した。「カートレイン」には、食堂車は連結されなかったが、これは食堂車の余剰車が無かったことも影響している。汐留〜東小倉間は、1,000kmを超えることから、汐留駅のホームで弁当や飲み物の販売などが実施されていた。

ワキ10000へ積み込む際は、安全性を担保するため、燃料タンク内の燃料を走行に支障のない最小限の量にしなければならなかった。また車検証の車両寸法に含まれない装備がある場合は、それらを取り外した上で積載するようにしていた。またLPG(液化プロパンガス)を燃料とする自動車は、積載できなかった。

1990年代は、**表6.1**のような「カートレイン」が、主に東京・名古屋〜広島・北九州間、東京〜北海道間、北海道の札幌〜釧路間で運行された。運行が継続された列車もあれば、中には一度限りで終わった列車もある。

表6.1　かつて運行されていた「カートレイン」の概要

列車名	運転区間	使用車両	列車種別	備考
「カートレイン九州」	最初は汐留〜東小倉間、後に東京側は恵比寿、最後は浜松町。1987年(昭和62年)3月からは、は恵比寿(後に浜松町)〜広島間の利用を認める。	最初は、ナロネ21が2両、電源車カヤ21が1両、ワキ10000が4両。1985年(昭和60年)12月からは、ナロネ21が1両とワキ10000が3両加わる。1987年(昭和62年)3月からは、広島止まりのワキ10000を2両増結した。1994年(平成6年)からは、14系客車のB寝台車に変更。	初回だけが急行で、それ以降は特急	(登場時は、「カートレイン」)。B寝台車に置き換えられ、代金(寝台料金)が下がり、定員が少し増加。
「カートレイン北海道」	恵比寿〜白石、後に東京側は浜松町に変更。	24系B寝台客車が4両(電源車を含む)ワキ10000が5両。	特急	
「カートレインユーロ名古屋」	熱田〜東小倉間	12系客車が1両(電源車)、「ユーロライナー」用の客車が2両、マニ44形4両	急行	ユーロライナーの展望車であるスロフ12を組み込んだ編成で運用されたこともある
「カートレインさっぽろ」	東青森〜白石間	14系座席車2両とワキ10000形6両	急行	1999年(平成11年)夏期のみ

出典:『鉄道ジャーナル』などの各種文献を基に作成

1980年代後半から1990年代初頭までは、特に「カートレイン九州」に関しては、発売日前日の夜から指定券を買うため、徹夜でみどりの窓口の前で並ばなければ入手できないほど、人気が高かった。

その理由として、運賃＋料金（特急・寝台料金、自動車輸送料金）は、東九フェリーより若干高くなるが、航空機とレンタカーを組み合わせたジェット&レンタカーという旅行商品より、大幅に割安な金額に設定されていたことも、大きな要因である。

「カートレイン九州」の運行は、1日1本のみであり、東京（最後は浜松町）と小倉（東小倉）を、共に夕方前に出発して、翌朝10時ごろに到着する。

このダイヤを、東京〜門司間で運航する東九フェリーのダイヤと比較すると、東京を夕方に出航すると、翌日の朝に徳島に到着する。ここで乗客や海上コンテナやシャーシ、トラックなどを積み下ろしのため、3時間程度停泊する。そして徳島から門司へ向かうことになるが、東九フェリーは太平洋へ出て、高知の沖合を通過する形で門司へ向かう。

読者の方々は、「瀬戸内海を航行すれば、距離が短くなるではないか」と思われるかもしれない。瀬戸内海では行き交う内航船が多い上、明石海峡の方へ迂回を強いられるなどの運航上の制約がある。それゆえ太平洋側を経由して、運航せざるを得ないなどの制約もあるため、門司への到着は翌々日の昼前になってしまう。

そうなると九州を自家用車で旅行したい人や、運送会社の方々には「カートレイン」を利用する利点があった。

だが現在は、「カートレイン」の運行は全て終了している。「カートレイン」が衰退した理由としては、搭載が可能な自動車は、全長4,670㎜、車幅1,700㎜、車高1,985㎜までという制約が、大きく影響した。

5ナンバーでも、長さや高さがこれを超える自動車は、搭載が不可能であった。特に1990年代以降は、3ナンバーの乗用車が増えただけでなく、ミニバンやSUVが普及した。

「カートレイン」には、これらの自動車は積載が不可能であるため、利用者から敬遠されるようになった。また食堂車の連結が無く、弁当・飲料水・菓子類などの車内販売も実施されなかったことも、筆者は人気が衰退した大きな要因であると考える。

供食に関しては、発着駅もしくは指定された駅では、駅弁は販売していたが、途中駅などでは購入することができないなど、供食サービスに関しては、脆弱であったと言える。その他、車両(寝台車など)の老朽化や、ワキ10000では5ナンバーの大きさの自動車が3台までしか、積載ができないため、生産性が低いという要因が挙げられる。

2009年(平成21年)の総選挙で政権を奪取した民主党が、「高速道路の無料化」を打ち出し、一部の高速道路では、無料化の社会実験が実施されたりしたため、「高速道路料金の値下げや無料化が影響している」と、考える人も多いかもしれない。

結果的には、短距離フェリーでは経営に打撃を与えた船社もあったが、運航距離が300㎞を超える長距離フェリーの場合、自民党政権が実施した「高速道路1,000円均一料金」や、民主党政権が試験的に一部で実施した「高速道路無料化」の影響は、殆ど受けなかった。

(写真6.28)
フェリーには、食堂が備わっている。

やはり長距離になれば、トラックなどの運転手にとっては、精神的・肉体的な負担が大きく、船内で横になって休息が取れるだけでなく、食堂(**写真6.28**)や風呂などを備えたフェリーは(**写真6.29**)、魅力的な交通手段である。

(写真6.29)
太平洋フェリーは、毎年のように「フェリー・オブ・ザ・イヤー」に輝いている。

これは「カートレイン」についても言えることであり、潜在的な需要は期待できると、筆者は考えている。

今後、「カートレイン」を復活させる場合、食堂車は不可欠となる。寝台車に関しては、フェリーでは上級船室(**写真6.30**)から埋まることもあり、A個室寝台“スイート”や“ロイヤル”も導入しても良いが、主流はB個室寝台“シングル”や“ツイン”、“カルテット”が中心になる。現地に到着してからの穴場情報を知るなど、乗客同士のコミュニケーションを求める利用者もいるため、開放型の寝台車も導入しても良いだろう。特に開放型のA寝台車は、寝台幅が広かったこともあり、旅慣れた人には、根強い人気があった(**写真6.31**)。

(写真6.30)
フェリーも上級船室から埋まる傾向にある。写真は、太平洋フェリーの特等船室である。

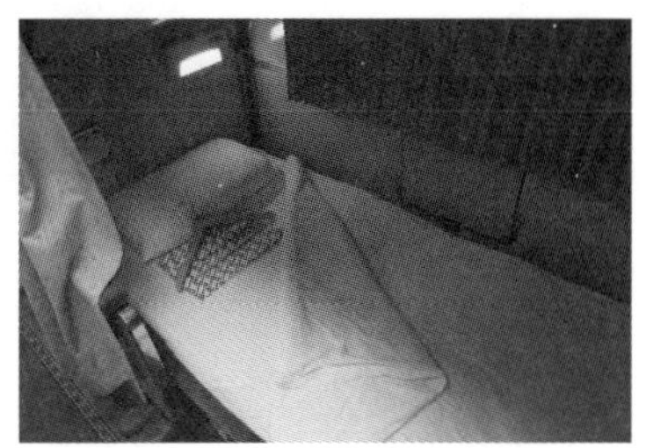

(写真6.31)
開放型のA寝台車は、寝台の幅が広いこともあり、旅慣れた人や親子連れに人気があった。

ただ従来のような二段式であれば、開放型のB寝台車と差別化しづらいため、ダブルデッカー構造として、平置きの寝台としたい。参考になるのが、「West Express銀河」のグリーン車である「ファースト」である**(写真6.32)**。

(写真6.32)
「West Express銀河」の開放型グリーン車は、“ファースト”の名称が付く。

「West Express銀河」では、“ノビノビ座席”**(写真6.33)**が昔の開放型のB寝台車のような構造である。比較的低廉な価格で旅行したい人のためにも、開放型寝台車は簡易寝台として、A簡易寝台が6,000円、B簡易寝台が3,500円程度として、寝具類も提供したい。

(写真6.33)
「West Express銀河」の“ノビノビ座席”は、昔の開放型のB寝台と似ている。

「カートレイン」が衰退した理由の1つとして、食堂車が連結されなかったことが挙げられる。導入される食堂車は、通路を挟んで4人掛けテーブルと4人掛けテーブルのレイアウトとし、「カートレイン」を予約する際、夕食・朝食ともに希望時間も「予約制」を採用し、夕食と朝食も代金に込みで販売したい。そうすれば「食堂車は儲からない」というジレンマも解消されるだけでなく、座席定員が多くなるため、利益率が向上する。

夕食は、価格的に2,500円程度が妥当であり、洋風セットと和風セットから選べるようにしたい。朝食は、洋朝食と和朝食から選べるようにし、価格的に1,000円程度が妥当である。

パブタイムに関しては、「カートレイン」の利用者であれば、予約なしで自由に利用が可能としたい。食事やドリンク類は、代金には組み込まないが、「北斗星」「カシオペア」「トワイライトエクスプレス」などと同様に、アラカルトやおつまみ類などを、提供するようにすれば良いだろう。

また「カートレイン」の利用を定着させるためには、シャワールームも不可欠であり、ロビーカー(**写真6.34**)も連結してシャワールームを備えるだけでなく、飲料水やスナック菓子などの自販機も、設置しなければならない。

(写真6.34)
「カートレイン」を復活させた場合、ロビーカーは不可欠である。写真は、「北斗星」のロビーカー。

自動車の積み込みに関しては、自動車を保護するための屋根が不可欠であり、かつ二段積みで10台は積載できるような貨車を開発する必要がある。

(4)「MOTOトレイン」「モトとレール」

「カートレイン」は、四輪の自動車を輸送したが、これとは別にオートバイなどの二輪車と、その運転手を対象とした「MOTOトレイン」が上野～函館間に、「モトとレール」は大阪～函館間で運行された。

形態としては、オートバイ・バイクなどを手荷物(チッキ)という扱いで運行された。出発駅のホームでは、オートバイ・バイクなどを積み込む貨物車の横に、鉄製のパレットが並べられていた。

乗客は、自走してパレット上にオートバイ・バイクを載せる。そして係員が、安全を担保するため、輪止めを行った後、フォークリフトで貨物車へ積み下ろしを行った。

到着駅では、フォークリフトでパレットを降ろしていた。オートバイ・バイクの場合、安全性を担保するため、燃料を抜いてから積み込まれていた。

「MOTOトレイン」は、夏場の北海道への二輪車によるツーリング客を輸送する列車として上野〜函館間に、「モトとレール」は大阪〜函館間で運転された。

これらは定期列車に、専用車両を連結する形で運行された。「MOTOトレイン」は、1986年(昭和61年)から運行を開始した。当時は、上野〜青森間には、14系座席客車を使用した夜行急行「八甲田」が運転されており、この列車にオートバイなどの二輪車を積載するため、マニ50を改造して連結して運転された。二輪車を輸送するマニ50は、「MOTOトレイン」を運転する際は、常時2両連結された。

通常の急行「八甲田」は、全車が普通座席車であるのに対し、「MOTOトレイン」を運転するため、マニ50を連結したときは、「MOTOトレイン」の利用客専用の14系の三段式のB寝台車が1両、青森側に増結された。

急行「八甲田」の利用者の誤乗を防止するため、「MOTOトレイン」と急行「八甲田」の間の連結面の扉は施錠されていた。運転が開始した当初は、未だ青函トンネルが開通しておらず、青函連絡船に乗り換える形であった。青函トンネルが開業すると、急行「八甲田」の車両は、そのまま青森〜函館間を臨時快速「海峡83・84号」と列車名を変える形で、函館まで延長運転された。

二輪車を輸送する車両は、必ず列車の最後尾に連結されていた。

進行方向が変わる青森では、列車の反対側へ連結位置の変更が行われた。この場合は、青森での停車時間は長めに確保されていた。(注3)

1993年(平成5年)12月1日で、急行「八甲田」は臨時列車に格下げされたが、「MOTOトレイン」は、夏場に運行が継続された。だが1998年(平成10年)8月22日に、急行「八甲田」が廃止されたことに伴い、「MOTOトレイン」の運転も終了した。

「モトとレール」は、青函トンネルが開通した1988年(昭和63年)夏季より、大阪〜函館間で運行されていた寝台特急「日本海1・4号」に、「MOTOトレイン」と同様に、オートバイなどの二輪車を積載するため、改造されたマニ50を連結して、運転を開始した。

「MOTOトレイン」とは異なり、「モトとレール」ではライダー用の専用客車は連結されなかった。函館へ直通する寝台特急「日本海1・4号」の1〜6号車の寝台を活用した。そして大阪発着ということもあり、二輪車の輸送車両も1両だけだった。1998年(平成10年)8月23日で運転を終了し、翌年にマニ50は廃車となった。

列車名は、運転を開始した当初は、「日本海MOTOトレイン」であった。だが関西弁の発音では、「元取れん」となる。標準語に直せば、「元が取れない」とも聞こえる。

これでは具合悪いと感じたJR西日本は、元取れると聞こえる「モトとレール」に変更したという。大阪発着の二輪車を輸送する列車は、国鉄時代に「バイクトレインちくま」が、1986年(昭和61年)にマニ44形荷物車にオートバイを搬入し、大阪〜長野間を運行していた夜行急行「ちくま」に連結する形で運転されたが、この列車は同年のみの設定であった。

「MOTOトレイン」「モトとレール」は、長距離フェリーに比べて、所要時間が短いことや、大都市の主要駅から直接出発する利便性などから人気を博し、1986年(昭和61年)から1998年(平成10年)の

13年間、夏季のみ運行された。

「MOTOトレイン」「モトとレール」は、オートバイ・バイクなどの二輪車の積み込みを行うため、定期列車に併結されてはいたが、専用車両に乗車している乗客は、途中駅での乗降は一切不可であった。

積載が可能な二輪車は、「MOTOトレイン」では長さ2,300㎜、幅855㎜、高さ1,800㎜までであり、かつ排気量が125cc超の二輪車であった。「モトとレール」では、長さ2,200㎜、幅855㎜、高さ1,800㎜までで、かつ排気量が125cc超の二輪車とされた。(注4)

「MOTOトレイン」「モトとレール」の代金には、オートバイなどの二輪車の運搬費と運賃の他に、「MOTOトレイン」は急行料金とB寝台料金が、「モトとレール」には特急料金とB寝台料金が含まれていた。

これらの列車には、ライダー1人での利用は勿論だが、タンデムツーリング(2人乗り)での利用も可能であった。

「MOTOトレイン」「モトとレール」を復活させるには、寝台車・食堂車・ロビーカー・荷物車が不可欠である。寝台車に関しては、「MOTOトレイン」や「モトとレール」の利用者は比較的若年層であり、かつ低廉な旅行を望む人が多い上、ツーリング仲間と車内で情報交換を行うことから、開放型の簡易寝台が望ましい。つまり「WEST EXPRESS銀河」のグリーン車(ファースト)や"ノビノビ座席"**(写真6.35)**のような感じの寝台車である。

(写真6.35)
"ノビノビ座席"には、女性専用車もあり、モケットの色が暖色系である。

供食サービスは不可欠であるから、食堂車を導入することになるが、フレンチのフルコースのような豪華な食事は、「MOTOトレイン」「モトとレール」には馴染まない。

これらの列車の食堂車では、通路を挟んで4人掛けテーブルと4人掛けテーブルのレイアウトとしたい。そして夕食・朝食ともにバイキングスタイルとして、夕食が1,500円程度、朝食が1,000円程度の食事を、代金に込みで販売すれば良い。

かつて東京対九州間を結ぶ寝台特急で、朝食にバイキングを採用したことがあったが、人気がイマイチで、直ぐに廃止されてしまった。理由は、食堂車であるオシ14やオシ24が、バイキングを実施するのに適した構造になっていなかった点も、無視できないと筆者は考える。

朝食バイキングを実施していた時は、テーブルを2つ用意して、そこに料理を置いて提供していた。これでは生産性が低くなってしまうため、料理の種類が少ないにも拘わらず、1,200円という割高な価格を徴収しないと、採算が合わなくなってしまっていた。

朝食バイキングを実施していた時は、厨房にはコックが1～2名配属され、料理の補充を行っていたが、提供されていた料理も、業務用の完成品を加熱して提供するような感じであり、価格の割には魅力がなかった。

それであれば、厨房の構造を簡素化して、料理を配置するカウンターを有した食堂車として製造すれば、テーブル席の定員を減らすことなく、食事を提供することが可能となる。

昨今の長距離フェリーの食堂では、要員合理化を推進することもあり、バイキングスタイルの食事が主流になっており、料理を配置するためのカウンターを備えている(**写真6.36**)。

若い人の利用が多いことから、朝食はスクランブルエッグやソーセージ、サラダなどが中心で、夕食はビーフシチューやハンバー

(写真6.36)
フェリーの食堂は、コスト削減の目的もあり、バイキングスタイルが主流である。

ク、コロッケなどの揚げ物やサラダが中心になり、そこへご飯とみそ汁などを提供すれば良い。結果として、コック1～2名でも対応が可能であると言える。

「MOTOトレイン」「モトとレール」は、夏場の北海道をツーリングする人達をターゲットにしていたが、これらの列車を復活させるとなれば、それ以外の季節や地域を開拓しなければならない。

筆者は、昨今、健康と地球環境問題への意識の高まりから、自転車がブームになりつつあることに注目している。自転車でツーリングする人には、しまなみ海道などの人気が高いという。やはり瀬戸内は気候が温暖であり、瀬戸内海の景色が美しく、自転車で走るのに丁度良い土地である。

そうなれば夏場の北海道以外は、東京～広島間か東京～今治間などで、「サイクルトレイン」として、運転する必要がある。

「サイクルトレイン」として運転する場合も、基本的な考え方は「MOTOトレイン」「モトとレール」などと同じであり、それらで使用している車両を、そのまま「サイクルトレイン」として転用させれば良いだろう。

「MOTOトレイン」「モトとレール」として運転する場合も、自転車の積み込みも認めれば良い。この場合、専用車両に積み込むまでは、輪行バッグに入れて運搬すれば良いため、バイクなどを積み込むよりも簡単ではある。

2 航空会社のノウハウを活用する

(1) 有名シェフ監修のメニューを提供する

航空会社の供食に対するサービスや考え方は、JRなどよりも遥かに進んでおり、今後、食堂車を復活させるに当たり、採り入れるべき点が多い。特にファーストクラスやビジネスクラスは、その傾向が顕著である。機内でも、スリッパやアイマスク、化粧品やひげそり、歯磨きセットなどの専用のアメニティーキットが提供され、これらは「北斗星」「カシオペア」「トワイライトエクスプレス」の“スイート”“ロイヤル”でも提供されていたし、クルーズトレインへも継承されている。

航空機の場合、機内へ入ればビジネスクラス以上のクラスでは、「ウェルカムドリンク」という形で、離陸前のドリンクサービスが実施される。ドリンクの種類は、各航空会社によりさまざまであり、オレンジジュースを提供する航空会社もあれば、シャンパンやワインを提供する会社もある。

寝台特急「北斗星」「カシオペア」「トワイライトエクスプレス」でも、“スイート”や“ロイヤル”という上級のA個室寝台の乗客に対しては、ワインとウイスキーのミニボトルと氷などの水割りセットが提供されたりした**(写真6.37)**。

(写真6.37)
“ロイヤル”の乗客には、写真のような水割りセットが提供された。写真は「北斗星」。

航空会社にとっては、「機内食」は座席やラウンジと並んで、お客様に評価して頂く、非常に重要な要素であるから、ファーストクラス・ビジネスクラスでは、大変力を入れている。

まず食器からして、エコノミークラスとは大きく異なる。エコノミークラスでは、プラスチックや紙などの使い捨ての物が使用されるが、ファーストクラス(**写真6.38**)やビジネスクラス(**写真6.39**)では、陶磁器やガラスが多用されるだけでなく、金属製のフォークやナイフ、スプーンが使用される。そして陶磁器も、「ナルミ」や「ロイヤルドルトン」「ウエッジウッド」など、ブランドのある陶磁器が使用されたりする。

(写真6.38)
ファーストクラスの機内食は、中身だけでなく、食器も豪華である。写真はオードブル。

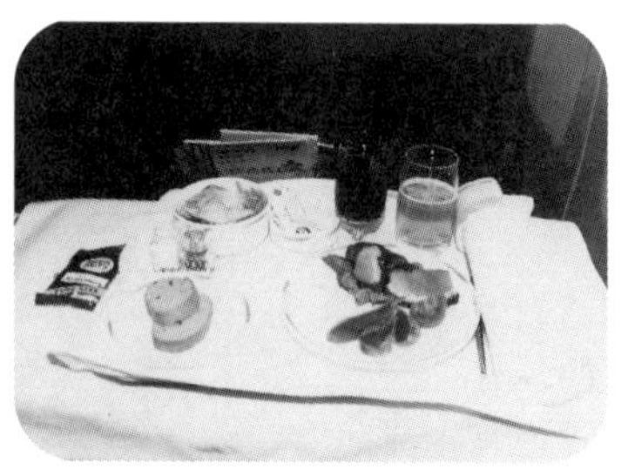

(写真6.39)
ビジネスクラスも、ファーストクラスに準じて、機内食の中身だけでなく、食器も豪華である。写真はオードブル。

長距離の国際線では、レストランのように大型の食器で一皿ずつサービスするコース料理が提供される。特にファーストクラスとなれば、**写真6.40**のようにワゴンを用意して、前菜からデザートまで、時間を掛けたサービスが行われる。ワゴンによるサービスであるが、ファーストクラスが設定されていない航空会社や便では、ビジネスクラスでもメインディッシュの時だけ、ワゴンを活用したりする。

(写真6.40)
ファーストクラスの機内食は、ワゴンを用いてサービスされる。

メインディッシュは、中長距離線では和食も含めれば、3～5種類の中から選択することが可能である。航空会社によれば、前菜も選択することが可能な航空会社もある。そのような航空会社は、ファーストクラスを廃止して、ビジネスクラスのサービス向上に取り組んでいる航空会社に多く見られる。

中距離路線では、かつては前菜、パン、メイン、デザートと、それぞれ分けてサービスすることが一般的であったが、昨今ではLCCの台頭などの競争激化や航空燃料の高騰などの影響もあり、一部の航空会社を除き、ビジネスクラスでは1つのトレーで前菜からメインを提供し、その後でデザートとコーヒーを提供することが一般的である。それでもメインディッシュは、3種類程度から選択が可能である。

台北～香港間などの短距離路線では、ビジネスクラスであっても、殆どの機内食がワントレーでサービスされる。キャセイ航空は、メインディッシュが選択できなかったが、中華航空では、2種類から選択が可能であった。最初に、前菜とパン、デザートが配置されたトレーが配られ、その後にメインが提供された。

中華航空の場合は、温かいメインディッシュが提供されたが、航空会社や路線によっては、コールドミールが提供されることもある。

最近の機内食の特徴として、日本発着便では外国の航空会社でも、ビジネスクラス以上になれば、和食が選択できるようになっている[(注5)]。これはヘルシー志向の高まりから、日本食ブームということもあるが、ビジネスクラス以上になれば、選択枝が多くなることが影響している。

エコノミークラスの場合、「肉or魚」という選択肢しかなく、和食を用意するとなれば、和食人気が高い台湾線であるか、日本人の利用者が大半であるハワイ線やグァム・サイパン線でなければ、苦情がくることになる。

大韓航空やアシアナ航空の韓国発着の長距離便では、ビビンバが提供されたりする。この場合、コチジャンは歯磨き状のチューブに入っており、電子レンジなどで温めたご飯や具材を、備え付けの器に入れ、コチジャンを加えて、スプーンでかき混ぜて食べることになる。タイ航空では、タイ風のカレーが提供されたり**(写真6.41)**、中華航空・エバー航空では、台北発の場合は、中華風の機内食が提供されるなど**(写真6.42)**、発着国の食文化を感じさせる機内食が提供される。

(写真6.41)
タイ航空では、タイ風のカレーが提供され、人気が高い。

(写真6.42)
中華航空の台北発の便では、メインにエビチリなどの中華が提供されたりする。

それ以外に、健康や宗教上の理由などにより、特別な機内食を希望する利用者に対しては、事前に申し込めば提供してもらえる。

回教徒には、豚肉を使用しないだけでなく、調理に対しても酒類を使用しないハラールミールという機内食が用意され、ヒンドゥー教徒に対しては牛肉を使用しない機内食が提供される。回教徒やヒンドゥー教徒が納得して食べられる食材となれば、羊や鶏肉となる。それゆえ香港・台北からシンガポールやクアラルンプールへ向かう路線では、鶏や羊を使用したカレーが提供されたりする。

ユダヤ教の信者に対しては、「コーシャーミール」が用意されており、牛肉とバターやチーズを同居させることなく[注6]、かつ機内食を厳封して、「ラビ」というユダヤ教の聖職者による祈祷も受けた形で提供されるなどの徹底ぶりである。その他、健康上や生活上の理由として、ベジタリアン食(**写真6.43**)や、低カロリー食や減塩食、アレルギー対応などの特別食も提供されるなど、エコノミークラスであっても、きめ細かな対応がなされている。

(写真6.43)
事前に予約すれば、ベジタリアン食なども食べることができる。ベジタリアン食は、普通の乗客よりも先に提供される。写真は、ビジネスクラス用。

昔の機内食は、ギトギトした感じでカロリーの高いメニューが多かったが、昨今ではヘルシー志向もあり、あっさりとした仕上がりになりつつあるが、筆者は機内食を食べれば満腹になる。ましてやビジネスクラスの機内食は、エコノミークラスの機内食と比較して、食材が豪華になるだけでなく、量も多くなる傾向にある。

それでも長距離線になれば、途中でお腹が空く人もいるため、航空会社によっては、カップ麺やおにぎり、サンドイッチなどの軽食が、無料で提供されたりする。また長距離線では、映画が上映されることから、途中で「リフレッシュメント」としてアイスクリームなどが、無料で提供されたりする。

欧州系の航空会社の長距離路線などでは、バーコーナーが設けられていて、自由に酒類が飲めるようになっていたりするが、酒類が飲みたくなれば、ギャレーにいるキャビンアテンダントに声を掛ければ、ビジネスクラス以上では、カクテルも含め無料で提供してもらえる。

ビジネスクラス以上になれば、機内食のメニューが配られるだけでなく、別途にワインなどのリキュールのメニューも配られる。ワインであっても、選択肢が多くなるだけでなく、年代物のワインが用意されたりする。そしてシャンパンが提供されたり、食後のブランデーやリキュールが充実するなど、エコノミークラスに比べて上質な酒類の提供が行われる。

但しパキスタン航空のように、回教徒の国の航空会社(注7)では、酒類の提供自体が実施されていなかったりするが、機内への持ち込みは認められていたりするため、キャビンアテンダントに申し付ければ、グラスや氷、ミネラルウォーターなどは用意してもらえる。

航空会社は、鉄道とは異なり、世界市場で競争をしているため、機内食は競争を勝ち抜く上で非常に重要な要素として考えている。それゆえ意識は、鉄道やフェリーなどよりも遥かに高く、鉄道界も学ぶことが多い。

ましてやビジネスクラス以上になれば、有名なシェフにお願いしてメニューを考案してもらったりしている。一例を挙げると、スイス航空はフレンチで有名な三國清三シェフにメニューを考案してもらっている。

実際に機内食の製造は、それを専門に担うケータリング業者があり、そこが製造から積み込みまでを行っているが、三國シェフに機内食のメニューを考案してもらったとなれば、定期的にその味が維持されているか否か、三國シェフに点検してもらわなければならない。

実はこの考え方は、JR西日本の「トワイライトエクスプレス瑞風」では採用されている。和食、フレンチの分野の有名な板前やシェフが、監修という形で指導を行っている。

今後、食堂車を復活させるとなれば、○○シェフが監修の料理を提供したり、デザートだけでも有名店のパテシエ監修とするなど、話題づくりが必要であると言える。

機内食の場合、地上とは異なり、気圧が低くなることに加え、食中毒防止の観点から、製造されたメインディッシュなどは、一度は冷凍させなければならない。それを機内にあるギャレーのオーブンなどで加熱して解凍させている。

上空では気圧が低くなることから、地上よりも濃い目の味付けにしないと、薄く感じてしまうことや、一度、冷凍させた料理を解凍して提供するため、味が落ちる点は否めない。

特にご飯などは顕著であり、一度、冷凍させたご飯を電子レンジなどで解凍しても、炊き立ての味にはならない。それゆえ筆者は、機内食を選ぶ際、メインディッシュでは、可能な限りご飯を使用していないメニューを選ぶようにしている。カレーであれば、スプーンで食べることもあり、比較的味が落ちることが緩和されるように感じている。

ご飯に関しては、日本の航空会社では、ビジネスクラス以上になると、機内での炊飯に適した専用の炊飯器を用意して[注8]、炊き立てのご飯を提供するようにしている。外国の航空会社では、湿らしたキッチンペーパーを使用して、可能な限り炊き立ての味になるようにしていると聞く。

ファーストクラスでは、洋食を選択した場合、メインディッシュではローストビーフが選択できるようになっている航空会社が多い。先ほど、メインディッシュは製造された後に、一度は冷凍させた後、機内のオーブンなどで加熱して、乗客に提供される旨を書いたが、牛肉は非常にデリケートな食材であり、火の通し方が難しい食材である。

解凍が上手くいかないと、中が冷凍されたままの状態になる。反対に火が通りすぎると、牛肉自体が硬くなってしまう。

牛肉は豚肉とは異なり、中に赤身があっても問題はなく、むしろ中に赤身が残る“ミディアム”という焼き方が、最も牛肉の持ち味を引き出す調理法である。

ローストビーフのように、牛肉の塊を解凍するとなれば、キャビンアテンダントでは、対応が難しいこともあり、航空会社によればシェフを搭乗させ、機内でローストビーフの解凍を担わせていたりする。

これは欧州の航空会社に多く見られ、ファーストクラスの機内食に力を入れている証拠でもある。このように航空会社は、外部のシェフなどを積極的に活用して、機内食の質的向上などを図っていると言える。

(2) 季節により、メニューを変える

「北斗星」「カシオペア」や「トワイライトエクスプレス」の食堂車も、半年に一度の割合でメニューを更新していたが、航空会社では変更の速度は、鉄道会社よりも遥かに早く、3か月に一度の割合で、メニューを更新している。

航空会社にとって、最も利益率が良いのがビジネスクラスであり[(注9)]、頻繁に出張で利用する人が多い。各航空会社のサービスに対する評価が決定するため、航空会社が最も顧客獲得のために力を入れている。そうなると、3か月に一度の割合で機内食のメニューを更新しなければ、顧客に飽きられてしまう。

筆者自身、今後は定期の寝台夜行列車を復活させるだけでなく、人気を定着させる上でも、食堂車が重要であると考えており、航空

会社と同様に3か月に一度の割合でメニューを更新する必要性を、痛感している。

また航空会社は、自社の利用を促進するため、著名なシェフや料理人に機内食をプロデュースしてもらうなど、機内食に関しては相当な力の入れようである。

それを考えると、JRの食堂車に関しては、航空会社のような熱意が伝わってこない。かつて東京対九州間の寝台夜行列車の食堂車は、民営化後はサービスダウンを繰り返し、食堂車の末期の頃は、厨房内にコックが1名にフロアに係員が1名という状態にまで、合理化されてしまっていた。

これでは丼物か、業務用の完成品を電子レンジで加熱したような料理しか、提供することはできない。折角、九州には各地の郷土料理が豊富にあるだけでなく、焼酎の本場でもあるにも拘わらず、それらが全く活かされていなかった。

今後は、季節毎にメニューやシェフを変えるなどして、食堂車の話題づくりをする必要がある。幸いなことに鉄道会社が、自社のHPでPRすれば、各自治体がPRするよりも宣伝効果が高いと言われる。

「北斗星」「カシオペア」や「トワイライトエクスプレス」に関しては、力を入れている方ではあったが、食堂車も最初の頃の洋朝食は、オムレツや目玉焼きが提供されていたが、晩年になれば、スクランブルエッグになるなど、卵の使用量を減らす形で合理化を実施したり、「トワイライトエクスプレス」も洋朝食と和朝食の選択から、和洋折衷の朝食になるなど、合理化が図られていた。

「北斗星」「カシオペア」のパブタイムに関しては、ビーフシチューのシチューと、ハンバーグステーキのソースを、共通で使用するなど、手抜きも甚だしかった。

「トワイライトエクスプレス」の場合、下りは昼食、夕食、パブタイム、朝食と4回も食堂車を利用することが可能である。上りも、喫茶タイム、夕食、パブタイム、朝食と同じく4回も食堂車の利用が可能であった。

ディナーや朝食、昼食は有名シェフが監修したメニューを採用するが、喫茶タイムやパブタイムでは、有名店のパティシエが監修したデザートを提供したり、ディナーでは有名シェフのメインのフルコースの中に、さらにデザートを有名パティシエが監修するなど、いくらでも食堂車の展開は可能である。

季節毎にシェフなどを変え、料理も変えるということは、利用者に飽きさせず、新たな話題づくりができることでもある。特に花見期間限定メニューやクリスマス限定メニュー、お正月限定メニューなど、航空会社よりも限定メニューを多く設定し、利用を促進させることを模索しても良い。有名シェフやパティシエが監修するということは、定期的にその味が維持されているか否か、チェックが入ることでもあり、食堂車の味の向上にも貢献すると言える。

是非とも、航空会社の優れた機内食サービスを見習って欲しいものである。航空機の機内食の場合、地上とは異なり、気圧が低く、空気が乾燥した状態で提供されるなど、制約が多いにも拘わらず、少しでも美味くなるように、各社が努力を行っている。

また宗教上や健康上の理由による「特別食」を求める乗客に対しても、可能な限り提供する姿勢を見せるなど、臨機応変に多様なニーズに応えようとしている点は、立派であると言える。

3 クルーズトレインからのフィードバック

(1) 既存の食堂事業者からの脱却

寝台特急「北斗星」「カシオペア」の食堂車は、日本レストランエンタープライズが担当していたが、この会社の前身は日本食堂である。「北斗星」「カシオペア」で提供されるフレンチのフルコースのディナーは、「北斗星」がデビューした1988年頃は、「金返せ」と酷評されるぐらい、レベルが低かった。

日本食堂は、本来、和食系のメニューが得意であり、これは販売している駅弁にも表れていた。洋食系では、エビフライなどのフライ系のメニューが得意であり、本格的なフレンチに関しては、殆どノウハウを持っていなかったことは確かである。

「北斗星」の運転開始に合わせ、皿を新たに用意しただけでなく、高級感のあるナイフやフォーク、スプーンなどの什器類を用意したりしたが、味に関してはフレンチの専門店の域に及ばなかった。

東海道・山陽新幹線の食堂車は、日本食堂、帝国ホテル、ビュッフェ東京、都ホテルが担当していたが、当時は和食系**(写真6.44)**・おつまみ系は日本食堂が得意であった。ビーフシチューなどの煮込み系の洋食やステーキ・ハンバーグなどは、帝国ホテルが得意であり、エビやホタテなどを使用したグリル系の洋食は、都ホテルが得意であった。

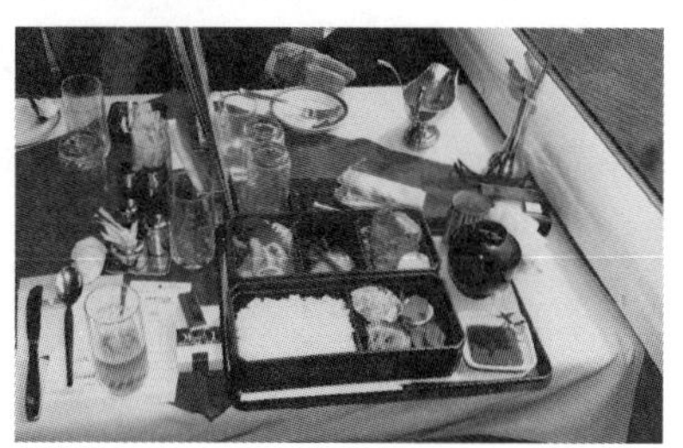

(写真6.44)
日本食堂は、和食系のメニューが得意であった。

新幹線の食堂車では、ビーフシチューに関しては、日本食堂は全く話にならないレベルであった。ビーフシチューというよりも、ビーフステーキのブラウンソース掛けというレベルであり、牛肉が全くシチューと馴染んでいなかった。同じ日本食堂であっても、9号車のビュッフェで提供される紙皿で、プラスチックのスプーンで食べる当時900円であったビーフシチューの方が、牛肉は少なかったが、シチューと牛肉や野菜が煮込まれて馴染んでおり、美味かったぐらいである。

「北斗星」の食堂車でも、運行が開始した当初は、ディナーでビーフシチューのコースが用意されており、筆者も食べたことがある。新幹線時代とは異なり、牛肉と野菜がシチューと一緒に煮込まれて、両者は馴染むようになっていたが、味がしつこくなり、食べた後に胃がもたれるぐらい重かった。

（写真6.45）
「北斗星」「カシオペア」のパブタイムで提供されたビーフシチュー。酸味が足りなかった。

2010年頃になって、「北斗星」「カシオペア」のパブタイムで、ビーフシチューを食べたが、シチューに酸味が足りないと感じた。牛肉は、角切りにした物が添えられていたが、あまりシチューと馴染んでいる感じはしなかった**（写真6.45）**。

数年後に、「北斗星」「カシオペア」のパブタイムで、ハンバーグステーキセットを注文した時、ビーフシチューに酸味が足りない理由が理解できた。ビーフシチューのシチューと、ハンバーグのソースを、共通仕様にしていたのだ**（写真6.46）**。これではシチューと牛肉が上手く馴染まないだけでなく、味も酸味が足りなくなる。本当に酷い手抜きである。

ビーフシチューに関しては、晩年の「北斗星」の「海峡御膳」で提供された物が一番美味かった。「海峡御膳」は和定食であるから、ビーフシチューも和食器に盛られていたが**(写真6.47)**、シチューが重すぎることが無い上、牛肉が柔らかく煮込まれており、かつ野菜やシチューとも馴染んでいた。

(写真6.46)
「北斗星」「カシオペア」のパブタイムで提供されたハンバーグステーキ。ソースが、ビーフシチューと共通で使用されていた。

その後であるが、1993年(平成5年)からは、フジテレビ系列で「料理の鉄人」という番組が始まり、フレンチの鉄人に選ばれた坂井宏行シェフが作るフレンチは、従来のバターや生クリームなどをふんだんに使用した重くて、こてこてなソースなどを使用したフレンチではなかった。

(写真6.47)
「北斗星」の「海峡御膳」で提供されたビーフシチューが、最も美味かった。

これは坂井シェフが、一時期、和食の修行もしていたから、素材を活かしたあっさり味のフレンチであった。そのことは、日本のフレンチの世界にも大きな影響を与えるようになり、「北斗星」「カシオペア」の食堂車のフレンチのフルコースも味が大幅に向上した。2010年頃になれば、名門と言われる帝国ホテルや奈良ホテルのフレンチよりも、あっさりとした仕上がりになっていた。

寝台特急「カシオペア」の廃止が近づいた頃、「カシオペアクルーズ」が実施され、坂井シェフは実際に厨房に乗り込んで、そこで調理を担当したのである。

(写真6.48)
「北斗星」も末期の頃になれば、鯛を使用したフレンチにも、和食の技法が用いられ、素材を活かしたあっさり味に仕上がっていた。

2015年(平成27年)に臨時列車に格下げられた「北斗星」に乗車して、フレンチのフルコースを食したが、魚料理に関しては、和食の技法を駆使した素材を活かしたフレンチであった。フレンチの場合、魚料理の方が、バターや生クリームをふんだんに使用するため、食べた後で胃がもたれたりすることが多かったが、この時は鯛を塩焼きにして、それに野菜などをフレンチ風に盛り合わせて提供されていた(**写真6.48**)。列車食堂に限らず、日本のフレンチの技術が大幅に向上したことを、実感したのである。

「北斗星」「カシオペア」では、食堂車も「採算性」を重視して営業せざるを得ないこともあり、ビーフシチューとハンバーグのソースを共通仕様にしたり、朝食の洋食もオムレツをスクランブルエッグにして、卵の使用料を減らすなどの合理化が実施された。

その点では、「トランスイート四季島」は、利益率が良いとは言えないが、1泊2日のコースであっても、2017年当時で1人当たり32万円も徴収していたことから、手抜きされたいい加減な料理を提供することは許されない。

そうなればフレンチに関しては、豊富な実績を有する日本ホテルのシェフに担ってもらった方が良い。その方が「トランスイート四季島」の乗客も喜ぶだけでなく、それが列車食堂を担当するノウハウとなり、潜在的な需要が期待できる上野～札幌間で、寝台特急「北斗星」「カシオペア」を復活させる際も、日本ホテルが候補になるだろう。さらに言えば、東北・北海道・北陸新幹線の“グランクラス”の洋食は、日本ホテルが担当するのが良いと言える。

(2)「トランスイート四季島」のシェフとのコミュニケーション

「トランスイート四季島」は、超豪華なクルーズトレインであるから、どうしてもハイグレードな車内設備やサービスに注目が集まる傾向にある。

だが「トランスイート四季島」は、JR東日本を代表するフラッグシップトレインであることから、E001形車両には最新の技術を盛り込んだだけでなく、そこにはお客様を満足させるアメニティーも盛り込まれている。

「トランスイート四季島」で使用されるE001形には、以下のような大きな特徴が3点ある。

①EDC方式の採用
②インテリアのデザインは「モダンな和」が特徴
③フラットなフロア構成による穏やかな空間で、安らぎと開放感を演出

①に関しては、電化区間ではパンタグラフを用いて架線から集電を行い、モーターを駆動して走行する。架線がない非電化区間では、車両に搭載するディーゼル発電機で電気を起こし、その電気でモーターを駆動させて走行する。「トランスイート四季島」は、1編成が10両編成であるから、パンタグラフは2、3、8、9号車に備わっており、発電機は1、10号車に搭載されている。これにより非電化区間であっても、自力で走行することが可能である。

「日本で初めてのシステムである」と言われるが、JR東日本はハイブリッド車両などを開発していたため、決して目新しい技術でもない。従来の技術の蓄積と言える。

②に関しては、車内では木材や金属、漆、和紙という日本古来の伝統的な素材の風合いや性質を、最大限に活かしている。それらの素材が持つ機能やニーズに生かしつつ、それらの組み合わせや色彩の融合が、新たな発見や非日常感へ繋がるデザインにしている。つまり未来の日本文化をデザインすることが、全体のコンセプトにされている。

③に関しては、最も多く用意されている“スイート”は合計で15室ある。2、3、4、8、9号車に3室ずつ存在するが、高齢者の利用が多いことも加味して、全室がフラットなフロアになっている。室内は、和の伝統である素材などを用いながら、きめ細かな意匠や素材感をモダンに展開し、深みのある心地良さと同時に、新しい時代の上質感を表現している**(写真6.49)**。そして各個室には、シャワーとトイレが設置されているが、「北斗星」の“ロイヤル”**(写真6.50)**のようなユニット式ではなく、それぞれが独立して設置され

(写真6.49)
「トランスイート四季島」の“スイート”。

(写真6.50)
トイレ・洗面所はユニット型であった。写真は「北斗星」“ロイヤル”。

ている。またバリアフリーに対応した部屋も、1室だけ用意されている。

“デラックススイート”は、7号車に1室だけ用意されている。ポイントは「段差を抑えつつ、車両の高さを最大限に生かした空間」であり、そして木曽のひのきを使った浴槽が備わっている(**写真6.51**)。

空間の贅沢さと上質さがテーマで、日本古来の柄や木を用いながら、様々な素材を組み合わせて、モダンで洗練された空間を演出しており、個室にはトイレも用意されている。

「トランスイート四季島」で、最上級の設備が“四季島スイート”であり、7号車に1室だけ備わっている。ポイントは「ひのき風呂」と「メゾネット構造」である。階下の部屋には、レール方向にツインベッドを配置した寝室となっている。眺望の優れた二階の部屋は、畳敷きに掘り炬燵が備わり(**写真6.52**)、列車の中にいるというよりも、高級温泉旅館の一室にいるような気分になれる。まるで列車にいることを、忘れてしまいそうな空間になっている。

(写真6.51)
“四季島スイート”“デラックススイート”には、ひのきの浴槽が備わる。

(写真6.52)
“四季島スイート”の二階には、掘炬燵が備わる。

JR東日本は、二階は畳敷きであり、かつ掘り炬燵が備わることから、満ち足りた和の空間であると考えている。そしてその空間から、刻々と移ろう風景を眺めるという、非日常をお客様に体験してもらえることを、期待している。

“四季島スイート”と“デラックススイート”がある7号車は、モーターが無い付随車である。床下には、制御器などの搭載する機器類が少ないことから、車内のスペースを大きく取ることが可能となった。特に“四季島スイート”のメゾネット構造は、付随車であることを活かしており、E26系客車のメゾネット型の“カシオペアスイート”を、発展させた設備となった**(写真6.53)**。

(写真6.53)
“四季島スイート”は、メゾネット構造となっている。

「トランスイート四季島」へ乗車する際は、通常は5号車のラウンジから車内へ入ることになる**(写真6.54)**。そして車内へ入ると、ホテルのロビーにいるような気分に浸ることができる。

JR東日本は、「感動体験にお客様を導くエントランス」という意味を持たせたかった。また出入口を限定することに関しては、ラウンジをおもてなしや旅の高揚感、非日常感を醸し出す空間として、演出したかったと聞く。

(写真6.54)
「トランスイート四季島」に乗車する際は、5号車のラウンジから乗車する。

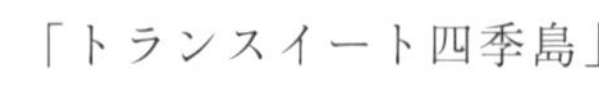

「トランスイート四季島」

の定員は34名と少なく、乗降に時間が掛かったとしても、大して問題にはならない。またJR東日本としても、出入り口を5号車のラウンジだけとすることで、他のお客様が間違って乗車するという、誤乗の防止にもなる。この考え方は、上野駅の13.5番線という、「トランスイート四季島」の乗客だけが利用することができる専用ホームと合わせ、特別な演出がなされている(**写真6.55**)。

(写真6.55)
「トランスイート四季島」の乗客のために用意された13.5番線。

ラウンジは、壁や窓は樹木を連想させるデザインであり、ラウンジの一部は床が少し下がっているため(**写真6.56**)、それが車両の頭上の圧迫感を無くした空間となった。ラウンジがある5号車も、モーターなどが備わらない付随車であるから、車両の床を下げることが可能となった。

ラウンジの名称は「こもれび」であり、まるで森林にいるような感じがする。またこのラウンジに限らず、車内の調度品には秋田木工のソファーや天童木工のオブジェなど、東日本各地の工芸品が取り入れられている。

食堂車は6号車にあり、「DININGしきしま」という名称が付いている。内装は、モダンなデザインを基本と

(写真6.56)
5号車のラウンジの一部は、床が少し下がっている。

(写真6.57)
照明も、省エネタイプになっている。

(写真6.58)
食堂車の一部は、床が高くなっている。

(写真6.59)
2人用の半円形テーブル。

しながらも、壁面は突板パネルや銀箔風の内装材などに和の要素を採り入れ、床には大理石を使用している。

天井からの照明は、シャンデリアとなっているが、省エネにも優れたLED照明や有機EL照明が使用されている**(写真6.57)**。余談になるが、「トランスイート四季島」の前照灯にも、LEDが使用されており、省エネ対策も実施されている。

それ以外にも、テーブルには小型の照明が備わるなど、「北斗星」「カシオペア」の食堂車で得たノウハウが継承されている。

「DINNINGしきしま」は、大きな窓を複数配置しており、7号車寄りのダイニングスペースは高床構造になっているため**(写真6.58)**、その部分は眺望が向上している。

テーブルは、正方形と半円形の2人用の物が**(写真6.59)**、大きな窓に合わせて9台配置されており、定員が18名である。そこに曲木加工を施した国産ブナ無垢材の椅子が、18脚配置されている**(写真6.60)**。

「トランスイート四季島」の定員が34名であるから、ディナーやランチ時に食事をするとなれば、2回に分けて対応する。但し3泊4日の道南を訪問するコースでは、上野を11:00頃に発車すると、直ぐにランチタイムとなるだけでなく、最初の立ち寄り場所が日光であるため、この場合は5号車のラウンジも**(写真6.61)**、食堂車として活用する。

(写真6.60)
椅子には、国産のブナ無垢材が使用される。

(写真6.61)
3泊4日のコースでは、5号車のラウンジも、食堂車のように機能する。

「トランスイート四季島」では、食堂車だけに限らず、旅行中に提供される食事は、昼・夜・朝とも、「地産地消」の考え方が入っている。その土地の旬の食材を使用して、地元の有名料理人などが、その土地の風土が感じられる料理を提供している**(写真6.62)**。

各地の料理人の選定および監修は、日本ホテルの取締役で、統括名誉総料理長である中村勝宏シェフが担当する。日本ホテルは、東京ステーションホテルやホテルメトロポリタン、JR東日本ホテルメッツな

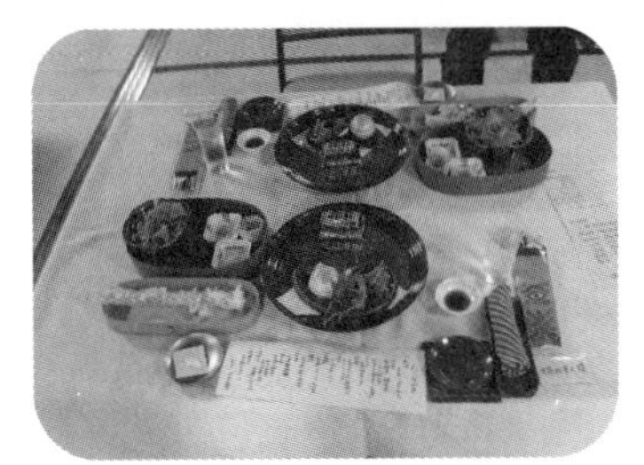

(写真6.62)
提供される料理には、「地産地消」の考え方が入っている。写真は、2日目の会津若松市内の料亭で提供された朝食。

どを運営する、JR東日本のグループ企業である。

「トランスイート四季島」は、JR東日本を代表するフラッグシップトレインであり、車内でフレンチのフルコースを提供するのであれば、東京ステーションホテルのように100年を超える伝統のあるホテルの厨房を担っているシェフに任せなければ、舌が肥えたお客様を満足させることはできない。

それゆえ「日本レストランエンタープレイズありき」で考えるのではなく、「日本ホテル」というJR東日本グループの会社に、担当させたことは大正解であると言える。

また「トランスイート四季島」の総料理長には、元「ホテルメトロポリタン丸の内 Dining & Bar TENQOO」の料理長であった岩崎均シェフが就任しているが、これはホテルメトロポリタンが、JR東日本のグループ会社であるから実現したと言える。岩崎シェフは、車内で提供される料理を調理している。

それ以外にも、「トランスイート四季島」では、車内ではディナーやランチ時には、フレンチのフルコースが提供される。筆者は、2017年(平成29年)9/23 ～ 9/24の1泊2日のコースに参加したが、ディナーでは、オードブルの前にも、軽いおつまみのような料理が提供され**(写真6.63)**、次にオードブル**(写真6.64)**、魚のメイン**(写真6.65)**、肉のメイン**(写真6.66)**、デザート**(写真6.67)**と続いた。肉のメインが提供された時に、車内に乗り込んだシェフがフロアにいる乗客の元に姿を現して**(写真6.68)**、メインである牛肉の赤ワイン煮込みの硬さを聴いて回るという、きめ細かいサービスを実施している。

2日目のランチもフレンチのフルコースであったが、オードブルの季節野菜の盛り合わせ**(写真6.69)**、から始まり、トマトのソルベが入ったかぼちゃの冷製スープ**(写真6.70)**、魚のメイン**(写真**

(写真6.63)
一番最初に提供される春巻き風の前菜。

(写真6.64)
二番目に提供されたアワビを使用した前菜。

(写真6.65)
魚を使用したメインディッシュ。

(写真6.66)
牛肉の赤ワイン煮込みのメインディッシュ。

(写真6.67)
最後に提供される山梨県産のぶどうを使用したデザート。

(写真6.68)
「トランスイート四季島」では、メインディッシュの時に、シェフが客席まで姿を現す。写真は、初日のディナー。

(写真6.69)
2日目のランチのオードブル、季節野菜の盛り合わせ。

(写真6.70)
かぼちゃとトマトのソルベを使用した冷製スープ。

(写真6.71)
魚のメインディッシュ。緑色の清涼感のあるソースで、あっさり味に仕上げられていた。

(写真6.72)
肉のメインは、牛肉のレアステーキだった。

6.71)、そして肉のメインは牛肉のレアステーキであった**(写真6.72)**。見た目は、「牛肉のたたき」という感じに仕上がっていたが、表面だけが焼かれ、中がレアの状態では嫌がる人もいる。そういう人に対しては、レアのステーキを預かり、完全に火を通したウエルダムの状態にして、再度、提供するようにしていた。

このようなサービスは、従来の日本の鉄道の食堂車では実施されていなかったサービスであり、非常に画期的であると言える**(写真6.73)**。そしてデザート**(写真6.74)**が提供され、ランチは終了した。

厨房は、7号車寄りに配置されているが、従来の食堂車の厨房と比較すれば、床面積が広くなっている**(写真6.75)**。それゆえ食堂車の座席は18席しかないが、「トランスイート四季島」では、厨房設備が整っていることもあり、従来のように地上で半完成品を積み込んで、厨房で加熱して提供するのではなく、多くの料理が車内で調理することが可能となった。

(写真6.73)
「トランスイート四季島」では、メインディッシュの時に、シェフが客席まで姿を現す。写真は、2日目のランチ。

列車の食堂の場合、狭い厨房スペースであるにも拘わらず、スピーディーに料理を出さなければならない制約がある。それゆえ地上で下ごしらえをする必要があるが、あまり手を加えると、調理してから時間が経過したものを、お客様に提供することになる。

(写真6.74)
最後にデザートが提供される。

肉などは、切って形を整えたり、ハンバーグなどはダンゴ状に下

(写真6.75)
「トランスイート四季島」の食堂車の厨房は広く、調理の大半を車内で行える。

ごしらえをしていた。100系電車の食堂車が登場するまでは、冷凍食品などが使用されることもあったらしい。冷凍のエビフライでは、水分が多くなるから、カラっとしたジューシーな仕上がりにはならない。

「北斗星」「トワイライトエクスプレス」の食堂車であるスシ24は、サシ481という昭和40年代に製造された特急電車の食堂車を改造したため、厨房機器類が充実しておらず、ご飯は真空パックされた物を電子レンジで加熱して提供したり、焼き魚なども地上で調理したものを、車内で温めるなどして、食器に盛り付けて提供しなければならなかった。

100系電車の食堂車やマシE26などからは、可能な限り車内で調理することができるようになった。その結果、国鉄末期になれば食堂車に対する評価も変わり、従来の「高くて不味い」から、「高いが美味い」というように、味は大幅に向上している。

(写真6.76)
厨房で調理するシェフの姿を、観ることができる構造になっている。

また「トランスイート四季島」の乗客は、厨房で調理をしているシェフの姿を、観ることができるようになっている**(写真6.76)**。各種厨房機器は、壁面をステンレスのヘアライン仕上げとし、金属の質感を強調している。ダイニングスペースの高床構造の床下には、食材保管用の冷凍冷蔵庫だけでなく、食堂車などから出たごみなども、ここで保管される。

このように高床部分や床下に食材の保管用の冷凍冷蔵庫を設けることができたのも、6号車もモーターが無い付随車であることが、影響している。

「トランスイート四季島」の場合、ディナーやランチなどでは、列車に乗り込んだシェフが、フロアまで来て牛肉の火の通り方まで確認するサービスを行っているため、「パブタイムも、さぞかし充実しているのだろう」と思われるかもしれない。

だが結論から先に言うと、後で紹介する「トワイライトエクスプレス瑞風」と同様に、パブタイムに関しては、寝台特急「北斗星」「カシオペア」「トワイライトエクスプレス」の方が、品数および量的にも、遥かに充実していた。

読者の皆様からすれば、「あのような高い代金を徴収していながら何故だ」と思われるのが普通である。「トランスイート四季島」や「トワイライトエクスプレス瑞風」の主な利用者層は、熟年夫婦などが中心になる。

そうなるとディナーを食べた段階で、完全に満腹状態となってしまうだけでなく、「トランスイート四季島」の場合は、姨捨駅に夜景を見るためのラウンジが設けられ**(写真6.77)**、そこで軽いおつまみ**(写真6.78)**なども提供されることもあり、パブタイムになっても食事類を欲しいと思わなくなってしまう。

「トランスイート四季島」でも、食事系として「キーマカレー」が用意され、「トワイライトエクスプレス瑞風」でも、「にゅうめ

(写真6.77)
姨捨駅に設けられた夜景を見るためのラウンジ。コースに組み込まれている。

(写真6.78)
ラウンジで提供されるおつまみ。

ん」が用意されているが、これらを食べる人は少ないという。

生ハムやチーズの盛り合わせを注文して**(写真6.79)**、アルコールドリンクと一緒にパブタイムを楽しむ人が多い。どちらの列車も、ラウンジは24時間営業していたため**(写真6.80)**、寝付けない人は、ラウンジで夜を明かしたりする人もいた。

(写真6.79)
「トランスイート四季島」のパブタイムのメニューは充実していない。生ハムとチーズの盛り合わせなどである。

(写真6.80)
ラウンジは、24時間営業していたが、コロナ禍のため、AM0:00～AM5:00までは、サービスが中止されている。

筆者も、ディナーを食べた段階で満腹の状態になり、おつまみ類しかお腹に入らなかった。これらも旅行代金に含まれており、クルーズトレインの旅行代金は非常に割高であるが、列車に乗車してしまうと、殆どお金が掛からないと言える。

(3)「トワイライトエクスプレス瑞風」の客室を食堂車化

「トワイライトエクスプレス瑞風」の前身は、臨時の寝台特急「トワイライトエクスプレス」である。この列車は、青函トンネルが開通した翌1989年(平成元年)7月21日から運行を開始した豪華寝台特急であった。

ビジネスユースを全く考えず、「日本海に沈む夕日を眺める」という、今までの日本の寝台特急には無かった概念を導入した列車となった。

「トワイライトエクスプレス」も「北斗星」と同様に、利用者からは大変好評であり、高い人気を誇ったが、2015年(平成27年)3月12日に、北陸新幹線の金沢開業により、並行在来線の第三セクター鉄道への移管や、車両の老朽化を理由に運行を終了した。

「トワイライトエクスプレス」としての運行は廃止されたが、JR西日本は「トワイライトエクスプレス」の伝統を受け継ぐ列車として、「トワイライトエクスプレス瑞風」の導入を決めていたこともあり、より付加価値の高い列車を運行するためのノウハウを得る目的から、“スイート”“ロイヤル”、食堂車、“サロンデュノール”から編成された特別な「トワイライトエクスプレス」を、約1年間運行することにした。

2017年(平成29年)6月17日からは、「トワイライトエクスプレス」の名称を受け継ぐ形で、「トワイライトエクスプレス瑞風」が営業運転を開始した。従来の「トワイライトエクスプレス」は、大阪～札幌間を結ぶ寝台特急であったのに対し、「トワイライトエクスプレス瑞風」は、京阪神地区から山陰本線の上り・下り、山陽本線の上り・下りという販売に加え、「山陰と山陽の周遊」という、5種類の販売が実施される。それぞれの沿線では、名所や旧跡などに立ち寄り、観光を実施する。最寄り駅から観光地までは、専用のバスで乗客を案内する**(写真6.81)**。列車コンセプトは、「美しい日本をホテルが走る」である。

(写真6.81)
「トワイライトエクスプレス瑞風」にも、専用バスが用意されている。

「トワイライトエクスプレス瑞風」の食堂車は、「トワイライトエクスプレス」時代から継承して、当時はジェイアール西日本フードサービスネットが担当していたが、JR西日本を代表するフラッグシップトレインで提供する料理となれば、いい加減な料理は提供できない。

そこで厨房での調理こそ、ジェイアール西日本フードサービスネット(現在はJR西日本)のコックが担うが、フードコラムニストの門上武司がプロデュースを行うことになった。そして京都の一流料亭である「菊乃井」の三代目主人の村田吉弘が和食を、レストラン「HAJIME」のオーナーシェフである米田肇が、フレンチを監修している。

「トワイライトエクスプレス瑞風」の大きな特徴として、JR西日本は意識していないが、筆者が利用した2018年6月25～26日は、2日目のランチでは各個室で食べるようになっていたため、個室が食堂車のように機能していた。後で説明するが、最上級個室である"ザ・スイート"の乗客は、個室内にダイニングが備わっているため、隣の6号車からルームサービスという形で、個室内で食事を摂ることになる。その他の個室であっても、1泊2日のコースに参加した場合、2日目のランチを各個室で食べることになっていたが**(写真6.82)**、現在は2日目にランチは、全て食堂車で提供されている。

(写真6.82)
筆者が参加した時は、2日目のランチを部屋で食べる形が採用されていた。

「トワイライトエクスプレス瑞風」には、グレードが高い順に"ザ・スイート"、"ロイヤルツイン"、"ロイヤルシングル"と3種類の個室が備わる。

一番数が多いのが"ロイヤルツイ

ン”であり、2人用の寝台設備を備えたツインルームが、車両1両当たりに3室備わる。各部屋にはシャワールームと、トイレ・洗面所が備わる。

客室は、昔のナロネ20の寝台のように、壁に収納されたベットを採用することで、昼間広くゆったりとしたリビングスペースになる**(写真6.83)**。客室には、事務用の机、電気スタンド・ソファー・机用の椅子が設けられている**(写真6.84)**。また一部の窓は開閉が可能であり、自然の風を個室へ呼ぶ込むことが可能である。

「トワイライトエクスプレス瑞風」の大きな特徴として、個室の入口の引戸だけでなく、壁も可動式になっていることである。写真のように、引き戸と壁を開放することで**(写真6.85)**、通路側にある大窓からも景色を見ることが可能となり、食堂車のような雰囲気になる。2・9号車には、床下に走行用のリチウムイオン蓄電池と空気コンプ

(写真6.83)
昼間は、ゆったりとしたリビングスペースになる。

(写真6.84)
客室には、事務用の机と椅子、電気スタンドが備わる。定期の寝台特急復活へ向けた試金石か。

(写真6.85)
「トワイライトエクスプレス瑞風」は、壁と扉を撤去することができる。

レッサーを3台搭載しているが、「トワイライトエクスプレス瑞風」の客室がある車両は、エンジンを搭載しない付随車である。筆者は2号車に乗車したが、空気コンプレッサーの音も気にならず、非常に揺れが少なく快適な室内空間となっていた。

“ロイヤルシングル”は、4号車に連結された車両であるが、「トワイライトエクスプレス瑞風」の概要が発表された当初は、この部屋は設定されていなかった。正式なデザインが発表された時に、“ロイヤルシングル”が2室追加された。この部屋は、旧A寝台の“ロイヤル”の延長線上にある1人用個室であるが、エキストラベッドを活用することで、2人用の個室にもなる。

(写真6.86)
「トワイライトエクスプレス」の“ロイヤル”は、ボタン１つで座席から寝台に代わるが、写真のようなダブルベッドになった。但し寝台にシーツ１枚敷くだけであったため、寝返りを打つと継ぎ目に腰が当たり、違和感があった。

JR西日本は、「様々なニーズに対応するため、“ロイヤルシングル”を設定することにした」と、見解を示しているが、「トワイライトエクスプレス」時代の“ロイヤル”**(写真6.86)**は、シングルベッドが、ツインベッドに代わる構造であったが、“ロイヤルシングル”は壁に収納されているエキストラベッドを引き出して使用する構造である**(写真6.87)**。それゆえ筆者は、この設備は今後の寝台夜行列車を復活させる際、重要な設備になると考えている。それ以外の設備などは、“ロイ

(写真6.87)
“ロイヤルシングル”は、旧“ロイヤル”の延長線上のような部屋であるが、エキストラベッドを使用すれば、二段式の寝台となる。

ヤルツイン”とほぼ同じであり、引き戸だけでなく、壁も外して両方の車窓を楽しむことが可能な構造であり、食堂車としても機能する。

更に4号車には、車椅子に対応したユニバーサル仕様のツインルームを1室備えている。乗降口だけでなく、そこからツインルームまでの通路と、部屋の入口が車椅子にも対応して、幅が広くなっている。その他として4号車には、車掌室・業務用室・食堂車用の食材を保存するための冷蔵庫を備えている。

“ザ・スイート”は、1両1室という、世界的にも希少な広いスペースを持った車両であり、「トワイライトエクスプレス瑞風」のシンボルでもある**(写真6.88)**。室内には、**図6.1**で示すように、リビング・ダイニング**(写真6.89)**・寝室**(写真6.90)**は勿論であるが、エントランスやプライベートバルコニーも備わっている。“ザ・スイート”のお客様は、食堂車で食事を摂るのではなく、この“ザ・スイート”で食事を摂ることになるため、食堂車としても機能する。

(写真6.88)
“ザ・スイート”は、「トワイライトエクスプレス瑞風」のシンボルである。

トイレも玄関横だけでなく、ユニットバス内にも備

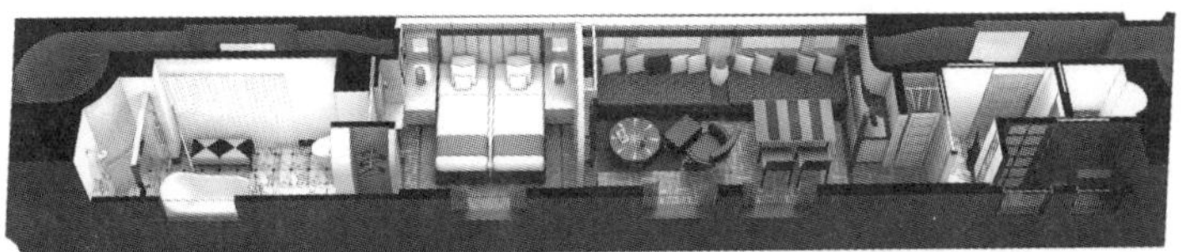

(図6.1) 「トワイライトエクスプレス瑞風」の“ザ・スイート”鳥瞰図(JR西日本作成)。

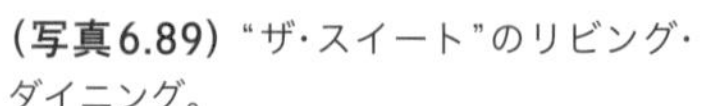

(写真6.89) “ザ・スイート”のリビング・ダイニング。

(写真6.90) “ザ・スイート”の寝室。

わるため、合計で2か所もある。そしてバスルームには、バスタブを備えた大変豪華な個室寝台車(車両)である。バスタブまで備えた個室寝台は、「トワイライトエクスプレス瑞風」の“ザ・スイート”を除けば、「トランスイート四季島」の“四季島スイート”と“デラックススイート”に設けられた、ひのきのバスタブだけである。

寝室&リビングの通路側には、天井まで届く大きな窓、バスルームにも横長の窓と天窓が設置され、寝転んだ状態やバスルームからでも、景色が見られるようになっている。その一方で、寝室・ソファー側の窓は非常に小型であり、落ち着いて就寝したり、寛げるように配慮されている。

“ザ・スイート”のある7号車のみ、ダブルデッカー構造の鋼製車両である。通り抜けの通路は、階下に設けられたことで**(写真6.91)**、二階部分の車両空間が広くなり、リビングと寝室はゆったりとしている。その他として、プライベートバルコニー部分の窓は、他の寝台車と同じ開閉可能な窓となってい

(写真6.91)
“ザ・スイート”がある7号車の通り抜け通路。

る。「トワイライトエクスプレス瑞風」は、どの個室であっても、「自然の風を浴びて旅行したい」というニーズに応えており、従来の個室寝台車には無かった新しい発想である。

“ザ・スイート”は最上級の価格であり、大人1人当たり2泊3日のコースに参加すると、132～137万円程度にもなる。

この車両でも、エキストラベットを活用する事で、最大で4名までの対応が可能となり、4名で利用した場合は、2泊3日のコースに参加したとしても、1人当たりの旅行代金は、90万円程度と幾分割安になる。

“ザ・スイート”の隣の6号車は、食堂車であることから、階下には通路が設けられただけでなく、食材庫などを備える。また床下に走行用の電気を蓄えるリチウムイオン蓄電池を搭載している。

(4)「トワイライトエクスプレス瑞風」の食堂車はIHクッキングヒーター内蔵のテーブルを導入

食堂車は、編成の中ほどの6号車に設けられている。「トワイライトエクスプレス瑞風」の車両形式は、87系気動車となっているが、客室のある車両にはエンジンが無く、両端の先頭車と食堂車・ラウンジ車にエンジンを搭載する。食堂車などには、ディーゼルエンジンと発電機を、それぞれ2台、そしてモーターを4台搭載したことから[(注10)]、メカニズム的に4M6Tとなり、電車に近いと言える。キシ86も先頭車のキイテ87と同じく、58.3tという機関車並みの重量のある重い車両となった。

「トワイライトエクスプレス」の食堂車スシ24と同じく、「ダイナープレヤデス」の愛称を冠しているが、内装は大きく異なっている。旧「トワイライトエクスプレス」の食堂車は、ステンドグラス

(写真6.92)
食堂車"ダイナープレヤデス"の車内。

(写真6.93)
食堂車には、コックが5名も乗務していた。

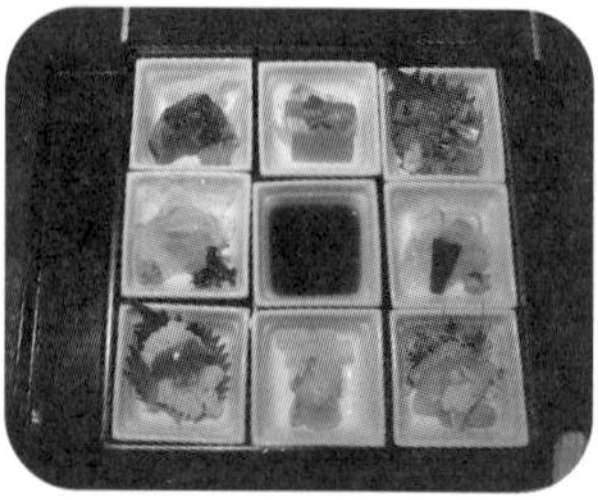

(写真6.94)
厨房機器類が充実したこともあり、旧「トワイライトエクスプレス」では提供できなかった刺身が、鮮度を維持した状態で提供された。

やシェードカーテンを用いるなど、レトロな欧風のデザインが採用されていたが、「トワイライトエクスプレス瑞風」の食堂車は、全体的にシックな感じに仕上がっており、生け花が飾られるなど**(写真6.92)**、フォーマルな雰囲気が強くなった。車両の約半分が、厨房スペースに充てられており、「トランスイート四季島」と同様にオープンキッチンが採用された**(写真6.93)**。それゆえ乗客は、車内での調理の様子を見たり、香りなどを体験することが可能である。

「トワイライトエクスプレス瑞風」も、厨房機器類が充実したこともあり、旧「トワイライトエクスプレス」では提供できなかった刺身が、鮮度を維持した状態で提供された**(写真6.94)**。

ダイニングルームの部分には、2人掛けのテーブルが6つ、4人掛けのテーブルが2つ配置されているから、20名分の座席が用意されている。食堂車の窓は、ナシ20と同様に大形化されており、ランチタイムは明るい雰囲気**(写真6.95)**

で、フルコースの食事が可能となった(**写真6.96〜99**)。

「トワイライトエクスプレス瑞風」の食堂車は、他の食堂車には無い大きな特徴として、テーブルにはIHクッキングヒーターが内蔵されている点が挙げられる(**写真6.100**)。それゆえ車内で鍋料理

(写真6.95)
食堂車の窓は大型化されており、明るい雰囲気を醸し出している。

(写真6.96)
初日のランチタイムのオードブル。

(写真6.97)
次に、ハードタイプのフランスパンが提供される。

(写真6.98)
3皿目として、牛肉のメインディッシュが提供された。

(写真6.99)
最後に提供されたデザート。

(写真6.100)
食堂車のテーブルには、IHクッキングヒーターが組み込まれている。

の提供が可能になるなど、食堂車の新たな可能性を開いたと言える。

筆者が乗車した時は、1日目のディナーが和食のフルコース(**写真6.101**)であり、監修が京都の老舗料亭の主人である村田吉弘が担当しているが、鍋料理は“強肴”とメニューに書かれていた。鍋料理は、コースの最後の方で提供され、洋皿の料理(**写真6.102**)が終了して皿が下げられると、食堂車のクルーが、写真のように鍋をセットしてくれる(**写真6.103**)。そして具材などは、食堂車のクルーが鍋に入れてくれるため、乗客は食べることに専念すれば良い。鍋料理を食べ終えた頃になれば、うどんが締めとして入れられる(**写真6.104**)。

(写真6.101)
初日のディナーのオードブル。

(写真6.102)
和食のフルコースのディナーであるが、洋皿もあった。

(写真6.103)
洋皿が終わると、写真のように鍋がセットされる。

(写真6.104)
締めとして、うどんが鍋に入れられる。

料亭などで和食のフルコースを食べた際、最後の方でご飯が提供されることと同じである。鍋料理が終わると、最後はデザート(**写真6.105**)とコーヒーなどが提供され、ディナーが終了する。「トワイライトエクスクレス瑞風」のディナーは、オードブルから始まり、最後のデザートを食べ終えるまで、2時間程度も要する。これは「トランスイート四季島」のフレンチのディナーよりも、時間を要する内容であり、ディナーを全て終えた後は、満腹の状態になっていた。

(写真6.105)
最後にデザートが提供され、ディナーは終了する。

このIHクッキングヒーターを内蔵したテーブルであるが、今後、定期の寝台夜行列車が復活した際は、パブタイムでお好み焼きを提供したり、1人前の鍋料理を提供するなど、料理の幅が広がる。結果として、ファミリーレストランなどと完全に差別化が図れることから、食堂車も活気が蘇るように感じた。

現在は、コロナ禍であることから、乗客は食堂車で食事を摂るのではなく、一時期は全て各個室へルームサービスという形で、提供されていた。本当に、食堂車と個室寝台車との境界が、無くなりつつあると言える。現在は、2日目のランチは全て食堂車で提供されている。

「トランスイート四季島」では、ラウンジカーも食堂車の代用になったりもするが、「トワイライトエクスプレス瑞風」では、ラウンジカーが食堂車の代用になることは無い。その代わりに、お茶会などが開催されたりする。

ラウンジカーは、編成の中央の5号車に連結されており、この車両も食堂車などと同様に、走行用として450PSのエンジンと発電機を、それぞれ2基ずつ搭載している。そしてモーターを4台搭載しているため、先頭車のキイテ87と同じく58.3tという、機関車並みの重量のある重い車両となった。またラウンジを表す「キラ」の形式記号は、国鉄時代も含めて、初の形式となった。

「トランスイート四季島」と同様に、「トワイライトエクスプレス瑞風」の乗降も、5号車のラウンジの扉を使用するため、この車両もバリアフリー対応の部屋が備わる4号車と同様に、乗降口が拡幅されている。

(写真6.106)
「トワイライトエクスプレス瑞風」のラウンジは、シックな感じに仕上がっている。

「トランスイート四季島」のラウンジカーは、明るく開放的な雰囲気に仕上がっていたが、「トワイライトエクスプレス瑞風」のラウンジカーは、バーカウンターには本物の木が使用されているが、壁には木目調の化粧板を多用した、シックで落ち着いた空間になっている**(写真6.106)**。

乗降口側の車端部には、**図6.2**で示すように、喫煙室として使用される2人用の座席を備えた個室と、向かい側にはトイレがある。そこからバーカウンター**(写真6.107)**、立礼の茶の卓**(写真6.108)**、ソファーラウンジ、そしてブ

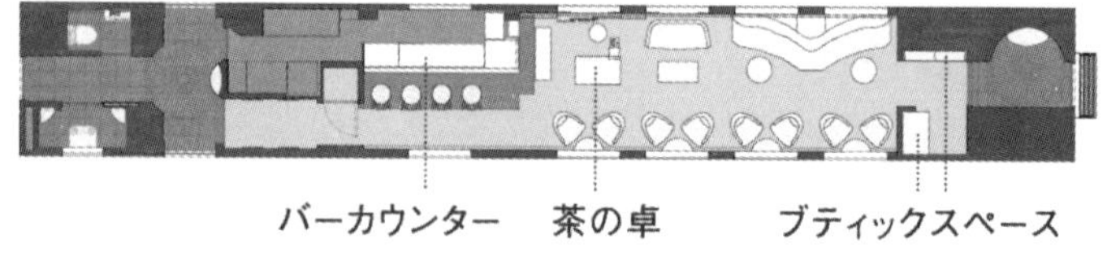

(図6.2)「トワイライトエクスプレス瑞風」の客室イメージ図(JR西日本作成)。

(写真6.107)
ラウンジのバーカウンター。

(写真6.108)
ラウンジには、茶の卓も備わる。

(写真6.109)
キャビンクルーが、和服に着替えてお茶を点ててくれる。

(写真6.110)
抹茶と一緒に和菓子もサービスされる。

ティックスペースが設けられている。

茶の卓が設けられたことから、ここでキャビンクルーがお茶を点てる。この時は、キャビンクルーが和服に着替え**(写真6.109)**、お茶を点てるだけでなく、抹茶や茶菓子を乗客にサービスする**(写真6.110)**。

食堂車と同様に、ラウンジカーにも愛称が付けられており、フランス語で「西のサロン」を意味する「サロン・ドゥ・ルウエスト」となっている(注11)。

「トワイライトエクスプレス瑞風」には、ラウンジカー以外にも、編成の両端にある展望車に、ソファーが配してあり、自由に寛ぐことが可能である。

両端の先頭車は、流線型のスタイルをしており**(写真6.111)**、丸形ヘッドライトや運転室の位置などは、晩年のボンネットスタイルを彷彿させるだけでなく、「サンライズ瀬戸・出雲」を連想させることから、「ノスタルジック・モダン」としての懐かしさを演出している。そして運転台の前には、オープンデッキが備わっている**(写真6.112)**。先頭車の車体中央部は、屋根まで続く大きな曲面ガラスの窓を備えた、ハイデッカー式の側面の展望室を備えている**(写真6.113)**。このガラスは、熱線を反射する特殊な加工が施されている。

(写真6.111)
両端の先頭車は、流線形をしている。

(写真6.112)
運転台の前に備わるオープンデッキ。ここへは、進行方向と逆側しか、安全上出られない。

(写真6.113)
両端の先頭車の真ん中は、展望室になっている。

「ノスタルジック・モダン」な外観のデザインが評価され、2017年(平成29年)度のグッドデザイン・ベスト100を受賞している。

先頭部にオープンデッキを備えた車両は、87系気動車が最初であるが、オープンデッキは、進行方向とは逆の後ろ側しか、安全上の理由から出ることはできない。そのような理由もあり、運転台の後方部分がガラスで仕切られており、車体の中央部にある側面の展望室からは、前方の景色が見られるように配慮されている**(写真6.114)**。側面の展望室は、1号車と10号車にあり、運転室の後方に椅子と4人掛けソファーが備わる。床はカーペット敷きであるが、1号車と10号車とでは、カーペットの色だけでなく、4人掛けソファーの向きも異なっている。

(写真6.114)
先頭車では、前方の景色が見られるように配慮されている。

最後に2日目の朝食とランチ、ティータイムを紹介したい。筆者は、2018年(平成30年)6月25～26日の1泊2日の山陰本線上りのコースに参加したが、朝食・ランチともに洋風であり、朝食は最初にサラダとヨーグルト・ゆで卵が提供される**(写真6.115)**。続いてパンが提供され**(写真6.116)**、メインはハムのステーキであった**(写真6.117)**。最後のデザートはいちじくであり**(写真6.118)**、コーヒーか紅茶の選択になるなど、ボリューム感のある朝食が食堂車で提供された。

(写真6.115)
朝食は最初にサラダとヨーグルト・ゆで卵が提供される。

(写真6.116)
次にパンが、大きなボールに入れた状態で提供される。

2日目のランチは、各自の部屋が食堂車になる旨は紹介したが、ここでもオードブル**(写真6.119)**から始まり、メインのポトフ**(写真6.120)**、最後のデザートと続く**(写真6.121)**。

(写真6.117) メインのハムステーキ。

(写真6.118) デザートは生のいちじく。

(写真6.119)
2日目のランチのオードブル。

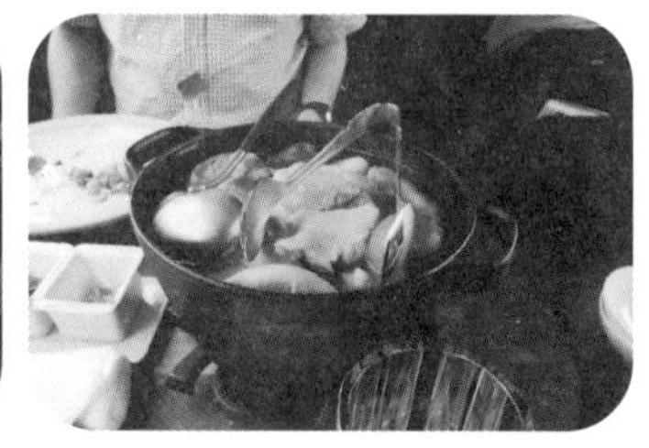

(写真6.120) メインがポトフ。

(写真6.121)
2日目のランチのデザート。

「トワイライトエクスプレス瑞風」では、ティータームも実施される。15:00過ぎになると、各個室にケーキ**(写真6.122)**やフルーツの盛り合わせなどが配られる**(写真6.123)**。それらが終了すると、列車長や食堂車のクルーとシェフが客室を回り、京都で下車する人もいるため、お別れとお礼の挨拶が行われる**(写真6.124)**。その後も、5号車のラウンジでは、「トワイライトエク

(写真6.122)
テータイムに各個室に届けられるケーキ。

(写真6.123)
続いて、フルーツの盛り合わせが届けられる。

(写真6.124)
京都へ到着前に、列車長や食堂車のクルーとシェフが客室を回り、お別れとお礼の挨拶が行われる。

(写真6.125)
5号車のラウンジで提供された「トワイライトエクスプレス瑞風」のオリジナルカクテル。

スプレス瑞風」のオリジナルカクテル**(写真6.125)**や特選焼酎**(写真6.126)**などが楽しめるため、ランチやティータイムで満腹になった胃袋を、度数の強い酒で消化を促すことが可能である。

終点の大阪直前になると、乗客は5号車のラウンジに集合して、列車長からのお礼とお別れのセレモニーが実施され、乗客が下車して解散となる。

(写真6.126)
「森伊蔵」という特選焼酎も提供される。

(写真6.127)
「トランスイート四季島」の場合、上野駅のラウンジに集まってお別れのセレモニーが開催される。

「トワイライトエクスプレス瑞風」の場合、大阪駅にあるラウンジへ集合することがなく、自車のラウンジでお別れの挨拶を行って終わる点が、「トランスイート四季島」と異なる点である。「トランスイート四季島」の場合、上野駅にある専用ラウンジに集まって、お別れのセレモニーが開催される**(写真6.127)**。

(5) クルーズトレインが導入される背景

JR東日本が「トランスイート四季島」を、JR西日本が「トワイライトエクスプレス瑞風」を導入する目的について、「観光立国の推進」が挙げられる。

JR東日本は、「鉄道」という社会インフラを担う企業であるから、安全・安定・安心した快適な移動は、「変わらぬ使命」と考えている。

だが今後の日本は、少子高齢化や人口が減少することもあり、従来の「変わらぬ使命」だけでは、会社の存続も難しくなると考えており、そこへ「地域との連携強化」という新たな目的も加わった。

これは、自社管内は当然として、「トランスイート四季島」は北海道へも乗り入れている上、この列車に乗車する人は、日本全国から集まって来ることから、「日本全体が元気である」ことが「存続基盤」としている。

地域を活性化して行くには、首都圏は別として、JR東日本は会社発足以来、旅行業の育成にも取り組んで来たことから、「観光立国の推進」は、自社の強みが発揮しやすいと言える。この具体的な取り組みの1つが、「トランスイート四季島」である。

「トランスイート四季島」は、上質でハイグレードな設備やサービスを備え、JR東日本の「フラッグシップトレイン」であるだけでなく、「日本の鉄道」における1つのシンボルでもある。JR東日本は、その運行を通じて東日本エリアの魅力を掘り起こし、情報を発信することで地域の活性化に貢献したいとしている。

JR東日本によると、車両や駅の関連施設を含めた「トランスイート四季島」の事業費は、約100億円に上り、車両の製造だけで、約50億円も要していると聞く。

2017年(平成29年)6月17日には、JR西日本が豪華クルーズトレイン「トワイライトエクスプレス瑞風」の運行を開始した。この列車も、地域活性化が目的の1つである。

(写真6.128)
「トワイライトエクスプレス瑞風」が立ち寄る地元では、横断幕を持って歓迎してくれる。

「トワイライトエクスプレス瑞風」が立ち寄ることで、新規に社会インフラを整備しなくても地域のブランド力、ステータスが向上するため、それらの地元では、横断幕なども用意して**(写真6.128)**、熱烈に歓迎を行うのである。現在は訪問しないが、筆者が乗車した2018年6月26日には、鳥取市にある仁風閣へ訪問していた。ここでは、当施設のスタッフまでが、「トワイライトエクスプレス瑞風」用の専用衣装に着替えて**(写真6.129)**、サービスを行

(写真6.129)
仁風閣では、スタッフも「トワイライトエクスプレス瑞風」用の制服を着用して、サービスしてくれた。

う徹底ぶりであり、鳥取市のブランド力向上に、大きく貢献していると言える。

2013年(平成25年)10月15日に、JR九州が日本初となるクルーズトレイン「ななつ星in九州」をデビューさせると、たちまち世間の注目を集めると同時に、非常に高い競争率が続いた。

筆者は、「ななつ星in九州」に乗車したことがなく、詳細に関しては分からない部分はある。JR九州の関係者から聞いた話では、「厨房には、ステーキを焼く設備などは備わっている」とのことであるが、車内で調理しているというよりも、外部からシェフや料理人が乗り込んで、地上で調理された料理などを加熱したりして、皿に盛りつけて、乗客に提供しているような感じがする。

このようなスタイルになった要因として、「ななつ星in九州」が運行を開始した時には、ジェイアール九州トラベルフーズという事業者が廃業していたことも影響していると、筆者は考える。

そうなれば外部の事業者に頼らざるを得なくなる。考え方を変えれば、「ジェイアール九州トラベルフーズありき」から脱却することができたが、日本最初のクルーズトレインであるため、食堂車に関しても試行錯誤的な要素があったことは、否めないと考える。

後発となるJR東日本の「トランスイート四季島」や、JR西日本の「トワイライトエクスプレス瑞風」の場合、JR九州が導入した「ななつ星in九州」にも乗車して、この列車を含めて「クルーズトレインのあり方」を研究したと考える。

その結果、「食堂車の厨房で調理を行って、出来立ての料理を提供するのが良い」と考えた、と筆者は感じる。「トランスイート四季島」「トワイライトエクスプレス瑞風」では、食堂車のコック(シェフ)の数が5～6名に増えており**(写真6.130)**、従来の食堂車よりも充実した料理が提供されている。

(写真6.130)
「トワイライトエクスプレス瑞風」では、5～6名のコック(シェフ)で食堂車を担当する。

またJR東日本は、「「ななつ星in九州」を更に豪華に」という方向へ向かい、JR西日本は「「ななつ星in九州」よりも、メンテナンスしやすく」という方向に向かったと、感じている。JR西日本は、「トワイライトエクスプレス瑞風」を、「新しい寝台夜行列車」と定義付けている点を、筆者は重要視している。

つまりJR西日本は、JR東日本のように「首都圏」というドル箱地域もなければ、JR東海のように「東海道新幹線」というドル箱路線もない。そうなれば利益率は高くなくても、潜在的な需要が見込める寝台夜行列車の復活も、意識せざるを得なくなる。その方向として、「West Express銀河」**(写真6.131)**の導入も考えられるし、「トワイライトエクスプレス瑞風」も、それに向けたデータ取りであると、筆者は考えている。

「トワイライトエクスプレス瑞風」の中で、今後、重要な意味を持つ設備は“ロイヤルシングル”であり、この設備やサービスを幾分簡素化した個室A寝台車を導入してくると、筆者は見ている。JR西日本は、「サンライズ瀬戸・出雲」(**写真6.132**)に始まり、「トワイライトエクスプレス瑞風」、「West Express銀河」と、寝台夜行列車を復活させるためのノウハウを持っており、これらの設備を組み合わせた上で、食堂車とロビーカーなどを組み込んでくるだろう。

JR東日本が、「トランスイート四季島」をデビューさせ、時期をほぼ同じにして、JR西日本は「トワイライトエクスプレス瑞風」をデビューさせた。その結果、日本には「ななつ星in九州」「トラ

(写真6.131)
カジュアルな旅行を目的に、「West Express銀河」も導入している。

(写真6.132)
「サンライズ瀬戸・出雲」は、高い人気を誇っている。

ンスイート四季島」「トワイライトエクスプレス瑞風」と、3つのクルーズトレインが存在することになる。

これに対して、「お互いに共食いするのではないか」と、クルーズトレインの将来に対して、悲観的な見方をする人もいるが、筆者は運行されている地域も異なれば、「売り」にしているサービスや設備などが全く異なるため、そのような心配はしていない。むしろ「ななつ星in九州」に乗車した人が、「トランスイート四季島」や、「トワイライトエクスプレス瑞風」にも乗車しようとする相乗効果が、生まれるのではないかと考えている。

「ななつ星in九州」であるが、2022年6月までの運行を終了し、同年10月からはリフレッシュして、営業を再開した。乗車定員を従来の14室30人から、10室20人に減らすと同時に、「サロン」や「バーラウンジ」などを設置した。10月からスタートした新たなコースでは、1泊2日のコースで、一番割安な“スイート”**(写真6.133)**であっても、従来の1人当たり40万円強の価格が、65万円にまで値上がりした。これが3泊4日のコースになれば、“スイート”で1人当たり115万～125万円となる。リニューアルの内容は、「サロン」、「茶室」、「ギャラリーショップ」、「バーラウンジ」が新設された。

(写真6.133)
「ななつ星in九州」の客室は、木材が多用されている。写真は、一番割安な“スイート”。

食堂車「木星」である2号車が、乗客同士の語らいの場や、食事の前の時間を過ごす、サロンとして生まれ変わる。食事は、1号車ラウンジカー「ブルームーン」で提供されることになった**(写真6.134)**。ということは、新たに厨房機器を充実させ、車内で調理

(写真6.134)
改装前は、1号車は“ブルームーン”というラウンジであった。

して出来立ての料理を提供するのではなく、従来と同様に完成した料理を車内へ積み込み、温めるなどして提供するスタイルは、変わらないことを意味する。

それ以外に、従来は立席タイプの茶室があったが、これをより本格的な茶室にリノベーションして、2号車のサロンに設けられた。またサロンでは、車内アクティビティなども実施され、隣の3号車には新しくギャラリーショップとバーカウンターが設置されたが、4～7号車の客室は特に変更は実施されなかった。

JR九州は、「「ななつ星in九州」はトップランナーである。デビュー当時は、国内にこのようなクルーズトレインは皆無であったが、今は他社でも導入している。我々は同じ所に留まっている訳にはいかない」と、今回の「ななつ星in九州」のリニューアルについて考えている。

だが客室のリニューアルや食事のグレードアップが実施される訳ではなく、定員が2/3に減少する分、価格を約1.5倍に値上げするようなやり方では、果たして人気が継続するのか、疑問が残る。

1泊2日の“スイート”を利用するコースであっても、1人当たり40万円強から65万円に値上がりすれば、乗客はより高いレベルのサービスを要求する。車両は、金を掛ければグレードアップできるが、JR九州は1.5倍に値上げした価格の乗客を満足させるノウハウは持ち合わせていないし、簡単には得られないだろう。

筆者は、乗客が満足せず、価格を従来の水準に戻し、もう一両車両を組み込んで、生産性を高めた上で、鹿児島本線系統や日豊本線系統を中心に、運行するのではないか、と考える。

コロナ禍の現在、インバウンドの需要減少という逆風があるが、クルーズトレインの持つ車両設備やサービス、地域住民の歓迎的なおもてなし**(写真6.135)**などを含め、それらが少子高齢化、地方の過疎化、人口減少社会を迎えた日本では、「地域活性化」という課題に対し、明るい方向性を示すと、筆者は考えている。

またクルーズトレインを運行するには、寝台車・食堂車・車内販売などのサービスが揃わないと成立しないため、クルーズトレインで得たノウハウは、寝台夜行列車や食堂車、車内販売の復活**(写真6.136)**のため、フィードバックさせる必要があると筆者は感じている。さらにクルーズトレインは、「地産地消」**(写真6.137)**である上、沿線地域の方々の協力がなければ、人気が継続しない列車である。例え不採算であっても、ローカル線の運行本数を間引くなどすれば、地

(写真6.135)
「トワイライトエクスプレス瑞風」では、沿線の子供達も旗を持って歓迎してくれる。

(写真6.136)
車内販売を復活させるには、コンビニの商品とバッティングしないことが重要である。写真は、仁風閣で提供された地元の銘菓。

(写真6.137)
クルーズトレインには、「地産地消」という概念が浸透している。写真は、「トランスイート四季島」のディナー時に提供された、山梨県産のぶどうを使用したデザート。

元が非協力的になるため、優れたサービスが提供できなくなる。

それゆえ筆者は、**表6.2**で示すように、基礎が生活路線としての地域輸送であり、二段目が観光客輸送となり、それの応用発展型として、クルーズトレインを位置付けている。

表6.2　筆者のクルーズトレインに対する考え方

3段目	クルーズトレイン	基幹産業と位置付け、料理などの地産地消、地元バス会社・旅行会社と提携したツアー
2段目	観光客輸送	SL、グルメ列車、イベント列車
1段目	生活路線(地域輸送)	通勤・通学・通院客の輸送を重視

出典：堀内重人『観光列車が旅を変えた』交通新聞社、2016年12月より、一部修正の上で引用

4　海外の参考になる事例

(1) 欧州

欧州では、韓国・台湾などと比較すれば、食堂車が連結された列車が多く、「列車旅の楽しみの1つ」として人々に親しまれているが、西欧諸国では日本と同様、食堂車は減少・簡略化される傾向にあるが、その様相は国により異なる。

フランスでは、TGVが開業する以前は、TEE(注12)という国際連絡の豪華特急が多数運転されており、TEEの代表格である「ル・ミストラル」などでは、フルコースのフレンチが提供されていた。

TGVなどの高速鉄道が、欧州内に張り巡らされるようになり、かつ欧州全体としては、日本よりも早く航空業界の規制緩和が進み、LCCの運航が盛んになると、食堂車の必要性が低下してしまった。

欧州の夜行列車では、個室寝台車は「朝食込み」で販売される事例も多いが、フランスではユーロシティー(EC)という国際列車以外では、軽食を提供するビュッフェが主流である。TGVも、立食式のビュッフェが導入されている**(写真6.138)**。

(写真6.138)
TGVに導入されている立食形式のビュッフェ。

ドイツ・イタリア・スペインなどへ向かうECには、食堂車が連結された列車も存在するが、これらの列車の食堂車は、全て乗り入れ先の国側の鉄道事業者が担当している。

ドイツでは、食堂車の慢性的な経営難により、国際列車や夜行列車を除けば、全室食堂車のビュッフェ車(ドイツでは、ビストロと呼ばれる)への改造が進められている。

ドイツの高速鉄道ICE**(写真6.139)**には、食堂車が設けられている

(写真6.139)
ドイツの高速鉄道ICEは、TGVよりも幾分、車体幅が広い。

が**(写真6.140)**、車両の真ん中に厨房があり、昔は片側が食堂車であり、もう片方がビュッフェ(ビストロ)となっていた**(写真6.141)**。食堂車のメニューも、ドイツの主食はジャンガイモであるから、2003年頃はそれのサワーソース掛けを中心に**(写真6.142)**、そこへスモークサーモンや七面鳥の燻製を添える形**(写真6.143)**で、価格が変わる仕組みになっていた。

(写真6.140)
ICEには、食堂車が備わる。

(写真6.141)
ICEのビストロ部分。

(写真6.142)
2003年頃は、ジャンガイモのサワーソース掛けが基本。

(写真6.143)
そこへスモークサーモンを添えたり、七面鳥の燻製を添えることで、価格が上がるようになっていた。

当時は、ステーキなどのフルコースの料理が提供されていなかったが、最近ではタイ風のカレー以外にメインディッシュが登場するなど、2003年頃よりもメニューを充実させる傾向にあると聞く。ドイツでは、クレジットカードによる決済が可能である。

だが**図6.3**で示すように、ビストロの部分を廃止して、車内を改造して一等車を設けた食堂車が登場するなど、合理化も図られている。一等車の利用者からすれば、食堂車は人の往来が激しいため、落ち着いて寛げないように感じるかもしれない。余談であるが、ドイツの車両規格はフランスよりも大きいため、座席の横幅はゆとりがあるが(**写真6.144**)、一等車・二等車ともに座席は硬めである。

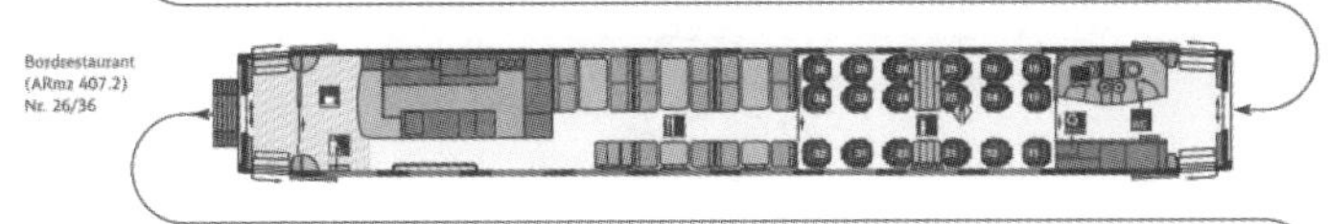

(図6.3)
出典:httpswww.bahn.deserviceueber-unszugtypenice_3
© Deutsche Bahn AG

(写真6.144)
ドイツの鉄道は、フランスよりも幾分、車体幅が広いため、座席も広めである。写真は一等車の座席である。

一方、フランクフルト中央駅とアムステルダム中央駅を結ぶ高速鉄道のICE3(**写真6.145**)は、二等車が慢性的に混雑しているため、少しでも座席定員を増やしたく、食堂車の客室部分を二等車の座席に改造している。ICEの二等車は、2-2の横4列の座席配置であるが、その部分は2-1の横3列となり、混雑時は二等車になるという。

ICEの一等車・二等車も、座席はリクライニングするが、大きな固定式のテーブルが付いた向かい合わせであったりするため、混雑時以外は食堂車としても対応が可能ではある。

(写真6.145)
ICE3は、動力分散方式の電車である。

イタリア、スイス、スペインや中欧諸国では、同一国内だけを走る「インターシティ(IC)」など、特急以上の優等列車には食堂車が連結され、昼行列車の食堂車のテコ入れが積極的に行われている。

スイスは、工業技術大国であると同時に、観光立国でもあることから、登山鉄道などの私鉄が発達しており、一部私鉄の列車にも食堂車が連結されている。大手私鉄のレーティッシュ鉄道では、10両以上の食堂車を保有し、氷河急行などの特別列車以外にも、通常の急行列車の一部にも食堂車が連結される。

スペインでは、国内の長距離列車・国際列車などの食堂車では、フルコースメニューを中心としたサービスが継続されている。

ECなどでは、全車食堂車のスタイルが主流であるが、ICなどになると半室構造の車両が多くなる。後者の車両は、スイスのICなどで採用されていたりする。

昨今の欧州の供食について言えることは、欧州では高速鉄道の整備が進んでおり、所要時間が短くなるから、高速鉄道では食堂車を導入するのではなく、ビュッフェ車に簡素化されている。スペインのAVE(**写真6.146**)、スウェーデンのX-2000(**写真6.147**)、ユーロトンネルを経由して、ロンドン～パリを結ぶ「ユーロスター」などには、食堂車は備わっていない。

(写真6.146)
スペインの高速鉄道であるAVE。

(写真6.147)
スウェーデンの高速鉄道のX–2000は、振り子式車両である。

フランスでは、TGVが開業した1981年頃に真空調理法が開発され、地上で調理された料理を真空パックさせ、車内の電子レンジなどで温めて提供するスタイルが確立した。これにより地上で調理された料理が、味を落とすことなく提供することが可能となり、事前に予約したTGVの一等車の乗客に対しては、機内食スタイルの食事が提供されていた。このサービスは、価格面で割高であったこともあり、1990年頃には廃止されている。

TGVのビュッフェも、パスタ系統の食事などは、電子レンジで温めて提供されているが、ナイフやフォークはプラスチック製であっても、陶器の食器を使用している**(写真6.148)**。日本で言えば、横川駅の「峠の釜めし」が、器込みで販売されることと同様である。

(写真6.148)
TGVのビュッフェで提供されるパスタは、陶器の皿が使用されている。

TGVのビュッフェでは、量は街中のレストランなどよりは少ないが、サラダなどの盛り付けが綺麗であるなど、街中のレストラン顔負けの味は維持されており、さすがはグルメの国フランスを連想させられる。

更に重要な点として、欧州では一等車と食堂車の差が付きにくくなりつつあると言える。先ほど挙げた高速鉄道の一等車は、座席が指定されており、指定券を購入した際に、一等車では食事が付いてくるため、一等座席車が食堂車のように機能する。

提供される料理であるが、ロンドンとパリを結ぶ「ユーロスター」では、ビジネスクラスの機内食のような感じのフルコースであり**(写真6.149、6.150)**、陶器の食器に金属製のナイフやフォーク、スプーンが使用され、ワインを注ぐグラスは、ガラス製である。ワインなどは、無料でお代わりが可能であり、欧州では水のような感覚で飲まれている。

食事に関しては、メインディッシュとパンが温められており、機内食を提供する考えが、列車にフィードバックされている。メイン

(写真6.149)
ユーロスターでは、フルコースの食事が提供され、最初に前菜が提供される。

(写真6.150)
次にメインディッシュが提供される。

は、2種類から選択が可能であることもある。

ユーロスターなどは、起点と終点以外の殆どの駅には停車しないが、AVEやX-2000などは、途中の駅にも頻繁に停車する。それにも拘わらず、一等車には食事が付いてくる（**写真6.151、6.152**）。

日本の新幹線には、グランクラスで軽食が提供されるが、現在は食堂車やビュッフェ・売店は備わっておらず、供食に関しては蔑ろにされる傾向にある。

（写真6.151）
AVEの一等車で提供される食事。

（写真6.152）
X−2000の車内で提供される食事。

筆者自身、グリーン車には立派なテーブルが備わることから、ビジネスクラスの機内食スタイルで、グリーン車の希望する乗客に販売することを検討しても良いように感じる。JR東海は、「定員1,323名の遵守」をJR西日本にも求めているが、コロナ後も従来のような詰込み輸送が可能であるとは限らない。

そうなれば航空機のように食事などの提供を準備するギャレーを設置することが可能になるかもしれない。新幹線特急券・グリーン券を購入した際、食事も予約可能とすれば良いだろう。洋食は、帝国ホテル・都ホテルだけでなく、JR東日本の「トランスイート四季島」を担当する日本ホテルなどが担い、和食は日本レストランエンタープライズが担うか、機内食をケータリングするTFKやコスモが担うなど、方法はいくらでも考えられる。

欧州では、簡素化されつつあるとは言え、食堂車やビュッフェが顕在であるのは、欧州では温かい食事をしたいという要求が強いことに加え、日本のように駅弁が発達していないことも要因として考えられる。また欧州のホテルが「朝食込み」で販売されることが主流であるため、個室寝台車は朝食が込みとなっており、供食設備が必要なことも挙げられる。

(2) タイ

タイの鉄道は、バンコク市内の都市鉄道を除けば、タイ国鉄が運営している。総延長は、バンコク国際空港とバンコク市内(パヤータイ)を結ぶエアポート・レール・リンク**(写真6. 153)**を除いたとしても、4,041kmであり、これは東南アジアでは最大規模を誇る。

タイは、外国に占領された歴史はないが、タイ国鉄には欧州の考え方が色濃く反映されている。先ずは改札口が無い代わりに、車内で乗車券類を求めると、ペナルティーが徴収される。これは「契約社会」を意味する。但し、欧州のような高額なペナリティーではない。「発券手数料」的な考え方と言える。

(写真6.153)
エアポート・レール・リンクの開業により、バンコク国際空港へのアクセスが大幅に向上した。

列車種別であるが、特急はSpecial Express、急行はExpress、快速はRapidであり、ここまでが優等列車となるから、運賃以外に特急料金などが必要になる。普通がOrdinaryであり、バンコクの近郊ではCommuter

が運転されたりもする。

特急と急行、快速が都市間輸送を担っており、夜行列車も多い。普通はその補完であり、近郊列車のほとんどはバンコク発着の運行である。

特急は、全車寝台車で食堂車も連結された列車か、バンコク～チェンマイ間に1日に1往復設定される気動車列車(注13)ぐらいであり、優等列車の中心は急行である。

(写真6.154)
タイの二等寝台車は、かつて日本に存在した開放型A寝台車と似ている。

タイの寝台車に関しては、昔は非冷房で三段式の三等寝台車も存在したが、生活水準の向上に伴い、三等寝台車は廃止されている。二等寝台車が中心であるが、車内は日本の開放型A寝台車のような感じであり(**写真6.154**)、昼間は座席となり、夜は寝台になる。

(写真6.155)
2人用の一等寝台車の車内。

かつて二等寝台車には非冷房車もあり、同じ二等寝台車であっても、冷房が備わるか否かで、料金が異なった。特急の二等寝台車は、冷房完備であるが、急行の二等寝台車には、未だ非冷房の二等寝台車が、存続していたりする。

一等寝台車は、個室寝台車であり、特急にしか連結されない。個室寝台車には、1人用と2人用(**写真6.155**)があるが、1人用の個室寝台車は、JR西日本で寝台特急「日本海」などで使用された寝台車

(写真6.156)
かつて寝台特急「日本海」で使用されたA個室寝台車が、タイでは1人用の一等個室寝台車として使用された。

を**(写真6.156)**、無償で譲渡された時に誕生した。

それまでは2人用の個室寝台車しかなく、部屋単位で販売するのではなく、バラして販売しているため、見知らぬ人と同居することになる。寝台料金も、下段の方が高くなっており、販売に関しては、昔のマイネ40の2人用の個室を販売していた時と、同じ考え方である。

夜行の特急と急行に関しては、所要時間では大差が無く、一等寝台車や食堂車が連結されるか否かの差である。それゆえ「特別」とは、一等寝台車と食堂車が備わり、新車が優先して投入されることだと言える。

夜行の特急は、全車寝台車で食堂車も完備している旨を述べたが、面白いことに5年ぐらい前までは、食堂車だけが非冷房であった**(写真6.157)**。これはマレーシア国鉄(マレー鉄道)の食堂車も同様であり、かつては他の車両に冷房が完備されていても、食堂車だけが非冷房であった。

(写真6.157)
かつては、タイの食堂車だけが非冷房であった。

日本では、昭和10年代に食堂車だけ、試験的に冷房を導入していた事例とは、全く逆のことが生じている。これはタイ国鉄やマレーシア国鉄で使用する客車の多くが、韓国製であることや、東南アジアでは冷房の設定温度を22℃にすることが、影響していると筆者は考える。

韓国製の車両は、日本製ほど品質が良くなく、故障が多く発生する。当然のことながら冷房もしかりであり、そうなると窓が開いている食堂車へ行って、自然の風を浴びて涼を取るしかない。また冷房の設定温度が22℃では、車内が寒いぐらいであり、そう感じた際は、食堂車へ出掛けて、寒さから逃れる必要がある。日本人の価値観からすれば、全く理解できないことが、東南アジアでは起こっている。

(写真6.158)
日本から譲渡された24系客車は、外部の塗装が塗り替えられていた。

最近では、JR西日本から譲渡された24系客車が、老朽化により引退したため **(写真6.158)**、夜行の特急の寝台車は、中国製の客車に置き換えられ **(写真6.159)**、食堂車も冷房完備となった **(写真6.160)**。

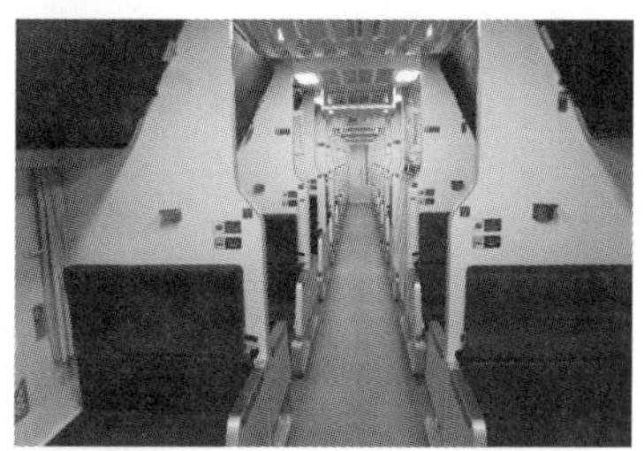

(写真6.159)
新しい中国製客車の二等寝台車の車内。

但し中国製の客車であるから、冷房が故障しても不思議ではない。筆者も、中国本土で日本のA個室寝台車に相当する軟臥車に乗車したことがあるが、物の見事に冷房が故障していた経験がある。中国が世界第2位の経済大国になったと言っても、日本のように

(写真6.160)
24系客車は、中国製の新造客車に置き換えられ、食堂車も冷房が備わる。

品質管理などができる国では無い。世界一の経済大国と言われる米国でも、メンテナスなどは良いとは言えない。それは米国の航空会社の整備状況などを見れば、お分かり頂けると思う。

タイの気動車を使用した特急は、バンコク〜チェンマイ間に、昼間に1往復だけ設定されている**(写真6.161)**。タイ国鉄の最高運転速度は90km/hであるが、一部区間では最高110km/h運転を実施することから、所要時間では急行よりも、2時間程度短縮される。勿論、冷房完備でリクライニングシートの二等座席車**(写真6.162)**だけで編成されているため、乗車区間により昼食や軽食・ドリンクが提供される**(写真6.163)**。これらは運賃・料金に込みとなっており、車内で食事の提供を受ける際には、別途に代金を支払う必要はない。

では、「タイでは車内販売はないのか」や、「一等座席車は、どのような設備か」が気になると思う。タイでは、食堂車が連結されていても、車内販売は健在である。これは乗客へのサービスの維持というよりも、「雇用創出」という側面が色濃い。

(写真6.161)
バンコク〜チェンマイ間には、1日に1往復の気動車特急が運転される。

(写真6.162)
気動車特急は、二等座席のモノクラスであり、座席はリクライニングシートである。

(写真6.163)
車内では、食事や軽食・ドリンクが無料で提供される。

食堂車も、国鉄の直営であり、一等寝台車・二等寝台車にも、係員が夕食や朝食の注文を取りに来て、完成した料理を各寝台まで届けるサービスを実施している(**写真6.164、6.165**)。

(写真6.164)
かつてはプラスチック製の皿などに料理が盛られていた。

タイは人件費が日本よりも安いとは言え、バンコク市内の食堂などと比較すれば、3割程度は割高になる。夕食は、4種類のタイ料理の定食から選択することになる。それ以外に、タイ産のシンハービールやソフトドリンクも販売されているが、ビールは生ぬるい状態で提供される。朝食は、タイ料理か洋食のどちらかを選択することになる。

(写真6.165)
現在は、使い捨ての容器に料理が盛られるが、デザートまで付いている。

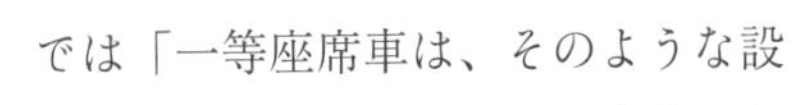

では「一等座席車は、そのような設備か」と言えば、残念ながら存在しない。タイでは、一等座席車と三等寝台車が存在しないのである。

理由は、バンコクはタイの首都であるから、人口が1,000万人[注14]と言われているが、第二の都市であるチェンマイは、人口25万人しかいないため、両都市を結ぶビジネス需要がほとんど無いことが影響している。仮にビジネスや用務で、チェンマイへ行く場合は、航空機を利用する。航空機のエコノミークラスの運賃は、特急の一等寝台車の運賃・料金の合計金額と同等か、未だ安いぐらいである。昨今では、タイでも航空業界の規制緩和が進み、LCCが誕生していることから、LCCを利用すれば特急の一等寝台車よりも、価格面では割安である。

急行、快速は二等車・三等車の混成編成であり、急行は二等寝台車、二等座席車、三等座席車にプラスして、食堂車も連結している列車もある。快速には、寝台車や食堂車の連結がなかったりするが、二等座席車が連結されたりする。

バンコク～チェンマイ間は、航空機だけでなく、都市間を結ぶ路線バスも多数運転されており、バスの方が速くて安くて、夜行便も含めて本数が多くて便利である。

そうなれば「誰が列車を利用するのか」となるが、それは外国人観光客や中所得の華僑[注15]・華人などである。「何故、列車を利用するのか」と言えば、寝台車による安全で快適なサービスと、食堂車での食事を求めてである。

タイのバスは、道路で水牛とぶつかるなどで横転したりする事故が多く、安全性の面では問題はある。これはベトナムも同様であり、日本では考えられないことである。

ベトナムでは、寝台バス(**写真6.166**)が発達しているが、タイでは安全上、寝台バスは法律で認められていない。仮に認められたとしても、バスでは車内が狭いため、快適とは言えないだろう。またタイでは、地方へ行けばドライブインなどが日本ほど発達しておら

(写真6.166)
ベトナムでは、寝台バスが発達している。

ず、途中で食事をしたりする際に不便である。それゆえ食堂車は、重要な要素となる。

タイ国鉄は赤字経営であるが、タイでは国鉄の民営化が議論されることはない。赤字になるのは、主要幹線であっても夜行列車を含めても、優等列車が1日当たり5往復程度しかなく、バルク貨物(石油、木材、砂利など)が中心で、付加価値の高いコンテナ輸送を実施していないため、人や物が移動しない環境にはある。そこへプラスして、庶民が利用する三等座席車の運賃が、政策的に低く抑えられていることも、大きな要因ではある。一等寝台車や二等寝台車、二等座席車などは、外国人や中所得の華僑・華人などが利用するため、利益が出るようには、価格が設定されている。

庶民からすれば、三等座席車の運賃が値上げされると、移動する権利が奪われることになり、タイ政府もそれを恐れていることも、事実である。

食堂車で、各自の寝台まで注文を取りに来て、完成した料理を各自の寝台まで運ぶサービスを実施するのは、雇用を創出するという側面も強い。発展途上国では、国鉄の任務は大都市と地方都市を結んだり、貨物輸送だけではなく、「雇用創出」も重要な責務である。

中国国鉄などはその典型であり、食堂車や売店だけでなく、病院や保育所なども国鉄直営であったりする。中国国鉄の職員数は、240万人近く在籍しているが、列車運行だけを考えれば、60万人程度でも対応が可能である。

バンコク市内では、地下鉄やスカイトレイン(**写真6.167**)、エアポート・リンク・ラインなどの軌道系都市交通が整備されつつあり、かつては「世界一、道路交通渋滞が酷い都市」と言われたことは、過去のことになろうとしている。それでもエアコン無しの路線バスも健在である**(写真6.168)**。つまり所得水準に応じた豊富な選択肢が用意されており、ある面では公共交通を使い分けることが可能ではある。

タイの鉄道となれば、バンコクからマレーシアを通り、シンガポールまで運行するイースタン・オリエンタル・エクスプレス(E&O)が有名である。この超豪華列車では、豪華なフレンチのフルコースディナーが提供されるため、日本風に言えばクルーズトレインである。この超豪華列車は、タイ国鉄の運行ではなく、ベルモ

(写真6.167)
バンコクで最初に開業した都市鉄道の「スカイトレイン」。

(写真6.168)
バンコク市内では、エアコン無しの路線バスも健在である。これは低所得者向けの公共交通である。

ンド社の運行であるから、タイ国鉄の線路を借りて列車を運行しており、E&Oの運行に関しては、「公有民営」の上下分離経営が実施されている。

欧州では、このような上下分離経営による列車運行を、「オープンアクセス」と呼ばれている。そして欧州では、オープンアクセスが積極的に実施されており、日本でもオープンアクセスが議論されている。事実、日本でも鉄道事業への参入は、「許可制」と言って列車を安全かつ安定して運行する能力を有する事業者には、参入が許可されている。

それゆえ寝台夜行列車を復活させるに当たり、「オープンアクセス」という方法を活用することも検討するべきだろう。寝台夜行列車ではないが、伊豆急が所有する「Royal Express」は、夏場を中心に北海道を周遊する形で走行している。この場合、JR北海道は線路を貸す形になるため、「民有民営」の上下分離経営が実施されており、オープンアクセスでもある。JR北海道には線路使用料が入るため、経営危機に直面しているJR北海道には、貴重な収入が得られている。

コラム

ベトナムの食堂車

鉄道は、ベトナム鉄道公社が運営を行っているが、インフラはベトナム政府が所有しているから、上下分離経営が採用されている。主要路線は、ハノイ〜ホーチミンシティー間の南北線である。

ベトナム戦争により、橋梁などが破壊されたが、その後の経済的な困窮による投資不足から、設備の老朽化も進んでいた。かつては鉄橋を通過する際は、10km/h程度まで大幅に減速しないと通行できない状態にあったが、最近では橋梁や軌道などの近代化工事を推し進めており、状況は改善されつつある。

ベトナムの鉄道は、フランス統治時代に建設されたが、タイやマレーシアと同様に、1,000㎜ゲージが採用されており、殆どが単線であり、かつ非電化である。そして等級は、「ソフト」「ハード」という形で、採用されている。「ソフト」「ハード」という表現をするところは、中国本土と同じであり、ベトナムが社会主義国であることを、実感させられる。「ソフトベッド」と呼ばれる4人用の一等個室寝台、「ハードベッド」と言われる6人用の二等個室寝台、「ソフトシート」と呼ばれる一等座席、「ハードシート」と言われる二等座席からなる。

(写真6.169)
ベトナムの一等車は、集団見合い型の座席配置であり、フランスの考え方が入っている。

一等個室寝台・二等個室寝台とも、バラして販売するため、個室では見知らぬ人と同居することになる。

一等座席車は、集団見合い型のリクライニングシートであり(**写真6.169**)、フランスの影響を受けている。座席の水準は、新幹線の普通車ぐらいである。

二等座席車は、木でできた直角型のボックスシートであり、ハノイ〜ホーチミンシティー間約1,700㎞を結ぶ特急では連結されていなかったりするが、両都市間は最速列車でも33時間を要するため、反対に食堂車が連結される。

ベトナムの食堂車であるが、ベトナム鉄道公社の直営だが、**写真6.170**のように、食堂車内では乗客は食事を摂ることができず、実質的に厨房として機能している。そして食堂車で調理された料理が、**写真6.171**のように、各寝台や座席を回る形で販売される。係員が、皿にご飯やおかずを盛り付け(**写真6.172**)、スープを付けて提供してくれるため、国際線のファーストクラスのような気分に近いが、料理の種類は少なく、豚肉か鶏肉かぐらいしか、選択肢はない。

ベトナムでは、車内販売も健在であるため、清涼飲料水が欲しい時は、車内販売から買い求めることになる。

(写真6.170)
ベトナムの食堂車は、実質的に厨房として機能している。

(写真6.171)
ベトナムでは、食堂車で調理された料理を、各座席や寝台へ売り歩いている。

(写真6.172)
係員が、料理を皿に盛りつけてサービスしてくれる。

(3) 昔の韓国

韓国の鉄道は、大都市の地下鉄やソウル駅と仁川国際空港を結ぶ空港鉄道などを除けば、大韓民国鉄道庁(国鉄)を公社化して、2005年1月1日に発足したKORAILにより、運営されている。本社は、ソウル特別市ではなく、大田(てじょん)広域市にある。インフラは、韓国鉄道施設公団が所有しており、「公有公営」の上下分離経営が実施されている。

韓国は、「準戦時国」であるから、国鉄を民営化してしまうと、有事の際の軍事物資や兵隊の輸送を民間では実施してくれない可能性があるため、民営化するのではなく、「公社化」している。

韓国では、以前は特急「セマウル」のほぼ全てと急行「ムグンファ」の一部には、食堂車**(写真6.173)**が連結されるだけでなく、車内販売も実施されていたが、現在はどちらも廃止されている。

韓国の高速鉄道であるKTX**(写真6.174)**では、食堂車・ビュッフェなどは無いが、自動販売機が設置されており、かつ一等車では小菓子(クッキーとキャンディー)が、無料で提供される**(写真6.175)**。

KTXが開業するまでの特急「セマウル」の食堂車は、**写真6.176**で示すように、真ん中にキッチンがあり、禁煙と喫煙で客室を分離していた。

(写真6.173)
かつての韓国では、特急「セマウル」と急行「ムグンファ」の一部には、食堂車が連結されていた。

(写真6.174)
韓国の高速鉄道KTX。

(写真6.175)
KTXの一等車では、ミネラルウォーターと小菓子が、無料で提供される。

(写真6.176)
特急「セマウル」の厨房は、車内の真ん中に配置されていた。

(写真6.177)
30年前の「セマウル」の食堂車は、洋食が中心であり、盛り付けなどのサービスも、日本的であった。

食堂車の担当は、当初は国鉄の直営であったが、1983年6月からはソウルプラザホテルが担当していた。ソウルプラザホテルのサービスは、日本の食堂車とほぼ同じであり、洋食が中心であったが**(写真6.177)**、幕の内弁当も提供されていた。幕の内弁当も、本格的な容器が使用され、中身も漬

(写真6.178)
食堂車で、弁当を調製して車内販売を行う点も、日本的なサービスであった。

物がキムチに置き換わる程度で、日本の食堂車のサービスとほぼ同じであった。聴くところによると、帝国ホテル列車食堂で研修を受けたという。食堂車で弁当も調製して**(写真6.178)**、車内販売を実施するところも、日本と同様であった。

韓国の車内販売は、日本のように売り子が声を出して、各車両を回るのではなく、無言でワゴンを押して、車内を素通りして行く販売スタイルであった。このスタイルは、欧州などと同じであり、国が変われば車内販売のスタイルも、異なっていた。

この頃の食堂車は、コックが2人乗務だったが、2000年頃になると1人乗務に変わっており、食堂車のメニューも、従来の洋食中心のメニューから、電子レンジを使用して調理するため、韓国料理中心に変わった**(写真6.179)**。容器も機内食風になったが、それでも定食が6種類程度あり、韓国へ来た気分が実感できた。

(写真6.179)
2000年頃から、電子レンジを使用して、韓国料理中心のメニューに変わる。

筆者は、東京対九州間の寝台特急の末期の食堂車は、厨房にはコックが1人しかおらず、定食系のメニューが皆無になっていたが、韓国のように電子レンジを多用すれば、数種類の定食の提供が可能であるため、「セマウル」の食堂車の事例は参考になると考える。食堂車では、韓国風焼肉であるプルコギ定食なども、電子レンジを活用することで提供されていた。

このように頑張っていたソウルプラザホテルも、2001年に食堂車から撤退し、弘益会という業者に代わった。同時に食器なども変更した上で、韓国料理を中心に営業が継続されていた。

そのような弘益会も、2004年3月末で食堂車から撤退し、2004年4月からはアシアナ航空の機内食も調製するランチベル社が担当することになった。アシアナ航空は、機内サービスでも定評のある航空会社であるが、航空機のサービスを鉄道に持ち込むのではなく、メニューは簡素化され、弁当中心となっていた。

そんな食堂車も、2004年にKTXという高速鉄道が開業すると、在来線の長距離客はKTXへシフトしたため、2008年9月で特急「セマウル」の食堂車の営業が終了した。急行「ムグンファ」では、ロッテリアが担当するハンバーガー類を提供する食堂車も、一時期は存在していた。「セマウル」「ムグンファ」の食堂車は、ハンバーガーよりも更に簡素化された軽食を提供する以外に、ネットカフェを設置した「カフェ車」に改造され、運用は継続されたが、その後は営業を中断する列車が相次いだ。そして2017年に車内販売も廃止されたが、急行「ムグンファ」は、価格面で特急「セマウル」よりも割安であるから、ソウルや釜山(ぷさん)近郊区間では、通勤・通学・用務客などが多く利用するため、慢性的に混雑している。

そこで2018年からは、急行「ムグンファ」の車内には、立席客が多くいるため、少しでもサービスを改善させたく、ビュッフェ車を再度、自由席に改造した。この改造では、車内にロングシートを設置し、飲料水などの自販機を設置している。

「セマウル」の後継である「ITX−セマウル」(**写真6.180**)は、区間利用者が中心になるため、食堂車やビュッフェ車だけでなく、一等車(グリーン車)に相当する特室もない。

(写真6.180)
「セマウル」の後継車両である、「ITSセマウル」は電車であるが、停車駅が多くなり、かつ特室や食堂車などは備わらない。

(写真6.181)
ソウル駅では、駅弁も販売されており、種類も豊富である。

(写真6.182)
韓国の食堂では、日本と同様に料理のサンプルが入ったショーケースがある。

韓国の駅弁であるが、ソウル駅では**写真6.181**で示すように、販売が行われている。韓国で「弁当」というスタイルの食事は、日本統治時代に持ち込まれたが、街中の食堂でもサンプル(**写真6.182**)や料理の写真が掲載されるなど、日本の良い部分を採り入れる姿勢は見られる。

現在の韓国では、一部の観光列車には軽食を販売するバーカウンターが設置されており、JR九州のD&Sトレインと似ている。また豪華クルーズトレインの「ヘラン」(**写真6.183**)には、食堂車が連結されているが、本当に観光列車などのごく一部の列車だけにしか、食堂車などは連結されていない。また夜行列車では、寝台車(**写真6.184、6.185、6.186**)も廃止されており、無味乾燥とした状態になってしまっているが、高速鉄道が開業しても在来線には、優等列車が顕在である点が、日本とは大きく異なる。

(写真6.183)
韓国の超豪華クルーズトレインの「ヘラン」は、「ななつ星in九州」の誕生に大きな影響を与えた。

豪華クルーズトレインの「ヘラン」であるが、韓国でこの列車が運行されたことが、「ななつ星in九州」誕生の契機となった。現JR九州の唐池相談役が、社長時代に「ヘラン」に乗車した際、平日であるにも拘わらず、常に満室になるぐらい人気が高かったため、JR九州内で運行したいと思うようになったという。

(写真6.184)
かつては急行「ムグンファ」、準急「トンイル」には寝台車が連結されていた。

(写真6.185)
「ムグンファ」の寝台車は、真ん中に通路がある二段式であるが、寝台幅は狭かった。

(写真6.186)
「ムグンファ」の寝台車は、半個室風の構造であるが、上段は固定式であった。

(注1) その後は、E5系電車を用いる「はやて」・「やまびこ」・「なすの」の各列車も、順次営業を開始した。東北新幹線のE5系に続き、2015年(平成27年)3月14日に北陸新幹線が金沢まで延伸開業した際、JR東日本とJR西日本が共同で導入するE7系・W7系にも設定された。さらに2016年(平成28年)3月26日のダイヤ改正からは、新函館北斗まで部分開業した北海道新幹線用として、JR北海道が導入するH5系にも設定されている。また2019年(平成31年)3月16日のダイヤ改正からは、上越新幹線の東京〜新潟間にもE7系が投入され、グランクラスの営業を開始した。

(注2) 日本国内の一般旅客向け座席としては最大級の寸法であり、JALの国内線ファーストクラスの座席や、近鉄「ひのとり」の"プレミアムシート"とほぼ同等のスペックを誇る。

(注3) 青森駅では、列車種別が「急行」から「快速」に変わるだけでなく、列車名も変わることもあり、一般の乗客は強制的にホームに降ろされた。そして長い停車時間を利用した車内清掃が行われたが、「MOTOトレイン」の乗客は、そのまま専用寝台車内で待機することが可能であった。

(注4) いずれの列車も、サイドカーが付いた二輪車やスクータータイプは、積載が不可能であった。二輪車の発着ホームへの移動は、「MOTOトレイン」は上野〜函館間で運転されたため、上野・函館の両駅は地上ホームになっており、ライダー自身が手押しで行った。「モトとレール」は、大阪〜函館間で運行されたことから、大阪駅は高架ホームであるため、荷物用のエレベーターを使用してホームまで移動した。

(注5) シンガポール航空、マレーシア航空、アラブ首長国連邦のエミレーツ航空、カタールのカタール航空などは、回教徒の国の航空会社であるが、エコノミークラスであっても、酒類が提供されている。特に機内サービスで高い評価を得ているシンガポール航空では、エコノミークラスでも、シャンパンが提供されたりする。

(注6) 和食で使用する出汁などは、傷みやすいこともあり、化学調味料を多用されたりする。中華航空の台北発では、日本人が和食の調製を行っているため、日本発と同じ味が維持されている。

(注7) ユダヤ教は、食に関する戒律では、キリスト教と似ている所があるが、牛肉と牛に関連する食材は、同居させてはならないとされ

ている。それゆえ牛肉のクリームソース煮やビーフハンバーグのチーズ添えなどのメニューは、絶対に提供されない。

(注8) 航空機が飛行する高度1万メートル上空は、気圧が地上と比較して低くなることから、水も60～70℃ぐらいで沸騰してしまう。そのため通常の炊飯器では、生煮えのご飯になってしまうため、機内専用の圧力を掛けて、ご飯を炊く炊飯器が用意されている。

(注9) ファーストクラスの正規運賃は、ビジネスクラスの2倍ぐらいであるが、座席や機内食の量や質では差が付けにくく、乗客1名に対するキャビンアテンダントの数で、サービスしている要素が強い。通常は、ファーストクラスであれば、乗客1名に付き、キャビンアテンダントが1名程度になるなど、痒い所にも手が届くサービスを提供するため、意外とコストが嵩み、利益が出ないのである。

(注10) この車両には、床下にキハ189系気動車で既に実績がある、450PSのディーゼルエンジンと出力400KVAのWDM115形発電機を直結させ、台車にはモーターが4台搭載されており、モーターを回して駆動している。

(注11) 「トワイライトエクスプレス」のサロンカーに付けられていた“サロンデュノール”の愛称を、瑞風の運行区間に合わせて改変したものである。

(注12) オランダ国鉄の総裁の提案により、1957年から西側の欧州で運行されていた列車の種別であり、「Trans Europ Express」の略称である。全車が一等車からなる昼行の国際列車で、最高運転速度や食堂車を連結するなど、一定の条件を満たしたものがTEEとされた。車内で通関手続きが実施されるなど、航空機との競争を意識していた。1965年5月30日からは、西ドイツ、フランス、イタリアでは、国内発着の最優等列車もTEEとなった。TEEには、原則として一往復ごとに、個別の列車名が付けられるなど、戦前の欧州の豪華列車の流れを汲んでいた。ところが1970年代になると、国際列車の利用者も大衆化して、二等車の利用者が増えると、一等車の利用者が減少するようになった。そうなると、TEEに二等車を組み込まざるを得なくなり、1987年5月31日からは、新しい列車種別として、二等車を組み込んだユーロシティー(EC)が誕生すると、TEEはECに様変わりするようになった。国際列車とし

てのTEEは、ミラノ〜チューリッヒ間に「ゴッダルド」が残っていたが、その列車は1988年9月25日に全廃され、国内列車のTEEも、パリ北駅〜リール間が1991年5月31日に廃止された。

(注13) 台湾を除けば、外国では床下にディーゼルエンジンを搭載した気動車は、一般的ではない。日本や台湾は、畳の部屋で生活する習慣があるため、膝が曲がることもあり、床下にエンジンが搭載された車両であっても、メンテナンスが可能となる。タイでも、動力分散方式の気動車の整備は、かなり厳しいのが実情である。車両は、韓国の大宇重工業製であり、エンジンは米国カミンズ社製を搭載している。韓国製の車両を導入し、かつ米国製のエンジンを搭載するのは、日本製の気動車が価格面で高価であることと、日本製のディーゼルエンジンに対する評価が低いことが要因である。

(注14) バンコクの人口であるが、発展途上国では地方から引っ越して来ても、住民登録をしていない人も多くいるため、住宅問題やゴミ問題を考える際は、人口は1,300万人程度と考える必要がある。軌道系都市交通の利用者に関しては、バンコク市の人口に0.1を掛けた100万人ぐらいが、1日当たりの利用者数になる。事実、スカイトレイン、地下鉄、エアポート・レール・リンクを合わせて、1日当たり100万人強が利用している。

(注15) 中国国籍を保持したまま、海外に長期的に暮らす人達である。人口を考えれば、マイノリティーではあるが、同郷者で形成されるコミュニティーと、これを基にした同業者の集団が出来上がり、現地の経済・政治に大きな影響力を持つ。東南アジアの経済を牛耳るだけでなく、政治面ではタイの王室・タクシン元首相および妹のインラック元首相、シンガポールのリー・クアンユー元首相、元フィリピン大統領のコラソン・アキノなどは、華僑の血を引いている。

おわりに

本著では、昭和50年以降の食堂車の現状と、今後の在り方について述べてきた。わが国では、食堂車はクルーズトレインを除けば、「サフィール踊り子」、「TOHOKU EMOTION」、西武鉄道の「52席の至福」程度しか、存在しない。「TOHOKU EMOTION」、「52席の至福」は、事前予約制の旅行商品的な列車である上、2名以上からでなければ利用できないという制約があるため、気軽に利用できる食堂車は、「サフィール踊り子」ぐらいである。

ビュッフェに関しても、JR九州のD&Sトレインや近鉄の「しまかぜ」「青のシンフォニー」、「あをによし」ぐらいしか、存在しないが、東武鉄道では本年の7月15日からN100系「ニュースペーシア」がデビューする予定であり、この列車ではビュッフェも営業するという。

本著では紹介しなかったが、客室にテーブルを並べ、料理は外部から供給する形の「グルメ列車」が日本各地で運転され、高い人気を誇っていることから、「食」に対する潜在的な需要が高いことは確かであるし、他の輸送モードと差別化するためにも、食堂車は不可欠であると言える。

在来線特急では、運行頻度を増やすために短編成化が進むだけでなく、スピードアップが求められ、かつ新幹線や航空機の普及もあり、運転距離が短くなるなど、食堂車が必要とされにくい環境になっていることも、確かではある。

今後、食堂車・ビュッフェが必要とする領域として、クルーズトレインや観光列車はもちろんであるが、それ以外に寝台夜行列車や「カートレイン」「MOTOトレイン」、そして東海道・山陽新幹線などとなる。

寝台夜行列車や「カートレイン」「MOTOトレイン」は、「サンライズ瀬戸・出雲」を除いて廃止されているため、「食堂車の復活＝寝台夜行列車の復活」ということになり、この両者はセットで考えなければならない。

現在、最もビジネスライクな列車と考えられる東海道・山陽新幹線であるが、リニアが新大阪まで開業した後は、輸送力にゆとりが生じるようになることに加え、各駅が16両編成に対応したホームを有することから、食堂車が復活しやすい。

東北・北海道新幹線の場合、2030年(令和12年)の札幌開業が予定されているが、東北新幹線内の慢性的な混雑に加え、食堂車を導入するためには、ホームの延伸を伴うなど、JR東日本やJR北海道が二の足を踏むことが予想される。これは九州新幹線も同様である。そうなると東海道・山陽新幹線となってしまう。

ただ食堂車を復活させる場合、人口減少社会に突入した日本では、コックの確保が課題となってしまう。クルーズトレインの場合、1泊2日のコースであったとしても、1人当たり35万円強の旅行代金を徴収するため、コックを5～6名も乗務させ、あれだけ充実したサービスの提供が可能となるが、他の列車では1～2名のコックで、厨房を担当せざるを得なくなる。

食堂車を考える場合、航空機の機内食や欧州の供食サービスおよび昔の韓国の食堂車、近鉄の「しまかぜ」「青のシンフォニー」が、参考になると言える。航空会社は、機内食に力を入れている。

欧州の一等車では、食事込みで販売されることが多く、その際は機内食スタイルを採用し、メインディッシュはオーブンや電子レンジで加熱して、提供されたりする。欧州の一等車には、固定式の頑丈なテーブルが備わっていることが多く、食堂車との線引きが難しい。日本の新幹線のグリーン車も、最近では大きなテーブルが備わっているため、事前に予約した乗客に対しては、提供することが可能ではある。

フランスでTGVが開業した頃、「真空調理法」が開発され、最初の頃は一等車では、事前に予約した人に対し、機内食スタイルの食事を提供していた。

航空機の場合、地上で調理した機内食も、メインディッシュは一度、冷凍させてから積載させざるを得ないため、ご飯などは味が落ちる点は否めない。また非常に乾燥した機内で提供されることから、提供できる料理に制約が生じてしまうが、列車で提供するとなれば、そんなハンディーは生じない。

一方の韓国では、電子レンジを多用することで、特急「セマウル」の食堂車を、コック1人で切り盛りさせながら、6種類程度の韓国料理の定食が供給されていた。また近鉄の「しまかぜ」のビュッフェでは、電子レンジを活用することで、狭いスペースであるにも拘わらず、伊勢志摩の食材を使用した4種類の食事系のメニューが提供されている。

このことから、創意工夫すれば少ないコックであっても、充実した食堂車のメニューの提供が可能になると言える。また食堂車の「長居」や食材の廃棄によるロスの減少に関しては、「サフィール踊り子」で採用されたスマホで予約・決済を行う「サフィールPay」が、事業者と利用者の双方に利点があるように感じる。

やはり食堂車は、旅に魅力を与える存在であり、グルメ列車が好調なことから、「食」に対する潜在的な需要はあり、他の輸送モードとの差別化を図る意味でも、今後は復活させることは可能である。その際、「地産地消」がキーワードになるかもしれない。

末筆となりましたが、本著の上梓に当たり、アルファベータブックスの春日俊一氏には、大変お世話になりました。本著にて感謝致します。

参考資料

NHK取材班『世界の鉄道』日本放送出版協会、1978年6月
中島廣・山田俊英『韓国の鉄道』JTB出版、1997年12月
高橋敏昭『アジアの鉄道を旅する』山海堂、1998年10月
堀 雅通『現代欧州の交通政策と鉄道改革』税務経理協会、2000年4月
原口隆行『時刻表でたどる特急・急行史』JTB出版、2001年5月
かわぐちつとむ『食堂車の明治・大正・昭和』グランプリ出版、2002年12月
堀内重人『都市鉄道とまちづくり——東南アジア・北米西海岸・豪州などの事例紹介と日本への適用』文理閣、2006年8月
井上泰日子『航空事業論』日本評論社、2008年7月
宇都宮照信『食堂車乗務員物語——あの頃、ご飯は石炭レンジで炊いていた』交通新聞社、2009年12月
『格安エアライン利用ガイド』イカロス出版、2010年10月
唐池恒二『JR九州・唐池恒二のお客さまをわくわくさせる発想術』ぱる出版、2011年2月
堀内重人『ブルートレイン誕生50年——20系客車の誕生から、今後の夜行列車へ』クラッセ、2012年1月
堀内重人『新幹線vs航空機』東京堂出版、2012年3月
赤井泰久・田島由紀子『「格安航空会社」の企業経営テクニック』TAC出版、2012年2月
三宅俊彦『特殊仕様車両「食堂車」』講談社、2012年8月
唐池恒二『やる！ 唐池恒二の夢みる力が「気」をつくる』かんき出版、2014年10月
デービッド・アトキンソン『新・観光立国論』東洋経済新報社、2015年6月
堀内重人『寝台列車再生論』戎光祥出版、2015年7月
伊藤博康『「トワイライトエクスプレス」食堂車 ダイナープレヤデスの輝き』創元社、2015年9月
岩成政和『食堂車バンザイ！』イカロス出版、2016年2月
堀内重人『観光列車が旅を変えた』交通新聞社、2016年12月
堀内重人『ビジネスのヒントは駅弁に詰まっている』双葉社、2016年1月
堀内重人『「しまかぜ」「青の交響曲」誕生の物語』アルファベータブックス、2019年6月

堀内重人『「Laview」「52席の至福」と西武鉄道の行楽客輸送』アルファベータブックス、2020年12月
『航空無線ハンドブック』2020年、イカロス出版
蒲池紀生「大手私鉄観光開発の展開」『鉄道ジャーナル』1985年4月号
須田寛「国鉄伊豆観光列車の歩みと今後」『鉄道ジャーナル』1985年4月号
斎藤峻彦「行楽・観光と鉄道」『鉄道ジャーナル』1985年4月号
鉄道ジャーナル編集部「食堂車大絵巻」『旅と鉄道』No65、1987年秋号
種村直樹「グランドひかり4Aの旅」『鉄道ジャーナル』1989年6月号
鉄道ジャーナル編集部「国鉄～JR 特急型気動車30年のあゆみ」『鉄道ジャーナル』1990年5月号
岩淵文雄「気動車用ディーゼル機関 その発展と特性」『鉄道ジャーナル』1990年5月号
鉄道ジャーナル編集部「東武鉄道100系新型特急スペーシア」『鉄道ジャーナル』1990年6月号
野元 浩「JR東日本スーパービュー踊り子251系直流電車」『鉄道ジャーナル』1990年6月号
三浦衛「きらめく湘南・伊豆の海へ Super View Odoriko」『鉄道ジャーナル』1990年7月号
宮原正和「ゆとりの東武特急スペーシア」『鉄道ジャーナル』1990年11月号
種村直樹「東武の誇る両輪 新型特急・急行の旅」『鉄道ジャーナル社』1992年5月号
及川裕二「時速500km/hの時代に突入した世界の高速列車」『日本と世界の鉄道カタログ』成美堂出版、1992年7月
斉藤由紀夫「ベトナム統一鉄道を走る」『日本と世界の鉄道カタログ』成美堂出版、1992年7月
鶴通孝「92夏 つばめ 舞う」『鉄道ジャーナル』1992年10月号
鉄道ジャーナル社編集部「国鉄特急つばめの足跡」『鉄道ジャーナル』1992年10月号
鶴通孝「カシオペア神話はこうして創られた」『鉄道ジャーナル』1999年10月号
水島哲哉「新しい寝台列車と古き夜汽車の郷愁との出会い 夜行列車のこれから」『鉄道ジャーナル』1999年10月号
光野英織「近鉄50000系『しまかぜ』の概要」『JREA』、2013年2月
茂木伸太郎・影山浜名「食堂車の歴史と展望」『ホスピタリティー・マネジメント』Vol4 No1、2013年3月
奥山元紀「近畿日本鉄道50000系」『鉄道ファン』2013年4月

堀内重人「上下分離経営・オープンアクセスによるブルートレイン活性化への模索」『交通権学会2013年度全国大会予稿集』2013年7月
堀内重人「移動する権利の保障が地域の可能性をひらく」『世界』、2014年10月
仲義雄「クルーズトレイン『ななつ星in九州』の七つの感動」『運輸と経済』2014年10月号
堀内重人「グルメ列車を活用した地域活性化の現状と課題」第7回人と環境にやさしい交通をめざす会in宇都宮、2014年11月
奥山元紀「近鉄16200系 観光特急『青の交響曲(シンフォニー)』の概要」『Research & Development』2017年1月
奥山元紀「観光特急『青の交響曲(シンフォニー)16200系車両の概要』」『運転協会誌』2017年9月
堀内重人「規制緩和と格安航空会社の展望――スターフライヤーの事例を通して、わが国の格安航空会社を考える」『地域交通を考える』第11号、2019年12月

インターネット

日本フードサービス協会HP
http://www.jfnet.or.jp/data/data_c.html
ファーストフードとは
https://www.cookdoor.jp/fast-food/dictionary/21801_fastf_001/
100系カフェテリア
http://www.bekkoame.ne.jp/ha/panorama/series100-cafeteria.html
観光特急「しまかぜ」
https://www.kintetsu.co.jp/senden/shimakaze/
「青のシンフォニー」
https://www.kintetsu.co.jp/senden/blue_symphony/
鳥塚亮「国鉄(JR)から食堂車が消えた本当の理由」
https://news.yahoo.co.jp/byline/torizukaakira/20190525-00127315
復刻版食堂車のメニュー
http://www6.plala.or.jp/orchidplace/dinner.html
はるてつニュース
https://www.facebook.com/KasukabeRailPhoto/posts/428969293960880/

恵友仁「JR東日本の旗艦「四季島」登場、その特徴とは？　車両、客室、旅、そして登場の目的」
https://trafficnews.jp/post/69622
「トワイライトエクスプレス瑞風」
https://twilightexpress-mizukaze.jp/about/train/cars.html
トワイライトエクスプレス瑞風「スイート」鳥瞰図
https://tetsudo-shimbun.com/article/topic/entry-488.html#group=nogroup&photo=7
「トワイライトエクスプレス瑞風」の客室
https://tabiris.com/archives/mizukaze/
機内食ドットコム
https://www.kinaishoku.com/#google_vignette
欧州の食堂車——日本の観光列車とは大違い
https://toyokeizai.net/articles/-/182630
“ピアノと航空機”旅行好きな音楽愛好家のブログ
一人旅で巡る音楽旅行、ファーストクラスやビジネスクラス等、優雅でお得な旅の情報満載！
https://pianotohikouki.com/ice/bordrestaurant/menu/paris-frankfurt
Cafeteriaカフェテリアについて
http://www.jreast.co.jp/saphir/food/

資料提供

東武鉄道株式会社
レイルウェイズ グラフィック（RGG）

【著者略歴】
堀内 重人（ほりうち しげと）
1967年生まれ。立命館大学大学院経営学研究科博士前期課程修了。運輸評論家として執筆や講演活動、テレビ出演などを行なう傍ら、NPOなどで交通問題を中心とした活動を行なう。日本交通学会、公益事業学会、日本海運経済学会、交通権学会会員。主な著書に『高速バス』（グランプリ出版）、『鉄道・路線廃止と代替バス』（東京堂出版）、『地域で守ろう！鉄道・バス』（学芸出版社）、『新幹線VS 航空機』（東京堂出版）、『チャレンジする地方鉄道』（交通新聞社）、『元気なローカル線のつくりかた』（学芸出版社）、『寝台列車再生論』（戎光祥出版）、『ビジネスのヒントは駅弁に詰まっている』（双葉社）、『観光列車が旅を変えた～地域を拓く鉄道チャレンジの軌跡～』（交通新聞社）、『地域の足を支えるコミュニティーバス・デマンド交通』（鹿島出版会）、『「しまかぜ」「青の交響曲」誕生の物語』『「Laview」「52席の至福」と西武鉄道の行楽客輸送』（以上、アルファベータブックス）などがある。

食堂車（しょくどうしゃ）は復活（ふっかつ）できるのか？

発行日　2023年4月12日　初版第1刷発行

著　者　堀内重人

発行人　春日俊一
発行所　株式会社 アルファベータブックス
〒102-0072 東京都千代田区飯田橋2-14-5 定谷ビル
Tel 03-3239-1850 Fax 03-3239-1851
website https://alphabetabooks.com
e-mail alpha-beta@ab-books.co.jp

印　刷　株式会社エーヴィスシステムズ
製　本　株式会社難波製本
用　紙　株式会社鵬紙業
ブックデザイン　春日友美

©Shigeto Horiuchi 2023, Printed in Japan
ISBN 978-4-86598-098-1　C0026

定価はカバーに表示してあります。乱丁・落丁はお取り換えいたします。
本書は日本出版著作権協会（JPCA《http://www.jpca.j p.net/》）が委託管理する著作物です。複写（コピー）・複製、その他著作物の利用については、事前に日本出版著作権協会（電話03-3812-9424, info@jpca.jp.net）の許諾を得てください。